January 18, 1999

What do I consider my most important Contributions?

- That I early on—almost sixty years ago—realized that MANAGEMENT
  has become the constitutive organ and function of the Society
  of Organizations ;

- That MANAGEMENT is not "Business Management- though it first attained
  attention in business- but the governing organ of ALL institutions of
  Modern Society;

- That I established the study of MANAGEMENT as a DISCIPLINE in its own right;

                                        and

- That I focused this discipline on People and Power; on Values; Structure and
  Constitution; AND ABOVE ALL ON RESPONSIBILITIES- that is focused the
  Discipline of Management on Management as a truly LIBERAL ART.

                                Peter F. Drucker

我认为我最重要的贡献是什么？

- 早在60年前，我就认识到管理已经成为组织社会的基本器官和功能；

- 管理不仅是"企业管理"，而且是所有现代社会机构的管理器官，尽管管理一开始就将注意力放在企业上；

- 我创建了管理这门学科；

- 我围绕着人与权力、价值观、结构和方式来研究这一学科，尤其是围绕着责任。管理学科是把管理当作一门真正的综合艺术。

彼得·德鲁克
1999年1月18日

注：资料原件打印在德鲁克先生的私人信笺上，并有德鲁克先生亲笔签名，现藏于美国德鲁克档案馆。
为纪念德鲁克先生，本书特收录这一珍贵资料。本资料由德鲁克管理学专家那国毅教授提供。

彼得·德鲁克和妻子多丽丝·德鲁克

德鲁克妻子多丽丝寄语中国读者

在此谨向广大的中国读者致以我诚挚的问候。本书深入介绍了德鲁克在管理领域方面的多种理念和见解。我相信他的管理思想得以在中国广泛应用，将有赖于出版及持续的教育工作，令更多人受惠于他的馈赠。

盼望本书可以激发各位对构建一个令人憧憬的美好社会的希望，并推动大家在这一过程中积极发挥领导作用，他的在天之灵定会备感欣慰。

Doris Drucker

注：本页照片和多丽丝寄语原文与亲笔签名由彼得·德鲁克管理学院提供。

不连续的时代

[美] 彼得·德鲁克 著

吴家喜 译

The Age of Discontinuity

Guidelines to Our Changing Society

彼得·德鲁克全集

机械工业出版社

China Machine Press

图书在版编目（CIP）数据

不连续的时代 /（美）彼得·德鲁克（Peter F. Drucker）著；吴家喜译 . —北京：机械工业出版社，2020.5

（彼得·德鲁克全集）

书名原文：The Age of Discontinuity: Guidelines to Our Changing Society

ISBN 978-7-111-65410-0

I. 不… II. ①彼… ②吴… III. 企业管理 IV. F272

中国版本图书馆 CIP 数据核字（2020）第 066335 号

本书版权登记号：图字 01-2019-2572

Peter F. Drucker. The Age of Discontinuity: Guidelines to Our Changing Society.

Copyright © 1992 by Peter F. Drucker.

Chinese (Simplified Characters only) Trade Paperback Copyright © 2020 by China Machine Press.

This edition arranged with Transaction Publishers through BIG APPLE AGENCY. This edition is authorized for sale in the People's Republic of China only, excluding Hong Kong, Macao SAR and Taiwan.

本书两面彩插所用资料由彼得·德鲁克管理学院和那国毅教授提供。封面中签名摘自德鲁克先生为彼得·德鲁克管理学院的题词。

不连续的时代

出版发行：机械工业出版社（北京市西城区百万庄大街 22 号 邮政编码：100037）

责任编辑：黄姗姗　　　　　　　　　　责任校对：李秋荣

印　　刷：北京瑞德印刷有限公司　　　版　　次：2020 年 6 月第 1 版第 1 次印刷

开　　本：170mm×230mm　1/16　　　印　　张：26.5

书　　号：ISBN 978-7-111-65410-0　　定　　价：99.00 元

客服电话：（010）88361066　88379833　68326294　　投稿热线：（010）88379007

华章网站：www.hzbook.com　　　　　　　　　　读者信箱：hzjg@hzbook.com

第一部分 | **知识技术**

功能正常的社会和博雅管理

为"彼得·德鲁克全集"作序

享誉世界的"现代管理学之父"彼得·德鲁克先生自认为，虽然他因为创建了现代管理学而广为人知，但他其实是一名社会生态学者，他真正关心的是个人在社会环境中的生存状况，管理则是新出现的用来改善社会和人生的工具。他一生写了 39 本书，只有 15 本书是讲管理的，其他都是有关社群（社区）、社会和政体的，而其中写工商企业管理的只有两本书（《为成果而管理》和《创新与企业家精神》）。

德鲁克深知人性是不完美的，因此人所创造的一切事物，包括人设计的社会也不可能完美。他对社会的期待和理想并不高，那只是一个较少痛苦，还可以容忍的社会。不过，它还是要有基本的功能，为生活在其中的人提供可以正常生活和工作的条件。这些功能或条件，就好像一个生命体必须具备正常的生命特征，没有它们社会也就不成其为社会了。值得留意的是，社会并不等同于"国家"，因为"国（政府）"和"家（家庭）"不可能提供一个社会全部必要的职能。在德鲁克眼里，功能正常的社会至少要由三大类机构组成：政府、企业和非营利机构，它们各自发挥不同性质的作用，每一类、每一个机构中都要有能解决问题、令机构创造出独特绩效的权力中心和决策机制，这个权力中心和决策机制同时也要让机构里的每个人各得其所，既有所担当、做出贡献，又得到生计和身份、地位。这些在过去的国家中从来没有过的权力中心和决策机制，或者说新的"政体"，就是"管理"。在这里德鲁克把企业和非营利机构中的管理体制与政府的统治体制统称为"政体"，是因为它们都掌握权力，但是，这是两种性质截然不同的权力。企业和非营利机构掌握的，是为了提供特定的产品和服务，而调配社会资源的权力，政府所拥有的，则是整个社会公平的维护、正义的裁夺和干预的权力。

在美国克莱蒙特大学附近，有一座小小的德鲁克纪念馆，走进这座用他的故居改成的纪念馆，正对客厅入口的显眼处有一段他的名言：

> 在一个由多元的组织所构成的社会中，使我们的各种组织机构负责任地、独立自治地、高绩效地运作，是自由和尊严的唯一保障。有绩效的、负责任的管理是对抗和替代极权专制的唯一选择。

当年纪念馆落成时，德鲁克研究所的同事们问自己，如果要从德鲁克的著作中找出一段精练的话，概括这位大师的毕生工作对我们这个世界的意义，会是什么？他们最终选用了这段话。

如果你了解德鲁克的生平，了解他的基本信念和价值观形成的过程，你一定会同意他们的选择。从他的第一本书《经济人的末日》到他独自完成的最后一本书《功能社会》之间，贯穿着一条抵制极权专制、捍卫个人自由和尊严的直线。这里极权的极是极端的极，不是集中的集，两个词一字之差，其含义却有着重大区别，因为人类历史上由来已久的中央集权统治直到20世纪才有条件变种成极权主义。极权主义所谋求的，是从肉体到精神，全面、彻底地操纵和控制人类的每一个成员，把他们改造成实现个别极权主义者梦想的人形机器。20世纪给人类带来最大灾难和伤害的战争和运动，都是极权主义的"杰作"，德鲁克青年时代经历的希特勒纳粹主义正是其中之一。

要了解德鲁克的经历怎样影响了他的信念和价值观，最好去读他的《旁观者》；要弄清什么是极权主义和为什么大众会拥护它，可以去读汉娜·阿伦特1951年出版的《极权主义的起源》。

好在历史的演变并不总是令人沮丧。工业革命以来，特别是从1800年开始，最近这200年生产力呈加速度提高，不但造就了物质的极大丰富，还带来了社会结构的深刻改变，这就是德鲁克早在80年前就敏锐地洞察和指出的，多元的、组织型的新社会的形成：新兴的企业和非营利机构填补了由来已久的"国（政府）"和"家（家庭）"之间的断层和空白，为现代国家提供了真正意义上的种种社会功能。在这个基础上，教育的普及和知识工作者的崛起，正在造就知识经济和知识社会，而信息科技成为这一切变化的加速器。要特别说明，"知识工作者"是德鲁克创造的一个称谓，泛指具备和应用专门知识从事生产工作，为社会创造出有用的产品和服务的人群，这包括企业家和在任何机构中的管理者、专业人士和技工，也包括社会上的独立执业人士，如会计师、律师、咨询师、培训师等。在21世纪的今天，由于知识的应用领域一再被扩大，个人和个别机构不再是孤独无助的，他们因为掌握了某项知识，就拥有了选择的自由和影响他人的权力。知识工作者和由他们组成的知识型组织不再是传统的知识分子或组织，知识工作者最大的特点就是他们的独立自主，可以主动地整合资源、创造价值，促成经济、社会、文化甚至政治层面的改变，而传统的知识分子只能依附于当时的统治当局，在统治当局提供的平台上才能有所作为。这是一个划时代的、意义深远的变化，而且这个变化不仅发生在西方发达国家，也发生在发展中国家。

在一个由多元组织构成的社会中，拿政府、企业和非营利机构这三类组织相互比较，企业和非营利机构因为受到市场、公众和政府的制约，它们的管理者不可能像政府那样走上极权主义统治，这是它们在德鲁克看来，比政府更重要、更值得寄予希望的原因。尽管如此，它们仍然可能因为管理缺位或者管理失当，例如官僚专制，不能达到德鲁克期望的"负责任地、高绩效地运作"，从而为极权专制垄断社会资源让出空间、提供机会。在所有机构中，包括在互联网时代虚拟的工作社群中，知识工作者的崛起既为新的管理提供了基础和条件，也带来对传统的"胡萝卜加大棒"管理方式的挑战。德鲁克正是因应这样的现实，研究、创立和不断完善现代管理学的。

1999年1月18日，德鲁克接近90岁高龄，在回答"我最重要的贡献是什么"这个问题时，他写了下面这段话：

> 我着眼于人和权力、价值观、结构和规范去研究管理学，而在所有这些之上，我聚焦于"责任"，那意味着我是把管理学当作一门真正的"博雅技艺"来看待的。

给管理学冠上"博雅技艺"的标识是德鲁克的首创，反映出他对管理的独特视角，这一点显然很重要，但是在他众多的著作中却没找到多少这方面的进一步解释。最完整的阐述是在他的《管理新现实》这本书第15章第五小节，这节的标题就是"管理是一种博雅技艺"：

> 30年前，英国科学家兼小说家斯诺（C. P. Snow）曾经提到当代社会的"两种文化"。可是，管理既不符合斯诺所说的"人文文化"，也不符合他所说的"科学文化"。管理所关心的是行动和应用，而成果正是对管理的考验，从这一点来看，管理算是一种科技。可是，管理也关心人、人的价值、人的成长与发展，就这一点而言，管理又算是人文学科。另外，管理对社会结构和社群（社区）的关注与影响，也使管理算得上是人文学科。事实上，每一个曾经长年与各种组织里的管理者相处的人（就像本书作者）都知道，管理深深触及一些精神层面关切的问题——像人性的善与恶。

　　管理因而成为传统上所说的"博雅技艺"（liberal art）——是"博雅"（liberal），因为它关切的是知识的根本、自我认知、智慧和领导力，也是"技艺"（art），因为管理就是实行和应用。管理者从各种人文科学和社会科学中——心理学和哲学、经济学和历史、伦理学，以及从自然科学中，汲取知识与见解，可是，他们必须把这种知识集中在效能和成果上——治疗病人、教育学生、建造桥梁，以及设计和销售容易使用的软件程序等。

　　作为一个有多年实际管理经验，又几乎通读过德鲁克全部著作的人，我曾经反复琢磨过为什么德鲁克要说管理学其实是一门"博雅技艺"。我终于意识到这并不仅仅是一个标新立异的溢美之举，而是在为管理定性，它揭示了管理的本质，提出了所有管理者努力的正确方向。这至少包括了以下几重含义：

　　第一，管理最根本的问题，或者说管理的要害，就是管理者和每个知识工作者怎么看待与处理人和权力的关系。德鲁克是一位基督徒，他的宗教信仰和他的生活经验相互印证，对他的研究和写作产生了深刻的影响。在他看来，人是不应该有权力（power）的，只有造人的上帝或者说造物主才拥有权力，造物主永远高于人类。归根结底，人性是软弱的，经不起权力的引诱和考验。因此，人可以拥有的只是授权（authority），也就是人只是在某一阶段、某一事情上，因为所拥有的品德、知识和能力而被授权。不但任何个人是这样，整个人类也是这样。民主国家中"主权在民"，但是人民的权力也是一种授权，是造物主授予的，人在这种授权之下只是一个既有自由意志，又要承担责任的"工具"，他是造物主的工具而不能成为主宰，不能按自己的意图去操纵和控制自己的同类。认识到这一点，人才会谦卑而且有责任感，他们才会以造物主才能够掌握、人类只能被其感召和启示的公平正义，去时时检讨自己，也才会甘愿把自己置于外力强制的规范和约束之下。

第二，尽管人性是不完美的，但是人彼此平等，都有自己的价值，都有自己的创造能力，都有自己的功能，都应该被尊敬，而且应该被鼓励去创造。美国的独立宣言和宪法中所说的，人生而平等，每个人都有与生俱来、不证自明的权利（rights），正是从这一信念而来的，这也是德鲁克的管理学之所以可以有所作为的根本依据。管理者是否相信每个人都有善意和潜力？是否真的对所有人都平等看待？这些基本的或者说核心的价值观和信念，最终决定他们是否能和德鲁克的学说发生感应，是否真的能理解和实行它。

第三，在知识社会和知识型组织里，每一个工作者在某种程度上，都既是知识工作者，也是管理者，因为他可以凭借自己的专门知识对他人和组织产生权威性的影响——知识就是权力。但是权力必须和责任捆绑在一起。而一个管理者是否负起了责任，要以绩效和成果做检验。凭绩效和成果问责的权力是正当和合法的权力，也就是授权（authority），否则就成为德鲁克坚决反对的强权（might）。绩效和成果之所以重要，是因为不但在经济和物质层面，而且在心理层面，都会对人们产生影响。管理者和领导者如果持续不能解决现实问题，大众在彻底失望之余，会转而选择去依赖和服从强权，同时甘愿交出自己的自由和尊严。这就是为什么德鲁克一再警告，如果管理失败，极权主义就会取而代之。

第四，除了让组织取得绩效和成果，管理者还有没有其他的责任？或者换一种说法，绩效和成果仅限于可量化的经济成果和财富吗？对一个工商企业来说，除了为客户提供价廉物美的产品和服务、为股东赚取合理的利润，能否同时成为一个良好的、负责任的"社会公民"，能否同时帮助自己的员工在品格和能力两方面都得到提升呢？这似乎是一个太过苛刻的要求，但它是一个合理的要求。我个人在十多年前，和一家这样要求自己的后勤服务业的跨国公司合作，通过实践认识到这是可能的。这意味着我们必须学会把伦理道德的诉求和经济目标，设计进同一个工作流程、同一套衡量系统，直至每一种方法、工具和模式中去。值得欣慰的是，今天有越来越多的机构开始严肃地对待这个问题，在各自的领域做出肯定的回答。

第五，"作为一门博雅技艺的管理"或称"博雅管理"，这个讨人喜爱的中文翻译有一点儿问题，从翻译的"信、达、雅"这三项专业要求来看，雅则雅矣，信有不足。liberal art 直译过来应该是"自由的技艺"，但最早的繁体字中文版译成了"博雅艺术"，这可能是想要借助它在汉语中的褒义，我个人还是觉得"自由的技艺"更贴近英文原意。liberal 本身就是自由。art 可以译成艺术，但管理是要应用的，是要产生绩效和成果的，所以它首先应该是一门"技能"。此外，管理的对象是人们的工作，和人打交道一定会面对人性的善恶，人的千变万化的意念——感性的和理性的，从这个角度看，管理又是一门涉及主观判断的"艺术"。所以 art 其实更适合解读为"技艺"。liberal——自由，art——技艺，把两者合起来就是"自由技艺"。

最后我想说的是，我之所以对 liberal art 的翻译这么咬文嚼字，是因为管理学并不像人们普遍认为的那样，是一个人或者一个机构的成功学。它不是旨在让一家企业赚钱，在生产效率方面达到最优，也不是旨在让一家非营利机构赢得道德上的美誉。它旨在让我们每个人都生存在其中的人类社会和人类社群（社区）更健康，使人们较少受到伤害和痛苦。让每个工作者，按照他与生俱来的善意和潜能，自由地选择他自己愿意在这个社会或社区中所承担的责任；自由地发挥才智去创造出对别人有用的价值，从而履行这样的责任；并且在这样一个创造性工作的过程中，成长为更好和更有能力的人。这就是德鲁克先生定义和期待的，管理作为一门"自由技艺"，或者叫"博雅管理"，它的真正的含义。

邵明路

彼得·德鲁克管理学院创办人

跨越时空的管理思想

20多年来，机械工业出版社华章公司关于德鲁克先生著作的出版计划在国内学术界和实践界引起了极大的反响，每本书一经出版便会占据畅销书排行榜，广受读者喜爱。我非常荣幸，一开始就全程参与了这套丛书的翻译、出版和推广活动。尽管这套丛书已经面世多年，然而每次去新华书店或是路过机场的书店，总能看见这套书静静地立于书架之上，长盛不衰。在当今这样一个强调产品迭代、崇尚标新立异、出版物良莠难分的时代，试问还有哪本书能做到这样呢？

如今，管理学研究者们试图总结和探讨中国经济与中国企业成功的奥秘，结论众说纷纭、莫衷一是。我想，企业成功的原因肯定是多种多样的。中国人讲求天时、地利、人和，缺一不可，其中一定少不了德鲁克先生著作的启发、点拨和教化。从中国老一代企业家（如张瑞敏、任正非），及新一代的优秀职业经理人（如方洪波）的演讲中，我们常常可以听到来自先生的真知灼见。在当代管理学术研究中，我们也可以常常看出先生的思想指引和学术影响。我常常对学生说，当你不能找到好的研究灵感时，可以去翻翻先生的著作；当你对企业实践困惑不解时，也可以把先生的著作放在床头。简言之，要想了解现代管理理论和实践，首先要从研读德鲁克先生的著作开始。基于这个原因，1991 年我从美国学成回国后，在南京大学商学院图书馆的一角专门开辟了德鲁克著作之窗，并一手创办了德鲁克论坛。至今，我已在南京大学商学院举办了 100 多期德鲁克论坛。在这一点上，我们也要感谢机械工业出版社华章公司为德鲁克先生著作的翻译、出版和推广付出的辛勤努力。

在与企业家的日常交流中，当发现他们存在各种困惑的时候，我常常推荐企业家阅读德鲁克先生的著作。这是因为，秉持奥地利学派的一贯传统，德鲁克先生总是将企业家和创新作为著作的中心思想之一。他坚持认为："优秀的企业家和企业家精神是一个国家最为重要的资源。"在企业发展过程中，企业家总是面临着效率和创新、制度和个性化、利润和社会责任、授权和控制、自我和他人等不同的矛盾与冲突。企业家总是在各种矛盾与冲突中成长和发展。现代工商管理教育不但需要传授建立现代管理制度的基本原理和准则，同时也要培养一大批具有优秀管理技能的职业经理人。一个有效的组织既离不开良好的制度保证，同时也离不开有效的管理者，两者缺一不可。这是因为，一方面，企业家需要通过对管理原则、责任和实践进行研究，探索如何建立一个有效的管理机制和制度，而衡量一个管理制度是否有效的标准就在于该制度能否将管理者个人特征的影响降到最低限度；另一方面，一个再高明的制度，如果没有具有职业道德的员工和管理者的遵守，制度也会很容易土崩瓦解。换言之，一个再高效的组织，如果缺乏有效的管理者和员工，组织的效率也不可能得到实现。虽然德鲁克先生的大部分著作是有关企业管理的，但是我们可以看到自由、成长、创新、多样化、多元化的思想在其著作中是一以贯之的。正如德鲁克在《旁观者》一书的序言中所阐述的，"未来是'有机体'的时代，由任务、目的、策略、社会的和外在的环境所主导"。很多人喜欢德鲁克提出的概念，但是德鲁克却说，"人比任何概念都有趣多了"。德鲁克本人虽然只是管理的旁观者，但是他对企业家工作的理解、对管理本质的洞察、对人性复杂性的观察，鞭辟入里、入木三分，这也许就是企业家喜爱他的著作的原因吧！

德鲁克先生从研究营利组织开始，如《公司的概念》（1946年），到研究非营利组织，如《非营利组织的管理》（1990年），再到后来研究社会组织，如《功能社会》（2002年）。虽然德鲁克先生的大部分著作出版于20世纪六七十年代，然而其影响力却是历久弥新的。在他的著作中，读者很容易找到许多最新的管理思想的源头，同时也不难获悉许多在其他管理著作中无法找到的"真知灼见"，从组织的使命、组织的目标以及工商企业与服务机构的异同，到组织绩效、富有效率的员工、员工成就、员工福利和知识工作者，再到组织的社会影响与社会责任、企业与政府的关系、管理者的工作、管理工作的设计与内涵、管理人员的开发、目标管理与自我控制、中层管理者和知识型组织、有效决策、管理沟通、管理控制、面向未来的管理、组织的架构与设计、企业的合理规模、多角化经营、多国公司、企业成长和创新型组织等。

30多年前在美国读书期间，我就开始阅读先生的著作，学习先生的思想，并聆听先生的课堂教学。回国以后，我一直把他的著作放在案头。尔后，每隔一段时间，每每碰到新问题，就重新温故。令人惊奇的是，随着阅历的增长、知识的丰富，每次重温的时候，竟然会生出许多不同以往的想法和体会。仿佛这是一座挖不尽的宝藏，让人久久回味，有幸得以伴随终生。一本著作一旦诞生，就独立于作者、独立于时代而专属于每个读者，不同地理区域、不同文化背景、不同时代的人都能够从中得到启发、得到教育。这样的书是永恒的、跨越时空的。我想，德鲁克先生的著作就是如此。

特此作序，与大家共勉！

南京大学人文社会科学资深教授、商学院名誉院长

博士生导师

2018 年 10 月于南京大学商学院安中大楼

彼得·德鲁克与伊藤雅俊管理学院是因循彼得·德鲁克和伊藤雅俊命名的。德鲁克生前担任玛丽·兰金·克拉克社会科学与管理学教席教授长达三十余载，而伊藤雅俊则受到日本商业人士和企业家的高度评价。

彼得·德鲁克被称为"现代管理学之父"，他的作品涵盖了 39 本著作和无数篇文章。在德鲁克学院，我们将他的著述加以浓缩，称之为"德鲁克学说"，以撷取德鲁克著述在五个关键方面的精华。

我们用以下框架来呈现德鲁克著述的现实意义，并呈现他的管理理论对当今社会的深远影响。

这五个关键方面如下。

（1）**对功能社会重要性的信念**。一个功能社会需要各种可持续性的组织贯穿于所有部门，这些组织皆由品行端正和有责任感的经理人来运营，他们很在意自己为社会带来的影响以及所做的贡献。德鲁克有两本书堪称他在功能社会研究领域的奠基之作。第一本书是《经济人的末日》（1939 年），"审视了法西斯主义的精神和社会根源"。然后，在接下来出版的《工业人的未来》（1942 年）一书中，德鲁克阐述了自己对第二次世界大战后社会的展望。后来，因为对健康组织对功能社会的重要作用兴趣盎然，他的主要关注点转到了商业。

（2）**对人的关注**。德鲁克笃信管理是一门博雅艺术，即建立一种情境，使博雅艺术在其中得以践行。这种哲学的宗旨是：管理是一项人的活动。德鲁克笃信人的潜质和能力，而且认为卓有成效的管理者是通过人来做成事情的，因为工作会给人带来社会地位和归属感。德鲁克提醒经理人，他们的职责可不只是给大家发一份薪水那么简单。

对于如何看待客户，德鲁克也采取"以人为本"的思想。他有一句话人人知晓，即客户决定了你的生意是什么，这门生意出品什么以及这门生意日后能否繁荣，因为客户只会为他们认为有价值的东西买单。理解客户的现实以及客户崇尚的价值是"市场营销的全部所在"。

（3）**对绩效的关注**。经理人有责任使一个组织健康运营并且持续下去。考量经理人的凭据是成果，因此他们要为那些成果负责。德鲁克同样认为，成果负责制要渗透到组织的每一个层面，务求淋漓尽致。

制衡的问题在德鲁克有关绩效的论述中也有所反映。他深谙若想提高人的生产力，就必须让工作给他们带来社会地位和意义。同样，德鲁克还论述了在延续性和变化二者间保持平衡的必要性，他强调面向未来并且看到"一个已经发生的未来"是经理人无法回避的职责。经理人必须能够探寻复杂、模糊的问题，预测并迎接变化乃至更新所带来的挑战，要能看到事情目前的样貌以及可能呈现的样貌。

（4）**对自我管理的关注**。一个有责任心的工作者应该能驱动他自己，能设立较高的绩效标准，并且能控制、衡量并指导自己的绩效。但是首先，卓有成效的管理者必须能自如地掌控他们自己的想法、情绪和行动。换言之，内在意愿在先，外在成效在后。

（5）**基于实践的、跨学科的、终身的学习观念**。德鲁克崇尚终身学习，因为他相信经理人必须要与变化保持同步。但德鲁克曾经也有一句名言："不要告诉我你跟我有过一次精彩的会面，告诉我你下周一打算有哪些不同。"

XX

这句话的意思正如我们理解的，我们必须关注"周一早上的不同"。

这些就是"德鲁克学说"的五个支柱。如果你放眼当今各个商业领域，就会发现这五个支柱恰好代表了五个关键方面，它们始终贯穿交织在许多公司使命宣言传达的讯息中。我们有谁没听说过高管宣称要回馈他们的社区，要欣然采纳以人为本的管理方法和跨界协同呢？

彼得·德鲁克的远见卓识在于他将管理视为一门博雅艺术。他的理论鼓励经理人去应用"博雅艺术的智慧和操守课程来解答日常在工作、学校和社会中遇到的问题"。也就是说，经理人的目光要穿越学科边界来解决这世上最棘手的一些问题，并且坚持不懈地问自己："你下周一打算有哪些不同？"

彼得·德鲁克的影响不限于管理实践，还有管理教育。在德鲁克学院，我们用"德鲁克学说"的五个支柱来指导课程大纲设计，也就是说，我们按照从如何进行自我管理到组织如何介入社会这个次序来给学生开设课程。

德鲁克学院一直十分重视自己的毕业生在管理实践中发挥的作用。其实，我们的使命宣言就是：

通过培养改变世界的全球领导者，来提升世界各地的管理实践。

有意思的是，世界各地的管理教育机构也很重视它们的学生在实践中的表现。事实上，这已经成为国际精英商学院协会（AACSB）认证的主要标志之一。国际精英商学院协会"始终致力于增进商界、学者、机构以及学生之间的交融，从而使商业教育能够与商业实践的需求步调一致"。

最后我想谈谈德鲁克和管理教育，我的观点来自 2001 年 11 月 *BizEd* 杂志第 1 期对彼得·德鲁克所做的一次访谈，这本杂志由商学院协会出版，受众是商学院。在访谈中，德鲁克被问道：在诸多事项中，有哪三门课最重要，是当今商学院应该教给明日之管理者的？

德鲁克答道：

第一课，他们必须学会对自己负责。太多的人仍在指望人事部门来照顾他们，他们不知道自己的优势，不知道自己的归属何在，他们对自己毫不负责。

第二课也是最重要的，要向上看，而不是向下看。焦点仍然放在对下属的管理上，但应开始关注如何成为一名管理者。管理你的上司比管理下属更重要。所以你要问："我应该为组织贡献什么？"

最后一课是必须修习基本的素养。是的，你想让会计做好会计的事，但你也想让她了解组织的其他功能何在。这就是我说的组织的基本素养。这类素养不是学一些相关课程就行了，而是与实践经验有关。

凭我一己之见，德鲁克在 2001 年给出的这则忠告，放在今日仍然适用。卓有成效的管理者需要修习自我管理，需要向上管理，也需要了解一个组织的功能如何与整个组织契合。

彼得·德鲁克对管理实践的影响深刻而巨大。他涉猎广泛，他的一些早期著述，如《管理的实践》（1954 年）、《卓有成效的管理者》（1966 年）以及《创新与企业家精神》（1985 年），都是我时不时会翻阅研读的书籍，每当我作为一个商界领导者被诸多问题困扰时，我都会从这些书中寻求答案。

珍妮·达罗克

彼得·德鲁克与伊藤雅俊管理学院院长

亨利·黄市场营销和创新教授

美国加州克莱蒙特市

1970 年春，我开始了定期访问日本的旅程。当时，《不连续的时代》这本书已在日本发行数月，迅速成为各方热议的畅销书。日本一位知名社会学家在东京一所知名大学策划了以本书为主题的研讨会。这位社会学家致开幕词时说："15 年前德鲁克告诉我们，要保护日本文化，就要建设一个运行良好的现代**经济**；他的新书则告诉我们，要保护日本文化，现在必须建设一个运行良好的现代社会。"

当然，本书并非为日本而作，也不是专门针对日本人而写（尽管这是最早指出日本经济成功并从中汲取经验的书之一）。然而，本书的基本命题是 20 世纪 60 年代后期，也就是第二次世界大战（简称"二战"）后 20 年社会重心从经济转向社会及其结构。20 世纪 40 年代初，我开始研究管理，并不是因为对企业很感兴趣。我当时对企业几乎没兴趣，甚至到现在兴趣也不大。不过，在很大程度上，根据第二次世界大战的经验，我已确信自由社会需要一些东西，这些尚未被注意、很大程度上被忽视的东西就是管理制度。从我早前出版的三本书中可以得出这些结论，这些书是：《工业人的未来》（1943 年）、《公司的概念》（1946 年）以及《新社会》（1949 年），这三本书很快就重印发行。20 世纪 60 年代末，包括最不发达国家在内，整个世界都已具备"管理意识"。事实上，管理学院、管理学位、管理书籍在当时已有些增长过度，至少数量上是如此。不过，管理这个新兴的**社会**制度，却获得了巨大的经济成就。我一直以来认为，管理是一种社会制度，而不是经济学，也不是商业。正如成功总会引发全新的不同挑战，管理也是如此。这些挑战就是《不连续的时代》这本书要讨论的重点。现在我们依旧面临这些挑战，但并非经济挑战，而是社会挑战。

与此同时，本书也率先指出，20 世纪政府的成功已达到顶峰。不过，我们知道第一次世界大战时，在所有交战国家（甚至包括沙皇俄国）中，政府官僚成就巨大，但军事领导权、能力和策略却彻底崩溃。20 世纪 60 年代中期的政府，不论何种性质，都达到了权力的顶峰。许多国家认为，任何社会任务如果移交给政府都将得到"解决"。这种信念在戴高乐执政的法国、工党执政的英国和肯尼迪执政的美国都普遍存在。当然，我们不需要做太多调查研究，就能明白为什么这些政府变得如此无能，正在迅速丧失创造绩效的能力。当时，美国总统林登·约翰逊为完成 30 年代新政中未实现的福利而在反贫困战中付出的努力一个接一个胎死腹中，反而造成庞大的财政赤字，无法产生社会效益。我清楚地认识到，到了停止问政府**应该**做什么，而应问政府**能**做什么的时候了。这个问题从早期法国大革命以来就一直没讨论过。一个默默无闻的年轻德国学生威廉·冯·洪堡（1767—1835）在研究政府效能限制的一本小书中提出了这个问题。后来，洪堡成为知名的自由主义政治家、科学语言学之父，是 19 世纪德国大学创始人，也是现代美国大学的始祖。20 世纪 30 年代初，我跟当时的洪堡一样年轻，也怀有同样的疑问，因而开始研究洪堡的政治思想，但从未完成也没有发表过。这个问题思索到最后的结果是，我在本书中创造了"再私有化"一词，10 年后玛格丽特·撒切尔在担任英国首相时采用并大力推动"私有化"。

这本书的主体写于 1967～1968 年，当时正值美国社会历经动荡、学生群体抗议越战之际，不过书中几乎没有提到这些动荡，并不是因为我认为这些动荡不严重。事实上，我比大多数美国观察家更清楚其严重性，因为对大多数美国观察家来说，这些动荡只是"美国"发生的事。他们并未注意到，学生造反并非从美国开始，而是率先出现在日本、德国和法国。这些未参与越战也没有种族问题的国家，学生运动反而更激烈，持续时间也更长。同样地，很少有美国观察家注意到，越南只是国家采用军事力量镇压学生运动失败的一个例子，但绝非最极端的例子。近年来，最成功的例子发生在我写完此书的 20 年间。英国人在马来西亚半岛的镇压行动，是一场得不偿失的胜利，这种努力及其代价加速了英国的解体。在那之后，另一个陷入僵局的国家就是韩国；然后一连串的挫败随之而来，法国在越南、阿尔及利亚战败，美国在越战中失利。（我只能希望 1991 年美国在伊拉克的成功不会误导一帮人对军事的想法，从而忘记早期的教训。）一个全球性的现象必定有普遍而非局部的原因，正如大多数美国分析家所不愿意做的那样，用纯粹甚至主要是美国的观点来解释美国或越南的学生反叛，无疑将"美国例外论"推向了极其荒谬的地步。

然而，我比大多数美国观察家更严肃地看待这些动荡。对我而言，这些动荡依旧只是表面症状。这些症状反映出更深刻的社会变迁，但症状本身并非社会变迁。例如，我认为当时的学生造反一定事出有因，可能具有很强的破坏性，就像**海啸**一样，发生于海底的地震才是真实的原因。诸如此类的爆发式增长也反映出识别这些症状非常必要，到底症状的真相是什么？这就是本书在 1969 年试图回答的问题。

本书提出的每一项主张在当时都是全新的，与出版时公认的观点正好相反，读者和批评家却很快表示"的确如此"，而且自此之后大家也认同这些主张。任何社会分析都希望得到这样的回应，并从回应中自我印证。如果指出人们已经**知道**的事，就无异于昨日的报道。如果指出人们**不清楚**，也**不能**

察觉的事，就可能是"未来主义"的委婉说法。每一本经得起时间考验的社会分析书籍，不论是马克斯·韦伯还是托尔斯坦·凡勃伦的作品（仅以两位知名社会学家为代表），都具有全新的理念。《不连续的时代》出版后，历经许多年仍具有这样的特质，对我而言，这就是最重要也是最持久的成就。

彼得·德鲁克

加利福尼亚州　克莱蒙特

1992 年元旦

| 1983 年版序 |

当这本书首次出版时，也就是在近 10 年前，1973 年的石油卡特尔或水门事件等的冲击尚未出现，也还无法预料，甚至根本想象不到。那时，环保运动也刚刚开始。不过，即使我当时能预见这些重大事件，也未在本书中过多关注，就像我很少留意 20 世纪 60 年代越战和学生动乱的新闻标题一样。因为这本书试图做一些完全不同的事，也许比预测更加雄心勃勃。尽管"发展"非常重要，但本书并不预测发展，反而试图识别和界定正在发生或者已经发生的根本性变化。因此，本书研究的主题是大陆漂移如何形成新大陆，而不是战争如何形成新疆界。

我把这些潜藏在社会和文化现实之中的重大变化称为"不连续性"。这在当时是相当新颖的用语。不过，或许由于这本书相当畅销，之后"不连续性"便为大家耳熟能详。"革命"一词过去和现在都广为使用，其实可能被滥用了。然而，什么是不连续性呢？地质学家以这个术语表示革命的意思，地震或火山爆发会毁坏原本熟悉的地貌，创造新的地貌，这就是革命，有激烈改变之意。然而，这大多是原先根基改变带来的结果，却让革命成为必定会发生之事。这些革命源自不连续性，也就是新的潜在现实与既定制度、惯例之间日益紧张的关系。革命往往是激烈的、壮观的，而不连续性却倾向于悄悄地渐进发生，正如火山爆发和地震发生前，很少能觉察到一样。

让我用本书出版过程中曾发生过的一段故事说明一下。在出版前几个月，书中第 10 章"政府之弊"一文先发表于某杂志。当时，理查德·尼克松刚宣誓就任美国总统，在任职后的公开演说中强烈抨击本书，他 1969 年对卫生教育福利部的人员演讲时表示："德鲁克认为现代政府只能做好两件事：发动战争和通货膨胀。我的执政目标是要证明德鲁克先生的观点是错的。"从某种意义上说，虽然跟尼克松先生想的大相径庭，但后来他确实证明我的观点有误。尼克松政府在越南的行为表明，现代政府甚至可能不知道如何进行战争，只知道如何加速通货膨胀。不过，从尼克松意图抨击本书的观点来看，尼克松政府的所作所为，反而让人们认为本书的观点十分正确。因为水门事件爆发所造成的巨大影响，大多源于不连续性——本书讨论的政府弊病与尼克松试图通过其总统身份藐视这些事实这两者之间存在的巨大差异。

本书首次出版后，书中所提的一个基本观点已被广为接受，即"二战"后是一个时代的结束，而非开始。不过，注意到这一重大变化的人却少之又少，大多数观察家仍在回顾过去，这本书却试图展望未来。诸如此类的转变已经不可逆转，也许大家可以看见或感觉到。然而，现在流传甚广的仍然是昨天现实的口号。我担心的是，这些口号绝大多数也是不同的政府提出的政策。不过，我们可以自信地说，这本书出版后的 10 年，情势的发展变化已经证实了我的基本分析。

本书确定了四个方面的不连续性。

- 新技术，以及基于新技术的新产业迅速崛起。

- 名副其实的世界经济，发达国家和发展中国家之间的关系取代了国民经济内部的阶级冲突，国民经济这一概念不仅主导了19世纪，也主导了当时的言论和政策。同时，本书也看到了世界经济成为所有经济体的动力和政策制定中心，以及新的经济和社会制度逐步发展的领域。

- 新的多元化机构出现，这些机构让传统上被普遍接受的政府理论和社会理论作废，但这也会严重危及，并可能摧毁政府履行职能的能力。

- 知识最终成为新资本和经济的重要资源，拥有知识的机构管理者成为新的权力中心和领导者。正如本书所论证的那样，这意味着知识和知识分子的责任与义务，可能成为政治理论和公共政策的核心问题，也是重要的道德考量。

　　水门事件在很大程度上是不连续性的结果，这类不连续性我称为"政府的弊病"。尤其是尼克松政府对这类不连续性视而不见。不过，1973年爆发的石油危机，也可归于这类不连续性的结果：单一国家的经济转变为世界经济，成为经济动力的重心。石油危机不仅表明所有国家和经济体对全球经济的完全依赖，而且让世界经济理论与经济学家秉持的正统的国民经济理论形成鲜明且不可调和的对比。若不是发展中国家的"种族战争"情绪，石油输出国组织在这次危机中根本无法成功。对发达国家来说，石油价格过高不仅是个麻烦，也是个政治困境。无论是在财务还是在经济上，过高的石油价格都会让政局更复杂。因为石油输出国所增加的营收部分来自发达国家，部分来自第三世界的发展中国家，但确实只是在两方面对发达工业国有所贡献，也就是购买发达国家的商品和投资于发达国家。然而，石油卡特尔提高了石油和化肥的价格，对于发展中国家却构成了致命威胁。不过，当石油生产国1973年把油价翻两番时，所有发展中国家都欢呼喝彩，甚至包括像印度、巴西和巴基斯坦这些立即知道高油价会给本国经济社会稳定造成威胁的国家。如果没有这些国家的支持，石油输出国组织可能在几个月内就会崩溃。这些国家即使知道高油价会危及自身的经济前景，仍然把石油输出国组织的行为看作对世界经济"阶级敌人"的打击，是对西方富裕发达国家实力和主导地位的首次成功攻击。现在看来，这可能是一个错误——赌气而做出对自己不利的事，却也说明了尽管这些国家采取强烈的、几乎狂热的国家主义言论，但还是试图按世界经济的原则行事。

同样，跨国公司的世界地位在过去10年发生的变化，只能解释为世界经济不连续性引发的结果。本书认为，对发展中国家而言，跨国公司或许应该是最重要也最有利的，而且跨国公司被发展中国家认为绝对不可或缺。不过，本书也指出，对发达国家及其政府而言，跨国公司将逐渐引发严重的政治问题。在撰写本书时，这个主张似乎与公众的认知相反，其实跨国公司似乎是所有发展中国家决心摆脱的对象，在发达国家，跨国公司备受认可，没有受到过多的批评和争论。10年后的今天，这些情况几乎完全逆转，一个又一个发展中国家把跨国公司当成希望，至少认为跨国公司非常必要。10年前，发展中国家制定非常夸张的法律，大张旗鼓地宣布排除或至少限制跨国公司的法律，从委内瑞拉到智利的南美洲西海岸国家制定的安第斯条约就是其中一个例子，现在这些法律已被废除或正在悄悄地被搁置。而跨国公司在发达国家，尤其是在美国正经受最严厉的抨击。即使在发达国家内部，跨国公司的地位也迅速逆转。10年前，哈佛大学自由主义经济学家约翰·肯尼斯·加尔布雷思就曾经谴责跨国公司，不过，他可能是当时发达国家中唯一这么做的知名经济学家。但在 1977 年春天，加尔布雷思宣称，跨国公司已成为发展中国家经济发展和经济一体化的唯一希望和最积极的力量。

自本书首次出版以来，要求企业、医院及政府机构管理者负起社会责任的声浪高涨，证明了我所说的"组织新多元主义"以及"知识工作者"成为新权力中心这一类不连续性所带来的影响。

10 年后这本书再版上市，不可避免会遇到一个问题：我现在还会写出同样的书吗？当然不可能第 2 次再写同样的书。但我在重读此书时发现，我不会对写于 60 年代末期的内容做太多修改，我会修改一些陈述或例证，改变这个或那个插图，或许把重点稍微变更，但总体上来说，本书的内容大多经得起考验。当时看出的主要趋势至今仍是主要趋势，只是更加明显而已。当时提出的一些主张，对 1969 年的读者来说似乎难以置信，好比现代政府的说法在当时相当不靠谱，现在看来却一点没错。

不过，如果我现在再写这本书，可能会增加一个新的章节，或者至少发出一个新的音符。书中几乎没有提到一个重大发现，或许跟本书所讨论的不连续性没有相同的基本特征，但这确实是一个重大转变，且在 20 世纪后几年应该会对经济、政府和现代人的基本世界观都产生重大影响。

这个重大发现，就是人口结构和人口动态的转变。尤其是在世界三大地区，基本人口动态正往不同的方向发展。首先是工业发达国家，从日本到与苏联交界的西德，包括日本、北美、西欧和北欧各国；其次是苏联，包括俄罗斯及其欧陆附属国、东德、波兰、捷克斯洛伐克⊖、匈牙利、保加利亚和罗马尼亚；最后是第三世界的发展中国家。

⊖ 于 1993 年分成捷克和斯洛伐克。——编者注

　　"二战"后发达工业国家经历了"婴儿潮"，但各国的强度和持续时间不一样。婴儿潮是一个全球性的普遍事件，只是英国婴儿潮历时很短，当时育龄妇女所生婴儿数大增，家庭成员突然比以往增加很多。在一些国家还出现婴儿低潮期，此现象最早出现在日本，时间大约是 1955 年，美国到 1960 年才出现，而西欧国家在 1955～1960 年出现。几年之内，每位妇女生育数下降为原先的 1/4。与此同时，老年人口急剧上升，部分原因是现在更多人达到退休年龄，且这些 65 岁的人似乎会比以前的人活得更长⊖。

　　在人类历史上，有三个方面的发展是前所未有的。首先，以前从未出现过类似婴儿潮的现象，以美国为例，1948～1953 年的 5 年内，婴儿出生数增加近 50%，人类历史上从未有过这种记录。其次，婴儿出生数骤降也属空前。最后也是最根本的是老年人口激增，这同样也是人类历史上从未有过之事。

　　不过，"二战"到 1970 年这 25 年间见证了发达国家的另一个重要的人口变化，尽管这并不像出生率和预期寿命急剧变化那样史无前例。这些国家经历由工业化前期进入到工业世界的巨大转变，其中以大城市最为明显。在美国，工业化前期的农村人口，不论黑人还是白人都大量涌进城市，从纽约到亚特兰大、底特律、芝加哥和洛杉矶等城市都有这种现象。在欧洲，早在"一战"前农村人口就已大量转移到城市，其中有大批来自地中海国家，包括葡萄牙、西班牙、南斯拉夫⊜、希腊、土耳其、摩洛哥和阿尔及利亚等国的外来劳工涌入工业化的北方国家，包括意大利北部到瑞典，特别是瑞士、比利时、德国、荷兰，甚至进入排外的英国。在日本，许多人从农场特别是比较贫穷的北方，迁往东京—大阪走廊沿线的重要工业中心。

　　⊖　关于这些发展的全部影响，请参阅我最近的一本书：《看不见的革命》（纽约：Harper & Row，1976）。
　　⊜　已于 1992 年解体。——编者注

不过，就像婴儿潮一样，这个巨大移民潮只是短暂现象。到 20 世纪 70 年代初，也就是说大约在发达国家婴儿潮退去之时，这个巨大的移民潮也刚好结束，部分原因在于劳动人口结构。日本农场没有失业人员，在"二战"后的 1946 年，日本农业人口约占总人口数的 60%，现在已降至 8%，其中大多为妇女及老年人。同样，在美国从贫瘠的棚户区迁往大城市的现象也已告一段落，现在棚户区都空荡荡的，以往的工作已经被拖拉机替代。尽管地中海沿岸国家仍有大量未充分就业或失业的劳动力，但西欧和北欧也无法吸纳这些人。事实上，这些国家已经容纳过多的工业化前期移民，几乎可以确定的是，西欧和北欧的外来劳动力今后将不升反降，因为不论社会还是文化层面，都无法再容纳外来劳动力。

在所有这些发达国家中，60 年代和 70 年代是大量年轻人长大并进入劳动力市场的时期。不过，到 80 年代初，这种现象已不复见。从那时起，我们可以预期 20 世纪后期年轻人的数量会急剧下降。与此同时，年轻人接受正规教育的时间会延长。因此，这些人只适合从事"知识工作"。在传统手工劳动中，特别是工厂劳动力方面，至少在后 25 年我们将面临严重短缺。

与此同时，老年人口正在迅速增加，似乎很少有人意识到这种转变的速度有多快。1935 年，当美国第一次在全国范围内实行社会保障时，每 9 个人扶养 1 位 65 岁以上的老年人。如今，尽管美国劳动力几乎是史无前例的爆炸性增长，却变成每 3 个人扶养 1 位 65 岁以上的老年人。到 1985 年，这个比例是 2.5∶1。这意味着扶养老年人日益成为发达经济体的首要关注重点。在某种程度上，这个问题可以通过延迟退休来缓解。在美国，无论是出于经济原因，还是考虑到老年人在身体和精神都尚可时不让工作是不人道和残忍的，我们已经朝着为延迟退休立法的方向走了很长一段路。因为这些老年人当中，越来越多的人不想退休，尤其是知识工作者更害怕退休，体力劳动者因为终身从事单调且耗费体力的工作可能比较想退休。不过延迟退休只能缓解这种情况，并非根本的解决之道。

不过，当我们采取这样的解决方案时，也意味着所有发达国家都发生了巨变。实际上，这意味着员工通过养老基金成为企业所有者。美国这方面的进展最为明显，员工养老基金、企业养老基金、医院、大学等公共服务机构以及地方政府养老基金已经拥有美国大中型企业 1/3 或更多的股份。预计到80 年代中期，美国企业的养老金投资组合将占到其股本的绝大部分。欧洲以稍微不同的形式发生同样的变化，根据已生效或尚在立法机关审议的不同法律，只有少数中央退休基金逐渐成为企业所有者。在日本，虽然员工所有权并非解决之道，但也出现同样的情形，即终身雇佣制——企业必须为员工谋福利而运作，同时也要增加退休员工的福利。

这些基本结构的变化产生了巨大的影响。更重要的是，世界上其他地方的发展遵循一种截然不同的模式。在欧洲大陆的一些国家，年龄结构也出现同样的趋势：人们越来越长寿，却越来越早退休。因此，对这些国家来说，扶养老年人将成为重点，这也是西方发达社会面临的问题。不过，一些东欧国家并未出现婴儿潮。苏联在"二战"期间婴儿出生率极低，就算在德国侵略前几年出生的婴儿，也很少能幸存下来。后来出生率只是略有回升，仍远低于西方婴儿潮退却时的出生率，并且 30 多年一直维持在非常低的水平。在波兰周边的大多数苏联加盟共和国，"二战"时没有遭到大规模破坏。因此，这些年出生的婴儿存活下来了！但这些国家出生率一直很低，而且还在下降。所有这些国家的出生率远远低于维持人口水平所需的净生育率，也远低于国家发展所需，因为这些国家既要满足工业化的人力需求，还要征收大量成年男子充实到军队中。虽然苏联仍有相当规模的农场人口，占劳动力的1/3 以上，但无法利用这些人口来弥补经济、军队的人力资源供应缺口。因为劳动力短缺正冲击着苏联，此时正是农业生产最需人力的时候，也是农业遭遇严重危机之际。

最后,发展中国家面临的最基本问题将是为大批年轻人找工作。因为20世纪五六十年代出生的婴儿不像以前的婴儿那样容易夭折。例如,1938年出生在墨西哥的每10个婴儿中只有两三个能活到1958年。在第二次世界大战后,墨西哥的出生率急剧下降,这跟所有发展中国家一样,但与大多数人想象的相反。事实上,第二次世界大战后,发展中国家的出生率下降(因为没有任何直接可靠的信息,这里的数据不包括中国),比世界上任何历史时期都低。然而,这些国家的婴儿死亡率下降幅度更大。1958年墨西哥出生的每10个婴儿中就有七八个今天还活着,身体和精神状况都相当好。更重要的是,这些年轻人并不像他们的父母一样,被关在一个偏远的山谷。他们生活在城里,随处可见。他们拥有政治、经济、社会方面的权利和地位,而且非常需要工作。

与此同时,即使这些国家资本充足,也很少有足够的国内市场来吸收如此庞大劳动力的一小部分。巴西和印度或许是个例外,尽管只是在有限的范围内。但其他发展中国家没有足够的国内市场来消化新增工人生产的大量商品和服务,即使这些工人效率不高、工资微薄,只够维持生活所需。唯一的希望就是在出口生产方面,也就是将产品销往发达国家,因为只有这些国家才拥有购买力。

在发达国家,自20世纪80年代开始,唯一可用的劳动力是35岁以上的女性,她们大多是兼职,另外还有超过标准退休年龄的老年人。体力劳动和低技术工作的劳动力供应只能满足国内的需求,比如打扫街道、收集垃圾、清理医院便盆、为病人送食物以及许多其他的手工杂务必须在国内完成,而不可能外包到国外。劳动密集型的制造工作将越来越多地转移到劳动力供应丰富的发展中国家。事实上,20世纪70年代最重要的经济进展,既不是石油危机,也不是经济衰退,而是我所说的"生产分工"的快速发展。例如，在这个过程中，"芯片"的美国生产者，即电子半导体公司，将其产品出口到中国香港或新加坡，在那里芯片通常装入一个印度生产的钢壳中，因为印度的钢铁产能大量过剩，然后一家日本公司把品牌贴在手提电脑上，之后就销往世界各地，其中只有1/5或1/4的产品回到美国，这被美国视为"进口"。另一个例子是欧洲一家大型纺织公司，在欧洲纺纱、编织和染色，然后将布料空运到摩洛哥、尼日利亚或印度尼西亚，在那里布料被加工成衣服、床单、枕套、地毯或装饰织物，然后空运回欧洲市场销售。很明显，这种生产分工与所有传统的出口或进口概念背道而驰。例如，手提电脑对于美国来说是"进口"，还是美国制造的电子半导体进入世界市场的一种形态，即"出口"呢？到目前为止，无论是经济理论还是经济政策都不知如何应对这一新趋势，但这很可能在接下来的10～20年成为世界经济最重要的发展方向。

总之，人口结构和人口动态的改变，将产生新问题，创造新机会。或许这项改变与本书讨论的引发其他改变的"不连续性"并不相同。毕竟在20年内人口结构可能再度平稳，那时发展中国家和地区的人口激增应该已告一段落，出生率和死亡率之间的差距缩小，死亡率不再下降，但出生率依旧大幅下降。到1990年左右，出生率和死亡率可能达到新的平衡，或许表现出与如今发达国家一样的特征。事实上，这种情况已在中国台湾和韩国发生，大多数拉丁美洲国家不久后就会经历。未来20年，人口动态变化将是一个重要的不连续性。

然而，人口动态只会更凸显本书讨论的其他不连续性。很明显，这些不连续性将推动经济重心进一步迈向世界经济，同时加剧发达国家与发展中国家之间的对抗。因为发达国家迫切要保护传统制造业的老龄化工人，而发展中国家却只需利用发达国家的市场就可获得工作机会。人口动态无疑将让跨国企业变得更加重要，对于发展中国家尤其如此。不过，这也会加剧发达国家的组织多元化和政府的危机，让政府无法掌控国内事件。另外，人口动态也让知识工作者变得更加重要，因为只有知识工作才让生产分工成为可能。事实上，在发达国家，生产分工可能要求增加更多的管理者、专业人员和技术人员。这对管理能力提出了很高的要求，需要把复杂的知识或者工具应用到经济过程中。

换句话说，人口动态让这本书的不连续性变得更重要。如果我今天再写这本书的话，肯定需要仔细考虑人口动态这一重要变化。

本书首次出版发行时，立即在美国和日本成为畅销书。在美国，这本书连续几周登上畅销书排行榜。在日本，这本书成为年度"全国畅销书"。事实上，日本翻译家创造的"不连续性"一词，在当时还没有日语词汇，现在已家喻户晓。如今的日本时尚编辑在描述裙边拉高或下降两英寸时，还会谈到"不连续性"。后来，这本书在美国和日本继续拥有广大读者，也产生了相当大的影响力。

不过，对我来说，欧洲的情况最有趣。因为在欧洲本书一开始并不太畅销，当初很快就被译成大多数欧洲语言版本发行，却被视为一本关于美国的书，只有想知道美国发展情况的人才会感兴趣。大多数人认为这本书跟欧洲发展没有什么特别关系，然而过去几年却发生了巨大转变，不仅书的销量大增，就连欧洲对本书的公开讨论及大众媒体、学术著作和文章对本书的评论也日益增多。例如，1977年夏，我受邀到一些欧洲国家演讲时，各地都坚持让我专注于本书的主题，而非新闻标题事件。

这件事意味着什么？或者只是一个奇闻轶事？我相信，《不连续的时代》这本书在欧洲受到的关注发生逆转，就是一个相当重要的趋势。

本书在美国出版时，"二战"的战后发展历程已告一段落。我确信，起决定性作用的是 1963 年 11 月肯尼迪总统遇刺事件，而非越战失败、学生运动或 1973 年的"石油危机"。至少对我而言，肯尼迪总统遇刺为一个时代画下句点，也就是这个事件让我在几年后开始思考撰写本书。我认为肯尼迪总统遇刺也同样对美国的许多民众在潜意识上带来冲击。这件事提醒我们，在文明外表下仍然潜藏着邪恶的力量。我们还以为，这股力量在"二战"后已被纠正。肯尼迪总统遇刺也在日本引发巨大冲击，让人们意识到确实发生了无法逆转的重要事件。不过，1970 年左右正是欧洲政局风和日丽的年代。事实上，欧洲在那几年里正处于安稳的幸福状态。早几年欧洲还担心"美国威胁"。20 世纪 60 年代中期，欧洲的畅销书是《美国的挑战》，撰写这本书的法国记者让－雅克·塞尔旺－施莱伯曾表示，欧洲将成为美国大企业的殖民地。事实上，这一进程已经走得太远，无法逆转。几年前，欧洲最受尊敬的经济学家之一英国人杰弗里·克劳瑟曾直言，不久的将来美元将成为国际经济中的王者。然而，到了 20 世纪 60 年代末和 70 年代初，人们已经清楚地认识到这些预测是完全错误的。当时，"美元短缺"已转变成"美元过剩"。美国的国际收支逆差逐年上升，欧洲人对美国成为世界经济的"病夫"深恶痛绝。塞尔旺－施莱伯认为，不用多久，由美国企业和技术接管的欧洲产业将成为欧洲出口的主流。大众汽车的甲壳虫车就是大规模进军美国市场的代表。20 世纪六七十年代的"明星"货币分别是德国马克和法国法郎，而非美元。在那些年，政治方面也是如此。欧洲认为在稳定持续并行推进"福利国家"和"工业经济"发展上自有一套解决方案。因为原以为某种程度的通货膨胀，会让"福利国家"和"工业经济"无法并存，但这种对经济增长和自由制度产生重要威胁的情况并未出现。

即使在当时，英国已经衰弱，但其经济优势的急剧衰退尚不明朗，而且大家都认为，英国加入欧洲共同体市场[⊖]，将为弊病丛生的英国经济提供一个

⊖ 欧洲共同体为欧盟前身。——译者注

既快速又彻底的治疗方案。

当然，欧洲如同当时的美国一样还存在许多异议声浪。但这些异议声浪都是传统19世纪不可或缺之物。像《不连续的时代》这样以相当不同的方式表达异议，在1969年的欧洲几乎必定会被漠视。现在《不连续的时代》在欧洲迅速成为普及读物，受到广泛热议，可能表明欧洲对世界及自身地位的认知发生了彻底转变。最重要的是，1969年的欧洲还没准备好认同这一事实：现代政府这个现代欧洲的特有发明，同时也是重要的制度，正陷入深度危机，但到1978年欧洲已有所领悟。

1969年出版的很多书都预言了厄运和黑暗，现在这类书籍为数更多。《不连续的时代》不属于这一范畴。当然，这也并不是说本书对未来看法非常乐观，但确实带来了一些希望，也识别并讨论了一些非常重大的问题。更重要的是本书把这些问题视为新思想、新政策的新机会，看作政治思想与政治行动、教育思想与教育行动、经济思想与经济行动等方面创造性能量的进发。《不连续的时代》论及人类工作与成就的机会，我很高兴这本书能再版发行。我只希望这本书能吸引许多新的读者，尤其是许多新的年轻读者，因为对于年轻人尤其是受过教育的年轻知识分子来说，"不连续的时代"首先是一个充满机会的时代。

彼得·德鲁克

加利福尼亚州　克莱蒙特

1978年元旦

在游击战频仍的国度，一辆笨重的大型货运火车前方，通常行驶着一辆既轻便又可毁坏的手推车，万一轨道上放有炸药，手推车就会先行引爆。这本书的作用就是这样一辆"手推车"。当然，未来就像这样的"游击地带"，总有一些意想不到的不重要之事会扰乱目前看似难以撼动的巨大趋势。换一种比喻，这本书或许可以看作一种"预警系统"，报道一些不连续性，也就是现在还不为人所知但正在改变经济、政治、社会结构和意义的事。相对于那些明显可见趋势的巨大冲击，这些不连续性反而更可能塑造并定向我们的未来。20世纪最后几十年，这些不连续性是我们"最近的未来"，这是已然发生的事实，也是即将来临的挑战。

主要的不连续性发生在四个方面。

（1）真正的新技术就在身边。这些技术几乎可以肯定会创造出全新的行业和企业，同时淘汰已有的行业和企业。过去半个世纪的成长型行业源自19世纪中后期的科学新发现，20世纪最后几十年的成长型行业可能源自20世纪前50～60年的知识发现，包括量子物理学、原子和分子结构的理解、生物化学、心理学、符号逻辑学。未来几十年在技术上可能更像19世纪最后几十年，每隔几年就会有一个基于新技术的重要产业兴起，而不像过去50多年来技术和产业呈现出的连续性。

（2）我们面临世界经济的巨大变化。在经济政策及理论方面，我们仍像生活在"国际经济"中，以独立的国家为单位，主要通过国际贸易来处理彼此的关系，在经济、语言、法律、文化传统上都各不相同。然而，在不知不觉中，"世界经济"出现了。在这种经济形态中，因分享共同的信息产生了相同的经济兴趣、渴望和需求，突破了国界和语言的障碍，也忽视政治意识形态的差异。换句话说，整个世界已变成**一个市场**、一个全球购物中心。不过，在这个世界经济中，经济机构几乎完全缺席，唯一例外的是极为重要的跨国公司。同时，我们也完全没有任何关于世界经济的经济政策与经济理论。

世界经济还不算是一个切实可行的经济体。新兴经济体跻身"先进"和"发达"国家行列的失败，已经在富裕国家（以白种人居多）和贫穷国家（以有色人种居多）之间造成了裂痕，富裕国和贫穷国都可能被吞噬。接下来几十年，我们将见证时代的巨变。

（3）经济社会生活面临的政治格局正在迅速改变。如今的社会和政治是多元的，每一项重要的社会任务都委托给一个大型机构，由管理人员长期管理运行。不过，支配我们预期和所见的仍是18世纪个人主义社会的自由理论，而实际上支配我们行为的是有组织的甚至是过度组织化的权力集中。

不过，我们正接近这一趋势的转折点。人们正在迅速觉醒，现在许多地方都可看到对这些规模最大、成长最快的机构也就是政府的失望，以及对政府执行能力的批评。对其他机构也持同样的态度，天主教教会和知名大学同样出现反抗情绪，事实上各地年轻人正以同样的敌意拒绝**一切**机构。

我们已经创造了一个新的社会政治现实。不过，到目前为止，我们却一点也不了解这个现实，实际上也没更多思考过。这个多元社会的新机构引发了政治、哲学和精神上的挑战，但这些挑战远超出本书范围，也非作者能力所及。

（4）最重要也是最后一个变化是知识。过去数十年知识已成为重要资本、主要成本和关键资源。这改变了劳动人口和工作，改变了教育和学习方式，改变了知识及政治的意义，但也引发了权力新贵——知识分子的责任问题。

然而，本书讨论的主题既非经济学也非技术问题，既不是政治结构也不是知识和教育。本书的主题是即使对现实匆匆一瞥也会发现的**不连续性**。这些不连续性可能与预测的未来截然不同，甚至与我们多数人认为的"今天"更不同。

本书记录的每一个观点日后都将为人熟知，不过这些不连续性组合成的社会图景却跟目前所见全然不同。换一个比喻来说，身为演员的我们依旧相信自己正在演出易卜生（19 世纪挪威剧作家）或萧伯纳（19 世纪英国剧作家）的剧作。然而，事实上我们确实在荒谬剧场登台演出，而且是在电视上演出，而不是在百老汇现场。

预测"2000 年"已蔚然成风。我们突然意识到比希特勒和罗斯福 1933 年掌权时，更接近这一里程碑。然而，今天任何一个中年人仍把 1933 年的经历当作"时事新闻"。

我很羡慕那些告诉我们 2000 年图景的预言家，他们勇气可嘉，但我不想效仿他们。我清楚记得 1933 年对未来的预测，但没有哪一位预言家能想象到 1968 年的真实状况。20 世纪早期的一代人也无法期望或预言 1933 年的现实。

我们能预测的是把昨日趋势延续到明日的连续性。已经发生的事情是我们唯一可以预测的事情，也是唯一可以量化的事情。但这些连续性趋势不管有多重要，都只是未来的一个维度，只是现实的一个方面。

最精确的量化方法无法预测真正重要之事，即在未来不同情景中的事实与数字的含义。

不到 20 年前，也就是 1950 年时，大家对未来相当乐观，纷纷预测美国在 20 世纪能大幅减少贫困，到时只有不到 1/10 的白人贫困家庭和 1/3 以下的黑人贫困家庭生活在"贫困门槛"之下。不过，直到 1966 年这一目标才得以实现。即使在 1959 年，在艾森豪威尔政府执政的最后几年，预测在 10 年内贫困家庭数量将减少近一半，从 800 多万减少到不足 500 万，这是 60 年代的成就，但在当时几乎被认为是乌托邦。不过，在这期间我们已大幅提高了"贫困"收入的标准。

也许我们可以正确预测数字。但时至今日，仅仅十年之后，控制国家情绪和制定政策的因素——更不用说事情本身的真相，通过任何统计和计划的方法都难以预测。我们的经验在意义、质量和认知上已经改变。1959 年我们强调的都是如何过上富裕生活，1969 年则全都关注贫穷。

这本书试图观察其他各维度，包括性质和结构、认知、意义和价值、机会和优先事项等。书中题材虽然只限于社会方面，但视角宽广，涵盖经济、政治和社会议题，包括技术、学习和知识领域。不过，也涉及个人经验、艺术和人类精神生活等重要领域。

本书并非预测趋势，而是讨论不连续性；并非预测明日，而是观察今天。本书不问："未来会如何？"而是问："为了开创未来，我们今天要解决什么问题？"

彼得·德鲁克

新泽西州　蒙特克莱尔

1968 年夏

1

知识技术

THE AGE OF
DISCONTINUITY

连续的终结

如果只知道 1968 年和 1913 年这两年的**经济**事实和数据，或只知道这一时期的经济数据，而对其间发生的其他事情一无所知，是不会察觉到 20 世纪巨变的，比如，两次世界大战、俄国和中国的革命，或希特勒政权的出现。这些事件似乎在统计数字中没有留下任何痕迹。在过去 20 年中，工业化国家的高速经济增长，只是大体弥补了延续 30 年的两次世界大战所导致的经济停滞。这里讲的"经济增长"，主要发生在 1913 年前已跻身"发达"经济体的国家，或者一些经济迅速增长的发展中国家。

众所周知，我们正处于一个大变革时代，无论是政治与科学、世界观与**习俗**，还是艺术与战争都是如此。但大多数人认为经济领域发生的变革最大，在过去半个世纪里，经济领域表现出令人惊奇的、前所未有的连续性。

过去 20 年，经济增长非常迅速。但这种增长大多发生在第一次世界大战前就已拥有"大企业"的行业中，依靠的是 1913 年前就已成熟的技术，利用的是半世纪前的发明。就技术层面而言，过去 50 年只是实现了我们维多利亚时代祖父母的诺言，而不是星期日增刊所说的革命性变化。

想象一下，如果一位优秀经济学家在 1914 年 7 月，也就是"八月的炮火"[○]打碎维多利亚世界之前睡着了，50 多年后醒来，这位做了瑞普·凡·温克尔[○]大梦的经济学家立即接触到最新的经济报告和数据后，一定会非常惊讶。他惊讶的不是经济翻天覆地的变化，而是 50 年变化竟然比任何经济学家（更不用说是优秀经济学家）的预期小得多。

数据分析表明，如果按照 1914 年**前** 30 年的趋势继续下去，后续 50 年基本不变，那么到 60 年代中期，所有发达国家基本上能达到目前的生产和收入水平。

所有 1913 年到达现在被称为经济发展"起飞点"的国家，比如美国、西欧和中欧以及日本，今天大致符合 1885~1913 年增长趋势的预测，这些国家的经济增长与 1913 年没什么差别。即使在英国也是如此，1913 年其经济增速已明显放缓。

更令人吃惊的是，我们这位大梦初醒的经济学家，会发现世界经济地理结构并无变动。如今的每一个工业领先国，早在 1913 年就已成为工业领导

○ 指第一次世界大战的爆发，第一次世界大战在 1914 年 8 月开战。——译者注
○ 《瑞普·凡·温克尔》是美国文学史上第一部穿越小说，叙述了主人公瑞普·凡·温克尔从英国殖民时代的北美穿越到独立后的美利坚合众国时代所经历的身份错位和身份认同。——译者注

者。自那时起，就没有主要的新兴工业国家跻身领先行列，巴西在其主要领域也许正在接近但仍未跻身领先工业国家之列。实际上，只有老工业区的增长地带，例如，加拿大、墨西哥和澳大利亚成为高度工业化国家，但这些国家还只能算是附属经济体。

在 1913 年前的半世纪，世界经济地图的改变既迅速又彻底，正如 15～16 世纪大发现时代的世界地理变化一样。1860～1870 年，美国和德国上升为新的工业力量，迅速赶上以前的冠军——英国。20 年后是俄国、日本崛起，如今捷克斯洛伐克和奥地利崭露头角，意大利北部则紧随其后。即使对于日本这样一个非西方国家来说，经济增长在那时也毫不费力。第一次世界大战后，要实现既定目标似乎变得非常困难，这个事实不仅让我们这个时代与维多利亚和爱德华时代的经济情况形成鲜明对比，也是今日最大的政治威胁，这与 1913 年工业社会内部的阶级斗争带来的威胁是一样的。

假如这位经济学家关注产业结构和技术层面时，会发现情况同样如此，这一点也出乎意料。当然，有许多产品是他不熟悉的，包括电器用品、电视机、喷气式飞机、抗生素、电脑等，但是从经济结构和增速看，目前的主要产业与 1913 年基本相同，使用的也大都是同样的技术。

过去 20 年来，农业一直是发达国家经济增长的主要动力。在这些国家，农场的生产力水平比制造业增长快得多，然而农业的技术革命在 1913 年就已开始，大多数"新的"农业技术，比如拖拉机、化肥、改良种子和品种多年前即已出现。

钢铁是仅次于农业的第二大经济增长动力。

世界的钢铁产量自从 1946 年后已增加了 5 倍，苏联与日本是主要生产国，第一次世界大战之前钢铁产量就是经济力量的代名词。第二次世界大战之后，几乎所有的钢铁厂都采用 19 世纪 60 年代的制造工艺。但这些工艺在 50 年前就被认为是过时了。汽车工业也许是第三大经济增长动力。汽车工业起步于第一次世界大战前，亨利·福特在 1913 年生产了 25 万辆福特 T 型车，比苏联任何一年生产的都多，而且今日任何地方汽车的主要特征，都可在 1913 年生产的汽车上找到。

50 年前，电气用具、电话以及有机化工已形成庞大的产业，通用电气、西屋电气、西门子、贝尔电话以及老字号的德国化学公司那时已是绩优蓝筹股。洛克菲勒的标准石油公司和英国的壳牌石油公司当时只不过是为生存挣扎的新兴公司。它们是 1913 年的"章鱼"，后来将触角深入世界每一个国家。虽然电子技术那时初露端倪，却已足够开花结果，以至于在 1912 年英国"马可尼事件"⊖中引发了轰动一时的丑闻，竟然威胁到新一代"民主"政治领袖——戴维·劳合·乔治的政治生涯。

⊖ 1912 年，英国政府与建设国有无线电台的筹备方马可尼公司签订合同期间，曾经有人劝说当时的财政大臣戴维·劳合·乔治买一些公司的股票，事情很快就传开了。虽然后来议会的调查结果显示乔治是清白的，但这件事还是在他的政治生涯中留下了阴影。——译者注

当然，我们周围有很多新产业和新技术，但按经济学家所关注的"重点"——对增进国民生产总值、国民收入和劳动力就业的贡献看，这些新产业几乎可以忽略不计，至少对于民用经济来说是如此。

20 世纪 60 年代喷气式飞机出现后，飞机才开始对经济产生影响，航空货运也只是到现在才以前所未有的速度发展。当大型"巨无霸喷气式飞机"在 1970 年开始飞行时，货运机可能在几年内取代远洋货船的地位。这种状况与货运卡车的出现打破最近 30 年铁路在陆运方面的垄断地位一样。不过，到目前为止，空运在世界运输中的位置还不如牛或驴的分量重。

直到现在，当 IBM 每月制造 1000 台电脑时，电脑才开始对经济真正产生影响。

制药工业几乎完全改变了过去 30 年的医疗方式。因为有了新药，健康卫生的药品成为市场上的"热销商品"，也成为每个人的普遍需求。结果，健康服务及其融资便成为政府非常重视的事。正如 150 年前学校开始普及，读书便成为对个人有利的投资一样。然而，在经济方面，也就是从对国民就业或对国民生产总值的直接贡献看，制药工业与传统工业如食品加工、铁路运输或纺织工业等相比，那真是小巫见大巫。

在所有这些新兴产业中，至今只有一个产业具有经济意义上的重要性（这是按经济学家标准来定义的重要性），那便是塑料产业。

然而，直到几年之前，塑料一直都是劣质代用品，而非主要的新产业和新技术。无论从经济上还是从技术方面看，如今的塑料产业也仅是未来"材料"产业发展的微弱预兆。

在我们的眼中，这些伴随新技术产生的新产业，比熟悉的旧钢铁厂和汽车装配厂重要得多。这些新技术和新产业引发了大家的兴趣，也成为证券交易所的热门股票。然而，如果把这些新产业（除塑料）的产值和就业机会从国民经济统计中剔除，按照经济学家标准来衡量经济实力和增长潜力，也不会对国民收入或总就业机会有太大的影响。

因此，1913 年的一位经济学家有可能准确预测 20 世纪 60 年代的产业结构。当时，只有不理智的经济学家才会想到预测连续性。过去 50 年技术和产业相当稳定，正好与前半世纪的动荡形成鲜明对照。奠定现代工业文明的大多数发明，就是在第一次世界大战结束后的 50 年内产生的。合成染料及有机化工业、贝塞麦炼钢方法和西门子发电机出现于 19 世纪 50 年代末和 60 年代。电灯和留声机是 70 年代由爱迪生发明的。在同一年代又出现了打字机和电话，于是让家庭主妇走出家庭、走进职场，因而引发了半世纪后的妇女解放运动，并让妇女有了选举权。19 世纪 80 年代，汽车出现了，同一年代有了铝，还有硬化橡胶，这是自从中国人在耶稣时代发明了纸以后的第一个真正新材料。马可尼的无线电和阿司匹林是 19 世纪 90 年代发明的，后者是第一个真正有效的合成药物，也是制药工业的开端。怀特兄弟的飞机出现于 1903 年，德·福雷斯特和阿姆斯特朗的电子真空管是 1912

年发明的。

如今大多数产业技术，都是第一次世界大战前那个了不起的 50 年间的发明及技术的延伸和改进。

这种连续性反过来又促进了产业结构的稳定。19 世纪每一件伟大发明几乎都在这一个时期诞生，几乎一夜之间就出现了许多新兴的主导产业和大企业，时至今日仍然是经济的主角。

最好的例子就是"二战"后德国工业的重建。1913 年主导着德国经济，而且是法兰克福证券交易所绩优股的那些公司，至今仍是德国经济的主力。这些企业的名称没有变更，产品范围、市场和技术也基本没变，只是规模大得多。

当然，这种近乎复古的完全恢复"一战"前德国工业的做法，确实有些过分。蒂森克虏伯公司在家族后代的努力下重建，尽可能恢复祖父辈 1900 年所留下的基业——一个集煤矿厂、钢铁厂、造船厂于一体的帝国。后来，该公司于 1967 年在政府担保之下由银行接管了，其失败并非因为克虏伯家族后代对于祖先的崇拜，而是对众所周知的商业帝国缔造者的报应，也就是财务过度扩张造成的。

事实上，即使是具有广泛威胁性的技术经济"灾害"都不是发生于现在，而是出现在未来。到目前为止，"人口爆炸"还不会引发大规模的饥荒和瘟疫。假如苏联农作物生产量仍继续按第一次世界大战时期的速度增加，更不用说像美国农业那样爆炸式增长，我们便真的会因农作物"不能出卖剩余物资"而发愁了。我们虽然有控制人口技术的手段，但到目前为止连避孕药都没有在人口迅速增长的贫穷国家发挥任何重大影响。

虽然新左派、嬉皮士、欧普艺术、氢弹和登月火箭，这些事物似乎与维多利亚时代和爱德华时代相差很远，差距甚至大于与游牧时代的差距，但在经济方面和产业的地理空间、结构、技术方面，我们仍继承了维多利亚时代的遗产。

按照经济学家的标准来看，最近半个世纪一直是连续的时代，这个时代可以说是300年来改变最少的时代，也就是世界贸易和系统化农业，在17世纪最后几十年率先成为经济的主导因素。

在这个连续的时代，经济增长非常迅速，尤其是那些在1913年前已取得巨大进步的国家更是如此。但这些国家的经济增长之路仍然是沿袭我们的祖父母和曾祖父母那个遥远时代走过的路。

最令人惊讶的，也许不是50年才使前辈的努力和想法成为现实，而是1900年那一代——我们今日认为故步自封的这一代人，打下如此坚固而优良的经济基础，战胜过去50年来所有的邪恶力量、疯狂的犯罪和自杀性残暴。今日卓越的经济成就、发达国家的繁荣富裕和大众消费经济的兴起，以及生产力发展和技术进步，都建立在维多利亚时代和爱德华时代的基础上。这些成就实现了那时许下的经济和技术承诺，也证明了那个时代的经济远见。

然而，我们如今面对的是一个世界经济和技术不连续的时代。我们也许能使这一时代同样成为一个经济高速增长的时代，但目前可以肯定的，这必然是一个变革时代——在技术政策和经济政策、产业结构和经济理论、社会治理和管理所需知识以及经济问题等方面都将发生重大改变。

当我们忙于建成 19 世纪伟大的经济大厦时，地基已经在我们脚下移动了。

CHAPTER 2 | 第 2 章
新产业及动力

预测"技术奇迹"是当今的热点,几乎每一个月都有未来"奇迹"产品和工艺的新榜单发布。不管这些预测多么有说服力[⊖],却很少提及 20 世纪最后 1/3 时期技术的最重要性质和结构特征,尽管这比任何发明、产品或工艺都要重要得多。

首先,工业发达国家,包括西方国家和社会主义国家的经济增长,都不能再依靠过去 100 年为经济提供动力的产业和技术。在发达国家,这些产业已成为"成熟"产业,这是经济学家对于开始衰老产业的委婉说法。只有在欠发达国家或发展中国家中,这些产业才能为快速、广泛的经济增长提供技术基础。

1850～1870 年,经济重心从第一次工业革命的产业——煤炭、蒸汽、

⊖ 最有说服力的或许是"未来 33 年 100 项技术创新"的榜单。该榜单由 Hudson Institute 的 Herman Kahn 和 Anthony J. Wiener 提出。见他们的文章 "The Next Thirty-three Years: A Framework for Speculation",*Daedalus*,夏天,1967。

纺织、机床转移到新的不同产业——钢铁、电力、有机化工、内燃机。100年后的今天，我们正处于相似而且同样剧烈的产业转移初期。这些新产业不仅基于新的不同技术，而且基于不同的科学、不同的逻辑、不同的观念。在劳动力方面也不同，因为这些产业需要知识工作者而非体力劳动者。

这些产业即使支撑不到 100 年至少也能支撑几十年的经济快速增长，将为就业、机会、收入、生活水平以及个人抱负创造重要条件。除了在拥有坚实工业和教育基础的国家也就是发达国家之外，这些产业在其他国家是不可能出现的。

日渐式微的"现代"产业

从技术上看，目前的"现代"产业仍有很大发展空间。从经济上看，这些产业作为投资渠道极具吸引力，而且回报丰厚，甚至可能未来几年会成长得很好。然而，就进一步推动发达经济体大幅增长的动力而言，这些产业虽然尚未停滞但已相当成熟。不管它们自身的发展和繁荣程度如何，在增加国民收入、扩大就业和创造新职业机会方面的能力将逐步丧失，越来越无法为发达国家提供经济增长动力。

为了证明这一结论，我将简要回顾一下三个行业：农业、钢铁和汽车。这些行业共同驱动了过去 20 年西方发达国家（包括日本）经济的巨大增长。

（1）农业一直是增长速度最引人注目的行业。在美国，1900 年每 20 名劳动力中就有 10 人还在农田工作，1945 年"二战"结束时，美国仍有近1/3 的人口在农场。现在只有不到 1/10 的劳动力是农民。然而，他们生产的粮食和农作物比 60 年前多得多。农业对于国民生产总值、国民收入和生活水平的间接贡献可能更大。那些不必在农田里劳作的人，就可成为日益增长的制造业、服务业以及信息和知识行业的劳动力。处于边缘地位的农民和农业工人转为城市劳动力，这可能就是生产率提高的最大影响因素。许多这样的农场工人从农田到城市后并没有从事高产出的工作，但在许多情况下，他们本来在农场中就没有生产力可言，那么到城市后就是当服务生或打零工，也可以使其生产力和经济收入有明显提高。

在日本，过去20年巨大的经济增长，也主要得益于劳动力从低生产力农业就业转移到高生产力的城市就业。日本的农业人口在"二战"结束时几乎占总人口的60%，现在仅为20%。德国和法国的农场人口虽然比20年前少得多，但人数仍然相当高。德国和法国（也包括意大利北部和瑞士）的生产力水平大幅提升，主要原因是来自意大利南部、西西里岛、希腊、土耳其、西班牙和葡萄牙等地方，都将居民从毫无生产力的农场转移到了工业化地区从事高生产力的工作。

过去20年来英国经济困难的原因之一，就是缺乏这样可以转移到新产业的低生产力农民储备，这种从农村到城市的转移出现在英国是100年前。但在过去20年里，英国根本就没有人愿意离开这片土地。这在很大程度上解释了为什么英国新兴的高生产力行业一直备受劳动力短缺的困扰。因此，英国整个经济缺乏其他西方工业国家那样的内生和自发增长的激励机制。

在苏联，未充分就业的农村劳动力资源非常庞大，但是集体农场让人们留在了农村。这样既抑制了农业生产力水平，又造成了城市劳动力短缺，尤其对服务业的影响更大。因此，新兴产业只有通过攫取消费者的利益，才能实现快速成长。

虽然现有数据没有太大帮助，但这些数据仍表明，整体生产力增加的一半以上可能源于人口转移。无论是"二战"后20多年间美国生产力年均3%的增长，还是日本同一时期年均6%或7%的增长，都可能如此。现有产业发展良好并非生产力提高的主要原因，通常是高生产力的新兴行业比低生产力的老工业增速快，这种"组合"上的变化才是生产力提高的主要原因。过去 20 年，这种"组合"上的变化大部分缘于工人从低生产力农场转向更高生产力的城市。而这一变化又得益于农业技术的迅速发展，让为数极少但训练有素、装备精良的"商业化"农民能创造了非常高的产出。

农业技术仍在进步，发达国家农业生产力快速增长的阶段就在眼前。许多现有技术尚未普及，"系统方法"刚刚开始应用于高价值作物，如水果、蔬菜和肉类等，在许多方面，这些作物仍采用过去低生产力的劳动密集型方式生产。

例如，我们现在第一次开发种植番茄的"系统"，从种植秧苗到成熟水果包装都包括在内。同时，利用基因技术筛选和开发适合机械栽培的番茄新品种，也研究能够促进番茄生长的机器。

农业生产力的增速几乎是制造业的两倍，未来 10 年这种增速甚至更快也并非不可能。

然而，这种扩张对发达经济体的影响并不大。现在的农业人口太少了，即便是美国农民 10 年内实现了生产力倍增，这在经济史上几乎是前所未有的壮举，但对国民生产总值而言，也只是增加了四或五个百分点。更何况这种增长只局限于少数商业化农民，规模也许不超过 100 万，而且几乎所有生产的东西都销往市场。其他发达国家的情况也差不多如此。就目前情况而言，能实现高产的商业化农民数量也太少了，即使生产力大幅提高，毫无疑问可以让自己获利，但不太可能对整个国民经济产生重大影响。

同时，低生产力的农场可雇用的人几乎已经消失。这是美国近几年中年轻人从农村转移到城市后失业的主要原因之一。毫无疑问，这些年轻人原来生活在一个毫无生产力的农场，也没有接受任何学校教育或职业训练。即使是最简单的低生产力工作，也需要在习惯、基本素养和技能方面花大量的钱进行培训。换句话说，这些"低生产力"的农民在雇用之前都需重新培训。同样，在日本，剩余下来的大量务农者很大一部分仍是老年人或还在上学的孩童。

西欧国家的人力资源储备似乎比较多。许多身强力壮的男女仍在小农场工作，使用的还是过时的工具和落后的手段，比如，巴伐利亚山区或布列塔尼的大片石地就是如此。然而，劳动力从农场转移出去，在社会上遭遇的抵制相当大，大家认为务农是一种生活方式，而不只是谋生手段。法国戴高乐将军意识到，就算是让身强力壮的劳动力从事高生产力的工作，对于国民经济有很大的好处，任何一届政府也还是要保留葡萄酒业和牛奶业，即便这些行业毫无生产力，也需要保护。

意大利南部和西西里岛失业率仍然居高不下。不过，在人口大规模迁移到北方工业区后，留下的劳动力主要是老年人、妇女和儿童。年轻的男女大都搬走了，那些留下来的人不容易找到工作。这些农村剩余人口不仅不是资源，反而是一个社会问题。要让他们进入任何就业岗位，需要在教育、健康和技能方面进行大量投资。这就解释了为什么北方工业区劳动力严重短缺也不愿意在南部增设工厂。

所有工业发达地区，只有苏联及其欧洲附属国是例外。那里的农业人口几乎与"一战"时一样多，即使是最好的"商业化农民"和一群体格健壮、聪明上进的人，生产力也很低。要充分利用这些资源需要政治上的改革，但政府不愿意冒风险。政府首先要将巨额资金投入农场经济，如住房、信贷、教育、卫生等，然后才能投入农业现代化，大幅减少农业人口。从经济上看，这似乎是政府能做的最明智之事。但就政治上来说，却需要修改政策才行，而这些政策是苏联政权的基础，也是其维持权力所不可缺的。

因此，发达国家的情况是这样：从现在起，即使是农业技术和农业生产力有巨大进步，也不会对整个经济产生重大影响。相反，在某种程度上，这种进步如果让毫无生产力的农村人（这些人虽然在人口普查中按规定也叫"农民"，但并不生产农产品）不得不离开农田，反而可能会阻碍经济增长。农场的无产者到城市后失业带来的社会问题，可能会成为整个经济的拖累，并阻碍农业生产力提高带来的进步——至少在未来 10 年或 20 年之内会如此。

农业在发达国家已成为最富生产力、资本最密集、机械化程度最高，而且是所有现代产业中最"工业化"的产业。按每个生产单位来算，这也是一个技术和知识密集型的产业。在发达国家，农业已从最传统的部门变成最先进的部门，未来的现代农业能够生产比今天多得多的农产品。事实上，10 年后，每一个发达国家所能生产的农产品都应该比自身消费的多。这不仅是北美和西欧国家的独特现象，在日本也是如此。即使美国、日本最优秀的农业经济学家，在 20 年前都预测将面临无法解决的长期饥荒。英国农业之所以能够实现最大程度的增长，就是因为没有像其他国家一样受到毫无生产力的少数农民带来的社会问题的困扰。换句话说，发达国家农业之所以有这么明显的"精神分裂"现象：一方面预测全世界将闹饥荒，另一方面又拼命为自己的过剩农产品找出路，就不难解释了。但是，即使是农业和农业生产力有非常突出的表现，也无法像过去 20 年一样为发达国家经济增长提供动力。

（2）"二战"期间，全球第二、第三钢铁大国分别为德国和苏联，其钢铁工业完全被战争摧毁。然而，现在全球炼钢能力大约是 1939 年的 5 倍。就吨位而言，增长最多的是美国和其他传统产钢国。如果考虑人口和经济规模，发达国家中增长率最高的是苏联和日本，这两个国家的钢铁业在 25 年前还"不发达"。"二战"前几乎没人会将之视为炼钢国的日本，现在产量超过德国和英国，成为第三大钢铁生产国。25 年前完全没有钢铁的国家，比如拉丁美洲的国家，现在却表现最为抢眼，即使是小国也有相当大的炼钢厂。

过去没有或只有很少钢铁产能、现在开始扩张的国家，是老牌钢铁生产国经济增长与繁荣的基础，对于美国尤其如此。因为炼钢厂是钢材最初也是最重要的消费工厂。生产 1 吨钢材必须先消耗许多钢铁，生产钢材又要购买大量钢材来建炼钢厂。当然，这些钢材只能来自现有工厂。在"二战"后的头十年里，只有美国的钢铁生产没有遭到破坏，因而可以大批量生产并供应德国重建，及全世界新建钢铁厂所需的钢材。

不过，这种源自钢铁产能激增的繁荣景象，掩盖了钢铁产业的浪费问题。在发达国家尤其是美国，自"二战"以来，钢铁业已经失去了 1/4 的传统市场，取而代之的是玻璃、塑料、混凝土和纸张等材料。容器和包装是最主要的方面，塑胶、纸质容器已经可以承受重物。几十年前，仅使用钢铁制造重容器——油桶，现在已被塑胶制品取代。渐渐地，越来越多的用塑料、铝和纸制造的容器取代了传统的"锡"罐头，再一次吞噬了被钢铁垄断的市场；预应力混凝土在桥梁和建筑施工中已成为钢铁的竞争对手，等等。尽管如此，钢铁仍是应用最广泛、功能最多的材料，但是现在很少用它做唯一材料。对于每一类用途，至少有一个可替代的材料，这些材料不仅符合规程，而且其制成品往往比钢铁制品更好用。

在早期的工业革命中，4 个产业中有棉花、煤炭和铁路 3 个产业在 20 世纪急剧衰退，第 4 个产业——钢铁业被 19 世纪中叶的技术革新拯救了。尤其贝塞麦发明的转炉炼钢法和西门子－马丁发明的平炉炼钢法能生产更廉价的钢材，取代了工业化第一个百年生产的钢铁。然而，在过去 25 年，钢铁业已越来越无利可图，与当今世界的其他基础产业一样，逐渐陷入被取代的危机。

实际上，50 多年来大家已经知道其中缘由。炼钢工艺的发明已经超过一个世纪，直到最近才有所改变。从物理学和经济学角度看，这种工艺非常不经济。改变温度是最昂贵的操作之一。然而，在炼钢过程中，为了立即淬火，会产生三次高温，这和加热过程一样昂贵。从成本和付出的努力看，移动重物也是最昂贵的操作之一。然而，在炼钢过程中，热熔钢在高腐蚀环境下一次又一次长距离搬动，就算再怎么巧思妙计，也难以让这一过程具有经济性。这种工艺本身就是高成本。钢铁业要使产能增速高于经济增速，或至少差不多快，就必须设计出更低成本的生产工艺。为了恢复钢铁业的增长动力，可能至少要把生产成本降低 1/3。

如今，炼钢方面的技术革命已经开始了。

"二战"时奥地利人发明了新式氧气工艺，这一工艺在近十年中已足以处理大吨位的钢铁，也是把钢铁由机械工业转变成化学工业的主要步骤。连续铸造工艺的改变也同样重要，可以减少温度控制上的浪费，而且原材料钢铁可以通过重力流向最后成型的设备，进而取代分批次进行的既昂贵而危险的托举、运输和移动。还有，英国人发明了一种新的喷射方法，目前尚处于试验阶段。这种工艺一旦应用，就可能淘汰原有工艺，代之以连续性化学工艺，由原料钢直接产出成型钢。

如果利用新工艺能让钢铁业重新具有竞争力，那么即使在发达国家钢铁业仍可成为主导产业。然而，钢铁工业必须先经过一个严重的财务危机。因为目前几乎所有在运营的钢铁厂都是按旧工艺建造的，这样必须全部拆除或重建。事实上，许多未来的工厂如果利用新的工艺生产钢铁，则不会建在现有厂址，而要建在深水港边，这样铁矿就可方便卸下来。欧洲钢铁厂的选址就非常不合适，还有许多苏联的工厂及美国在匹兹堡最老的工厂也是如此。

即使不搬迁工厂，只是把原来的大型炼钢厂耗费巨资的旧技术转变成未来的新技术，就需要相当庞大的投资（虽然个别单位所需的投资少得多），这一过程将是漫长而痛苦的，欠发达国家与发展中国家也许可以避免这种命运。首先，这些国家原来没有什么钢铁生产量，因此可以很容易利用新的技术来开办新厂。其次，这些工厂不必与人竞争，而且由于可以节省外汇，即使多花一点钱也是说得过去（虽然这种说法还有争议）。不过，在发达国家钢铁工业必须经得起竞争。即使受到法律保护、禁止进口，也必须能以最低价格来供应本国的产业。因为发达国家的用户可以改用其他各式各样的材料。因此，没有任何保护政策能真正扭转这种情形，只不过各地钢铁从业者对贸易保护的作用深信不疑。

即使新的昂贵技术能降低钢铁业的成本，发达国家的钢铁业也只能收复部分失地。过去20年世界对钢铁的巨大需求所带来的钢铁业繁荣景象恐怕不会再现。在印度、拉丁美洲、中国、南非，这种情况显而易见。这些国家的钢铁业已到达1885年美国的光景，不再需要新进口钢铁来建炼钢厂。自此，贫乏国家的钢铁制造商要进口的是专用机器和设备，而不再是钢材本身。

因此，尽管技术发生了变化，成本也大大降低，但在未来的10年或20年内，钢铁仍可能成为一个长期低迷的行业。其他传统材料不可能像钢铁一样受到新"材料"产业的威胁（在下一节中讨论）。

（3）汽车工业是过去20年发达国家经济增长的第三大动力。在西欧国家和日本的经济发展中，汽车工业扮演了主要角色，也许是**最重要的**角色。另外，汽车工业在美国也有相当大的发展。在发达国家中，汽车工业可能还大有可为。在地理条件与美国相仿的苏联，汽车工业的繁荣只不过刚刚开始，最重要的是，汽车工业对经济社会的间接影响——道路、加油站、观光旅行和旅馆，才陆续起步。在欠发达国家，如果其经济有任何发展，汽车工业必定是支撑发展的**主要**工业。

汽车代表了现代人的主要价值选择，代表了流动性与自由。汽车不但是现代社会的主要动力，而且本身也是经济增长的推进器。汽车使国家能够链接成为一个整体，也让偏远农村的低生产力就业转向高生产力的工作。如果没有汽车，大量劳动力从低生产力的农场移转到城市工作就不可能发生，至少没有那么快实现。而且，也许汽车最重要的影响是创造了需求，因为汽车是一个经济资产，连最偏僻乡村中最自给自足部落里的人也为之垂涎。巴西在过去几年已建立起能满足本国需求的大型汽车工业，便是令人印象深刻的证据。其实，巴西这个国家正在接近并确实已达到经济发展的起飞点，产业和经济发展已达到自给自足的状态。

但在发达国家（苏联除外），无论汽车还有多少成长空间，总体上已处于守势。城市中日益增加的拥挤，使汽车越来越不适合作为运输工具。

我们越来越重视寻找客运和货运等大众运输的替代方法，否则拥堵的交通会让我们难以动弹，空气污染也令我们窒息。如果不是因为有了内燃机，汽车将会在城市中心绝迹，这只是时间问题。几年前，只要提到这件事，市民就大为愤怒。然而，当纽约空气污染防治局局长最近声明，汽车不久将禁止在纽约市最重要的四到五条大街如时代广场等地通行时，每个人都认为这是显而易见的事，如果为时未晚的话。在英国和德国，虽然交通部部长关于禁止重型卡车上高速公路，否则就要给予重罚的建议，由于卡车司机的抗议而不得不修改，但普通民众，尤其是两国议会显然是默认这一建议的。

西欧国家和日本的汽车产量可能到了饱和状态，日本也许程度较轻。若以每平方英里的汽车数来计算，西欧比美国任何地方的密度更高。即使按户均拥有汽车数这个更合适的方法计算，西欧国家和日本在最近 20 年内（日本也许晚几年）汽车密度增长迅速，以后势必会逐渐减缓。

在发展中国家，男人与汽车的恋爱也许刚刚开始（苏联的情况的确是如此）。各地的年轻人都想买车。不过，在发达国家，尤其对成年人，汽车从一种喜好变成一种方便实用之物。汽车成为一件必需品，但也不再是自我表现的必需品或地位的象征。近年来，在美国出现的汽车安全争议，很可能是老夫老妻之间长期婚姻后的一场热烈争吵。

我再重申一遍，完全可以想象，这些"现代产业"仍将有大规模增长空间，当然应该可以为印度、巴基斯坦、南美、东南亚等发展中国家和地区提供迅速增长的动力。实际上，现代产业是这些国家经济增长的基础。因为这些产业的技术是现成的，可由发达国家进口。发展中国家需要推动社会和文化的巨大变革，以至于无法承担在此基础上进行的既冒险又苛刻的技术创新。

此外，例如农业、汽车、石化等主要"现代"产业，是发展中国家经济快速增长的良好基础。这些产业将直接经济影响与巨大的乘数效应结合起来。一个迅速现代化的农业不但生产经济增长所必需的食物，而且可以创造其他新产业的需求——从化肥到农业设备，从修理厂到农业信贷，从运输、公路到食品加工，这些新产业反过来又提供了高收入的就业机会。同样，汽车工业为工厂中的每一个工人创造了 8 个就业机会——筑路、养路、加油站、修理站、经销商等。同时，这些产业很好地满足了消费者的需求，因此可以由全体民众中产生巨大的发展潜能。

这些产业在发展中国家的迅速发展，也能为发达国家带来机会，比如，世界各地建造的钢铁厂可以创造出口市场，也为发达国家钢铁业带来繁荣的机遇。

即使目前没有新产业出现，发达国家也不会出现经济不景气的现象。从发展中国家对于器材、物资和高端产品的需求看，发达国家可以享有一段高水平经济活动、大量就业机会和繁荣富裕的时期。

不过，这段时间尽管经济境况很好，却太像英国最近三四十年来的繁荣时期。英国人已发现，这个表面看起来繁荣与安逸的情形表明经济正处于缓慢衰退中。发展中国家迅速建立起自己的经济是十分重要的事，而且发展中国家只有依靠最近 50 年兴起的"现代"产业，才能发展经济。虽然这样做对发展中国家是足够了，而且比过去 20 年做的还要多，但对发达国家是不够的。发达国家需要一个继续增长的动力，而这些已逐渐衰老的现代产业无法提供。

因此，我们听到"技术成熟"或"技术停滞"等的预言时并不十分吃惊。最近几年，大家讨论最多的书——约翰·肯尼斯·加尔布雷思的《新工业国》（*The New Industrial State*），正是完全基于这一预言的。

20 世纪 30 年代末，我们也听到了同样的预言，那时所有经济学家都在热议西方——尤其是美国的"经济成熟"，以及随之而来的"经济停滞"。然而，几乎紧跟这个预言的是西方世界从未有过的一个长周期经济增长。如今，同样的预言之后，很可能也是一场巨大的技术变革和经济增长。当然，就算是最灿烂的前景也可能因人类的愚蠢而毁坏。人类在 20 世纪已屡次表现出自残的能力。不过，除非西方再犯下发动战争的罪恶行径或遭遇经济大萧条，否则以新技术为基础的新产业迅速崛起是可以预测的。

地平线上即将升起什么

四个新兴产业已经曙光初现。

信息产业

信息和数据处理的范围比计算机要广泛，计算机对信息产业的作用大致相当于中央电站对电力产业的作用。

1856 年，当恩斯特·沃纳·冯·西门子发明第一台实用发电机时，电力工业就成了必然趋势。然而，电力工业成为现实是在 23 年后，即 1879 年爱迪生成功设计电灯泡之时。在这期间，一群才华横溢的发明家在积极加紧研发应用。如果那时的流行时尚就是在发电机前冠之以"第一代""第二代"或"第三代"，正如现在说的"第一代""第二代"或"第三代"计算机一样，那么可能在"第五代"或"第六代"发电机之后，才有电力的真正广泛应用。今天家喻户晓的大型电气公司（比如西屋电气），早在 1879 年就已在瑞典、瑞士、匈牙利等小国成立。不过，只有爱迪生的电灯才使得电成为全球普遍使用的能源。

没有中央发电站就没有电力工业，没有计算机就没有信息工业。然而，电力工业的大部分资金和工程技术创造力都投入到传输和应用设备上，包括电线、电灯、电机或电器等。同样地，信息产业的大部分资金和创造力也将投入到信息传输和应用中，而不是投入到信息的生成和存储中，也就是说投入到计算机中。这个行业的大部分利润也将来自传输和应用。

自从 20 世纪 40 年代末计算机首次出现以来，信息产业已是一个确定的趋势，但我们还没有把这个趋势变为现实。我们仍然缺乏有效的方法来建立一个"信息系统"。然而，这项工作正在进行之中。创建信息系统的工具可能已经存在：通信卫星和其他传输信息的手段、显示存储信息的微缩胶卷和电视管、能永久记录的快速打印机等。在技术方面，像西尔斯·罗巴克这样的人很可能明天发明一台比电视机还便宜的电器，只要有电就可以运行，而且可以立即获得从一年级到大学所需的所有信息。

然而，尽管 IBM 每月生产 1000 台电子计算机，但还没有一个能与爱迪生的灯泡相媲美的东西。我们缺少的不是一件像灯泡一样的硬件，而是需要对信息概念的创造性理解。只要我们还需要费力把每一组数据转化成一个单独的"程序"，便还无法理解信息。我们必须根据信息特点进行分类。要有一种"记谱法"，如圣安布罗斯 1600 年前发明的用来记录音乐的记谱法一样，可以用适合电子脉冲的符号来表达文字和思想，而不必用今日计算机的笨拙语言。那么，每一个人不必受多少训练，就可以把自己的信息存储到一个通用系统，也就是计算机工程师所谓的"例行程序"中。这样才真正拥有"信息系统"。

20 年后，个人用户甚至大公司大概不会有自己的大型计算机，正如现在单个制造商不会单独建发电厂一样。60 年前，假如工厂要用电，就必须自建发电厂。如今可通过一个中央发电厂通过"按时分享"的办法供电。同样地，几年之后信息也可全部通过"按时分享"的办法来传送，许多用户通过同一台大型计算机不仅可以获得所需信息，而且可以完全保密、随时访问信息。如今信息成本已大幅下降，几年前运用计算机1小时需要花费几千美元，如今只需要一两百美元。10年之后可能只需要一两美元。最后其价格应与1小时的电灯差不多，也就是说约1美分或更少。

计算机和发电机在一个重要方面大不相同，信息产业可以不通过计算机来运行，这点在教育领域表现得非常清楚。

学习和教学将比人类生活的任何其他领域更容易受可获得的新信息影响。其实教学原本是人类最早且最保守的技能，如今人们迫切需要在教学方面寻求新途径、新方法和新工具。我们需要迅速提高学习效率，尤其需要各种方法来使教师的工作更加高效，并实现能力倍增。事实上，教学是唯一一个至今还不能通过各种工具让普通人表现卓越的传统技能。在这方面，教学远比不上医学，医学的工具在一百多年或更久前就开始使用了。当然，教学更比不上机械这门技艺，因为机械行业已实行了几千年的学徒制。

我们需要重新认识信息，重新理解学习和教学。（关于这一点的讨论，详见第15章。）然而，虽然"信息革命"会对教育带来强烈冲击，但教学和学习也许根本不用或是只偶尔使用计算机。今后的教材必定与我们目前所用的大不相同，也跟500年前学校口授的传统印刷书不同，也许并不需要能大容量记忆的大型计算机。正式学习教育所需的信息量相当有限，几乎不需要任何像电子存储器这样复杂的东西。会用到的各种"程序"也比计算机用的更简单。普通的桌面日历其实也是一种"程序"，而且是非常有效好用的程序。换句话说，没有计算机的信息系统也是可用的，而且与基于计算机的系统一样重要。

然而，没有计算机，我们就不会认识到信息和电力一样，也是一种能源。对机械运行来说，电力是最便宜、最充足、用途也最多的能源。但信息是脑力劳动的能源，这也是为脑力劳动提供能源的第一个纪元。自古以来，信息不是不齐全，就是成本高、不及时、不可靠。如今，无论是政府机关、医院、实验室还是企业的大多数负责人，都要花很多时间来获得关于昨日之事的不正确、不可靠的信息。

价廉、可靠、快捷和随处可得的信息所产生的影响，可与电力产生的影响一样大。当然，年轻人在几年后会把信息系统作为普通工具，正如现在使用的打字机和电话一般。然而，80 年前电话也与今日计算机一样引起了社会恐慌。在下一代，我们可以放心预测，人们会知道计算机是工具，而非主人，能帮助做今日想做，却因缺乏价廉、可靠、快捷的信息而做不了的工作。

信息产业将创造巨大的就业机会。例如，从现在到 1975 年，美国将需要100 万名计算机程序员，而现在仅有 15 万～20 万名。程序员对于信息产业就相当于装配线上的半熟练技工对于以往的制造业一般，这些技工的生产效率和薪资待遇都很高。但同时，信息产业也创造了许多高技能、高要求的工作。比如，系统工程师，在未来十年中可能需要 50 万名，而这些仅仅是个开始。

海洋产业

我们从游牧者、狩猎者和采集者转变为海洋的探险者和开发者，可能也会产生与信息产业同样大的影响，也许进展更快。

7000 年以前，那时我们的祖先刚成为陆地上的定居者和开发者，古老的埃及王国便几乎在同一时期，或许在同一代人中创造了两件伟大的技术成就：建成第一座大金字塔，发明了犁。金字塔对于西方的想象力、世界观、哲学、数学和科学（虽然受到影响的是希腊而非埃及的想象力）都有非常大的影响。然而，当时很少有人注意到犁。这个工具在一二百年间就使农场的产量增加了 20～50 倍，这样可以供应大量的食物，让人类第一次可以拥有城市。

我认为，太空探测是这一代人的"金字塔"，而海洋探勘却是我们的"犁"。海洋实际是一片未开发的物质资源库，里面的资源比陆地丰富多了。到目前为止，我们对海洋一无所知。事实上，青铜器时代的祖先对于猎物的踪迹，比我们对海里鱼类所在地和行动清楚多了。我们不过是捕捉眼前出现的鱼类而已。这种情形已经在迅速改变——对于海洋食物资源，尤其是鱼类资源，我们将转变为鱼类养殖而不只是捕鱼；对于海洋矿物资源，尤其是海底空间以及海底的矿物资源改变更为迅速。

从经济因素看，我们几乎没有必要在海面或海底下定居。与陆地交通相比，海上交通既方便又便宜，因此不必因海洋的资源而搬动定居点。然而，我们将要有系统地开发海洋资源，并把其作为世界上最大的经济资源。有了海洋资源，我们可发现新的食物和材料，可以开发新技术、新产业，当然也会有全新的企业（同时也会产生许多新的问题，例如，一个有史以来一直认为是无人居住也不属于任何政府管辖地区引发的法律问题）。

材料产业

谈到材料，我们同样深入到另一个主要技术。我以前说过，塑料可以算是唯一根植于 20 世纪而非 19 世纪科学的材料。这一材料的基础是 X 光衍射——辐射发现的早期成果之一。塑料是第一个新兴"材料"产业，这类产业是为特定目的和特定品质创造出来的，而不是利用大自然已有的物质。

我们很少了解，现在使用的基本材料有多久的历史。玻璃、铁、钢和非铁类的金属、陶器、水泥和木材在四五千年以前都有了。也就是说在古希腊时代之前就已存在，纸张是在耶稣诞生时代由中国人发明的。只有橡皮和铝是"现代的"，如今又有了塑料。

人们甚至很少认识到，古代人的手工技艺是多么好。文明诞生之初，在亚洲西部的肥沃新月地带最先开发出来的材料，并没有被改变，也很少加以改良。德国的科隆在今日仍使用罗马人 2000 年前铺设的混凝土渡槽供水，这个自建成再也没有被维修过。没有人能锻造出质量优于早年的大马士革人或日本过去的刀剑工匠的钢材。腓尼基人的玻璃至今还保持着美丽的颜色和优良的质地，其中的秘密至今还无法参透。

几千年来，直到今天，大家都认为特定材料只能由一种资源（如矿石）制成，而且只能用于某些特定用途，实际上这是一种垄断。其实，这一点也不奇怪。材料的发展方向取决于其来源及最终用途。这两类因素彼此并行，从未相遇。结果，每个人不必了解其他材料的任何情况，只要了解自己擅长的材料就行。而他所擅长的材料的应用，似乎也受到与生俱来、难以改变的定律所保护。

铝是第一个挑战者，但长期以来，铝一直被视为"代用品"，直到"二战"期间，人们发现在一些特定领域使用铝更合适，才奠定其地位。塑料一开始也是被当作"代用品"，但不久就受到另眼看待。首先塑料并不能从自然界获得，也不是精炼自然物质而成，而是人造的。自"一战"期间德国研制出塑料后，塑料就被认为是人类设计的"材料"或"物质结构"。也就是说，塑料的分子排列方式具有无限制、能针对特定用途进行开发的基本特性，这超越了我们对物质的理解范畴。因此，塑料一开始就没有遵守材料只有一个来源和特定用途的公理。

然而，从技术上看，塑料仅是新材料技术的开始，并且是一个有限的开始。塑料的基础是一种传统意义上的离散物质。现在，人们越来越懂得设计合成物质，设计不同结构元素的复合材料可以用于不同的用途。比如，在房屋建造中，木材可用来承重，而砖块却用于隔离。比如。日益增多的"合成物"设计，将金属晶体的优点与有机化合物的弹性相结合。目前，人们正在设计将某种原子形态的导电性与其他物质的电阻结合在一起。比如在电晶体中故意掺入杂质，这些设计出来的合成物是一种具有全新特定性能的新材料。这样做的目的不是要获取物质，而是要得到原子与分子的微观结构，以及量子力学定律作用下物质的物理、化学及电子特性。

材料在太空科技中的应用最为广泛。可能仅仅因为太空科技对特定性能的材料需求最大，而对超重或超体积的要求是最高的。"材料"是一个从空间"坠落"到民间的科技。

美国空军前太空与设计工作负责人谢里弗将军认为，太空材料是"人类3000年来的最大进步"。以他对这个领域的热忱看，这么说只不过是稍微有点夸大而已。

例如，一种为设计高级飞机而开发的新材料，其强度是铝的两倍，硬度是铝的两倍半，但重量却减少了25%，最终，其价格将大大降低。这种材料是将纯硼晶体制成的微小纤维嵌入塑料树脂中。还有许多类似的材料，通常是将纯晶体形式的金属、塑料等有机材料（也与硅酮和玻璃等无机材料）结合在一起，所有这些材料都比自然界中发现的任何物质都有更强的耐热性或耐化学性，但比传统材料更轻、更便宜。

新的"材料"概念本身比任何一种新材料或任何一种新应用更重要。对材料的认知经历了一个重大转变，即关注重点从物质转变为结构。材料设计者从工匠转变为科学家，学科基础从化学转变为物理。最重要的变化是，材料研制从利用实践经验转变为依靠抽象数学，最终材料从大自然的赐予转变为人类的创造。

　　在经济上，这可能对那些多用途的材料影响最大，尤其是现代钢。（实际上现代钢在冶金上就是铁的一种形式，而不是传统意义上的"钢"，但这些与本节内容无关。）

　　特定用途的材料（混凝土是一个最明显的例子）将不会很快受到新材料技术的严重影响。因为在原有应用范围内，这些特定用途材料已具备卓越的性能，所以就经济上来说，很难用一种新材料来代替。因为即使价格很低，但性能也不一定能保证。除非在那些要求苛刻的新环境下（如太空或深海），对重量、体积、抗热、耐蚀、耐压等都有要求，但陆地上的材料却从来不需要这些条件。反过来说，钢一直是现代文明的"通用"材料，而不是刀剑工匠过去常用的特定用途材料。钢具有"多功能"材料的性质，不是任何特定用途的最佳材料，而是通过低价格弥补了特定性能的不足。不过，如果能大幅度提高任何一种特定材料的性能，"多功能"材料必须更便宜，才能有竞争力。

　　新材料技术的出现，让我们可以用较低的成本研制出一种新的物质结构，而且能适用任意单一特定用途。如果这样，就会给工艺过时、成本高昂的钢铁行业带来更大压力。即使成功开发出具有经济性的化学工艺，能大幅降低钢价，钢铁行业仍面临各类最终应用的压力。更何况，许多新材料尽管按重量计算价格更高，但总体上可能更便宜。

但从现在起，所有材料都必须考虑到自己可能与其他材料竞争，所有材料都将被视为同一材料系统的一部分，最终用户能够按性能选择，而不是一成不变地使用一种材料。

然而，这并不能改变这样一个事实：石油裂解塔只生产原油蒸馏物，玻璃烘箱只生产玻璃。要买容器的最终用户可以从十几种材料中进行选择，包括现有材料，如纸张、塑料、玻璃、锡罐等，以及一些还未可知的材料或已知和未知的复合材料。然而，容器制造商必须从特定工艺中获得物质，而非生产"包装材料"。

可以预见，"材料革命"将使各国越来越不依赖自然资源，因为几乎任何物质资源，不论是有机物还是无机物，都可以满足同样的用途。材料革命使最终用户越来越不依赖特定材料，使大量的新产品、新用途和新市场成为可能，但这将极大地干扰现有的产业结构，挑战传统的产业组织和现有的经济格局。

美国罐头公司是最大马口铁罐制造商之一，在最近几年中旗下已增加了一家造纸公司、一家玻璃公司以及一家产量极大的塑料厂。同时，世界上最大的玻璃瓶制造商——在俄亥俄州托利多的欧文斯－伊利诺伊公司，已大举进入塑料业和造纸业。

我们可能看得见全新行业的出现，这些行业由最终成品开始，而后成为供应材料的专家。例如，建筑商可能需要的材料，或者人们在储存和加工食品时可能需要的任何材料。过去，行业边界的划分非常清晰。比如，如采矿业、伐木业等重工业，以及钢铁、砖、铜、玻璃或纸等大规模生产的材料行业。现在几乎可以断定几百年来行业部门发生了巨大、迅速和令人不安的变革。

超级都市

最终，人类的新栖息地——超级都市[⊖]，很可能产生一系列新技术，以及基于新技术的新产业。

造成超级都市悲惨和混乱的一个原因是过度发展，这样的发展已超出过去交通、住房、供水和排水等方面的技术所能承受的范围。最重要的是，生命所需的清洁空气、清洁水和整个自然环境的保护方面已经失控。同时，毫无疑问，我们将继续生活在超级都市。事实上，越来越多的人将大城市变成自己的家园。只有世界范围的核灾难或未来史无前例的瘟疫，才可能会扭转这一趋势。

一百多年前，工业城市兴起，德国人为此创造了一个词——**格罗斯塔特**（Grossstadt），也就是超级都市，这与西方人传统的城市完全不同，1800年的巴黎、伦敦、纽约和维也纳仍然是这些城市一直以来的样子，是乡村社会和农业经济的政治、技艺和贸易中心。50 年后，这些城市都变成工业城市，特点是工厂的烟囱，而不是贵族的住宅。主要居民也是工厂工人，正如

⊖ 这个词是由法国地理学家让·戈特斯曼创造的，并迅速得到普遍认可。

今日的超级都市，没有组织也不代表一个完整的社区。19世纪50年代的工业城市也是无组织且不完整的。动乱成为地方的病态，而革命以前常在表面之下。例如1848年全欧洲都爆发的动乱，又如纽约在南北战争时的反征兵暴动。19世纪早期的工业城市表面看上去是有组织的，其实是更没有组织。最不受动乱困扰的城市是产业的不毛之地，例如，利物浦、伯明翰、埃森或法属比利时的博里纳日，新产业并不会集中在这些前工业城市的周边。

如果说超级都市从未经美化过，但至少是井然有序了。不过，这样做需要对于"何谓城市"有一种新认识。豪斯曼伟大计划——林荫大道计划造就了现代的巴黎就是最好的证明。豪斯曼对于大城市的观念，大半可用纯美学的观点，或者被比传统"博克斯艺术"更有洞察力的人当作一个优雅的交通流几何模型。然而，就像一切真正的远见一样，豪斯曼的计划在各方面都释放了极大的人类能量。维也纳和巴黎这两个城市就是完全按这个计划来建造的。这两个城市作为战败国的首都按理应在19世纪下半叶便成为逐渐衰败的城市，因为在经济、科学、技术和军事等各个重要方面都可能丧失优势。然而，这两个城市反而几乎即刻就成为欧洲文化和艺术的中心，而且直到"一战"时，在现代人心目中，这两座城市仍是充满创造力、活力和生活乐趣的城市。

豪斯曼的远见也为新技术和新产业开辟了新市场。的确，超级都市是19世纪最重要的成长性市场，既为重大发明提供动力，也为与这些发明相关的产业开辟市场。这些发明包括：在照明设施方面，先是天然气设施，之后是电力设施；在电力运输方面，有地铁、市区电车或高架铁路；电话；高层建筑所需的钢结构，这是自罗马人以来建筑材料的第一次重大突破；百货商店；报纸，等等。

今日的超级都市与1800年的城市不相同，其不同处不仅在于规模和人口。超级都市是最主要的住宿地，而在工业城市时代，一大半的人还住在农业社会里，从事农业生产，城市是由产业工人所建立的。超级都市是建立在知识工作者的基础上，信息是最重要的产出，也是最大的需求。大学校园而非烟囱林立的工厂才是超级都市的特征。

如果要建设超级都市，我们需要新的观念，需要一个像豪斯曼这样的人才。因为缺乏这样的观念，一切都市规划的努力都将变为徒劳，正如 19 世纪早期的努力一样白白浪费。在豪斯曼接受了工业城市的现实并彻底想通之前，当时的每一位"城市规划师"[⊖]都想摧毁工业城市。同样地，今日我们所有的都市规划师都想不要这个超级都市。然而，到目前为止，每次想要恢复以往大城市的企图都失败了，伦敦的绿化地带便是最明显的例子。

我们也需要真正的新技术来建设超级都市。

例如，只是说需要大众运输工具是不够的，我们需要的是现在所没有的运输工具，包括能运送大量人流，占有空间却比较小的运输工具；还要既具备火车的运输量和空间容积，又能像汽车一样具有机动性。因为不像传统城市，也不像工业城市，超级都市不止有一个中心或少数几个中心。在豪斯曼的模型中，从城中任何一点到另一个点的最短距离，只需经过一个节点中心（如协和广场）。这些节点都是在一条轴线上的，换言之，所有的节点中心都在一个小的"核心城市"里。

在今日大都市里，没有一个这样的"核心城市"，因此这不能解决大都市的交通问题，让每个人能方便地去这个"核心城市"。核心城市是 19 世纪的运输系统，尤其是电车和地铁系统就是基于核心城市建设的。这就更可以说明，为何无论用任何方法要求人不开汽车，改乘火车、市区电车和地铁，

⊖　当年并没有这个称呼。

人们却仍然倔强地要开车。因为自行开车就可以随意从一个地点到达另一地点，机动性更强一些。只有能提供兼顾机动性和便利性的大众运输系统，才能为人所接受，才能缓解超级都市瘫痪的危机。

另一个关于超级都市需要创新的例子，就是大都市的新"社区"——"垂直街道"，也就是在大都市内高层公寓楼。一条人烟稠密、人来人往的街道是社区生活的主轴，也是社区安全的钥匙。有的社区里就算流氓横行，也不会"不安全"。流氓之所以横行，是因为街道空无一人。世界上很少有城市像罗马一样有那么多粗野之人，然而在罗马的任何一条街上，无论白天还是黑夜行走都是安全的，因为街上总是有人。

在超级都市的公寓楼居住的人比传统社区能够容纳的人多，然而电梯这个 19 世纪工业城市的神奇发明，其设计目的就是将同一建筑中的人彼此隔离开。电梯的设计是让乘客从自家公寓门口可以直接走到街上，而不必与公寓里的其他人来往。结果，大型公寓街区的人不能成为街坊邻居，因而也无法成为社区，而且越来越不安全。然而，大都市的"街道"只能存在于这些大型建筑物内，因为人们居住在里面。因此，设计垂直街道就成为一个主要挑战。我们或许有设计垂直街道的技术和方法，比如自动扶梯。但要以此为基础，在公寓内建造社区中心、购物中心以及人们可以会面、消遣时间、散步、交际的"户外"活动场所，却需要大量的技术创新和美学设计的奇思妙想。

超级都市中的大众运输与垂直街道，本身并非特别有想象力的构想，却需要极富想象力的解决方法。大体上，这些构想仍然假定超级都市是工业城市的延伸，但对于超级都市有价值的技术，可能有完全不同的产生方式。例如，都市的交通问题可能不是通过让人方便移动的方式来解决，反而是通过设法让人减少出行需求来解决：让人很容易获得信息和构想，就能免去出行上的困扰。这样便需要与今日完全不同的新产业，比如地铁、电话和电灯，这与 18 世纪城市中的技术和产业不一样。

　　这些都是我们已经可以清楚看到的新兴产业，这些产业已经在舞台上，但还没有处于聚光灯下。任何这样的预测都比起预期事情不可能发生的错误预测有更大的风险。这类预测还要冒着预测不当的风险，也就是没有预测到即将发生的重要事情。预言家预测的一切事情皆有可能发生，然而预言家可能没有认清最新出现的事实中最有意义的东西，或者更糟的是根本没有留意这些事实。在预测过程中，我们没有办法避免这种情况出现，因为重要性和独特性是价值观、感知力和目标变化的结果，也就是说，这些事情存在于我们可以猜想但不能预测的事物中。

　　因此，我试图描绘的新产业可能今天不是主导产业，但在明日的经济大戏之中却是"主角"。这些产业告诉我们，全新的事物已然存在，而不仅处于展望之中。这些产业表明，新生事物足够大，足够有活力，能够在未来几十年为发达国家的经济提供前进动力。不过，这也表明了一个重要观点是，新兴技术在知识、社会和经济上与传统技术完全不同，新兴产业不是附属之物，而是一种创新。

新的知识基础

所有的新兴产业都是以 20 世纪的知识为基础的，这些产业的根基是 20 世纪的物理学，包括辐射物理学与量子物理学、新物质科学与结构科学、分子与原子结合的物理化学，等等。不过，对这些新产业同样重要的是传统上被认为是"科学"以外的知识，其中最重要的是以符号逻辑为基础的计算机。如果没有英国哲学家罗素和怀特·海德的《数学原理》（*Mathematica*，1910 年出版），计算机就不可能出现。计算机的发展得到了理论数学家、已故的约翰·冯·诺依曼的最大推动，而不是电气或电子工程师，甚至不是来自物理学家，这并不是偶然之事。

隐藏于这些新兴产业之下的是一种新的认知——"系统"的认知。"系统"对信息产业和海洋产业同样重要，对理解"材料"的概念也同样重要，对新的超级都市产业也是如此。"一战"前，现代世界的"形态"观念开始渗透到产业技术中。这一观念也就是生物学家的"生态学"、心理学家的"人格"、德国视觉感知研究者的"格式塔"和人类学家的"文化"[⊖]。

这种新技术不是"应用科学"，基于符号逻辑的现代数学以及对形态的观念，都不是通常所说的"科学"。然而，两者对新技术和新产业都非常重要。新技术是一种新东西，它让新产业与 20 世纪上半叶的产业大不相同。20 世纪的新技术利用了人类所有的知识，包括物理科学和人文科学。其实，在这些新技术中，物理科学和人文科学两者是难以分割的，也不存在物质世界和思想世界的割裂（这一观念于 300 年前由法国哲学家和数学家笛卡尔引

⊖　有关详细讨论，请参阅《已经发生的未来》（纽约：Harper & Row，1959 年）第 1 章 "新世界观"。

入西方)。

这件事的意义远远超过了经济甚至是技术领域。例如,这可以解释为什么我们今天关心"两种文化"之间的分裂,用斯诺的流行语讲,就是受科学训练的世界和受人文训练的世界之间的分裂。我们不能再容忍这种分裂,必须要求受过科学训练的人再次成为一个人文主义者,否则将缺乏知识和观念来让科学有效并真正实现科学化。我们也必须要求人文学家对科学有一个了解,否则他的人文主义将是无关紧要和无效的。特别是对研究经济的人来说,无论是政治家、商人还是研究人员,都要能了解两种文化,而且运用自如。

既然新的技术并不只是基于科学,而是基于全部的新知识,这就意味着技术不再与文化分开,而是成为文化的有机构成。当然,技术总是由文明塑造的,认为技术只是最近 200 年才变得重要的观点,真是一派胡言。工具和组织——我们称之为技术的两个要素,决定了人们做什么和能做什么,也在很大程度上决定了人们想成为什么样的人。然而,数千年来,西方自希腊人将奴隶制度定为一种经济制度而成为生产基础之后,工作以及工具、方法、组织都被认为是文化之外的事,认为不值得有文化的人关注。不过,假如新技术成为今日文化的中心(现在显然是如此),希腊知识分子蔑视奴隶、依靠奴隶辛苦工作让知识分子享受奢华和休闲的传统恶习就应该被废除。最后,文化和技术都必定改变。

同样重要也同样新的事实是,每一个新兴产业都是以知识为基础的,没有一个产业是基于经验的。

1850 年前,每一项技术及产业都是以经验为基础,知识也就是有系统、有目的、有组织的信息,与这些产业无关。即使是 19 世纪下半叶形成的所谓"现代"产业,今天仍主宰着我们的经济和工业生活,也主要是基于经验而非知识。科学几乎没有在飞机或汽车的发明中发挥什么作用,甚至连"酵母"或"接生婆"的辅助作用都没有发挥。这些技术仍是凭经验的，大部分的电力工业也是如此。比如，爱迪生是传统的技工，而非现代的研究工作者。只有在化学工业中才有受过大学训练的发明家。否则，在"发明的英雄时代"，也就是说在 60 年前或 70 年前"一战"期间，受过大学训练的发明家几乎完全缺席。⊖

因此，新兴产业的出现反映了一个新的经济事实：知识已成为核心经济资源，系统地汲取知识也就是有组织的正规教育，已取代通过传统学徒制获得的经验，成为生产能力及绩效的基础。

最后，新兴产业与传统的"现代"产业不同，因为这些新兴产业主要雇用知识工作者，而非体力劳动者。例如，计算机程序设计有很多的就业机会，这类工作是半熟练的技术工作。做一个程序设计师只需具备初中数学水平、3 个月的培训和 6 个月的实习。虽然这种技能并非十分高深，却是以知识为基础，而非基于经验或手工艺训练。这些新兴产业将创造的就业机会大多如此。在数量方面，新兴产业创造的就业机会可能很大，其中有些工作肯定是技术需求高的工作。例如，许多为了开发海洋而产生的工作岗位。但每一个例子中，这些工作无论高技术还是半技术性，都是以知识为基础的。做好这些工作所需的准备就是要学习课程，而不是去当学徒。工作人员的生产力将取决于他将概念、思想、理论（即在学校学到的东西）付诸实践的能力，而不是通过经验获得的技能。

我们很容易过分高估新兴产业和新技术的影响。毕竟，蒸汽船只是在 1860 年后才开始取代帆船，当时电力内燃机的新技术开发开始取代燃煤蒸汽机成为"现代"的原动力。不过，未来新兴产业代表一种质而非量的转变，这些产业的结构、知识基础和社会学各不相同。因此，这些产业不仅代

⊖ 关于这一点，请参阅我的文章"20 世纪的技术趋势"和"20 世纪的技术和社会"，*Technology and Western Civilization* 第二卷，（纽约、伦敦和多伦多：牛津大学出版社，1967 年）。

表改变的加速度，而且代表了一种不连续性，与 19 世纪 60 年代到 1914 年之间新出现产业的不连续性一样大。

因此，新兴产业不会服从于企业和政府的现有政策。除了要求企业家和政治家从根本上改变之外，还需要制定新的政策，也需要摆脱当今工业社会根深蒂固的做法。

CHAPTER 3 | 第 3 章

新企业家

"一战"爆发前50年，一直被称为"发明的英雄时代"，也可视为"企业家的英雄时代"。这一时期的发明家知道，如何把自己研发的技术转化为经济效益，让发明成为事业。如今的大企业就是在那时创立的，即使在当时，管理能力——把一群人组织起来持续做好工作的能力，也是非常重要的。如果没有管理能力，再伟大的发明家，不管他多么渴望成为大亨，也难成大事。比如，尽管爱迪生雄心勃勃，想成为大企业的拥有者和负责人，最后却命中无缘。企业家精神——创造全新的、与众不同事物的能力，才是他最需要的。

"一战"后50年内最受重视的是管理，并非企业家精神不足或机会受限。相反，"二战"结束后20年内，每一个发达国家创立的新企业，不论是绝对数量还是相对数量，比先前任何时期都多。这些新企业现在都已成长到相当可观的规模，有些企业还成为世界巨头，比如IBM、施乐公司以及一些制药公司。而对这些人数众多的生产型企业来说，最需要的是做好规划、计划和布局，也就是大家已知道的事情。

现在，我们再次迈进一个高扬企业家精神的时代，但这个时代的企业家精神，跟一个世纪前完全不同。以往的企业家精神，强调个人经营管理企业的能力，现在强调的是创造新事业并指挥一个组织的能力。我们需要能以先前 50 年奠定的管理为基础，建立新的创业结构的人。我们常说历史呈螺旋式发展，不是回到先前的位置，就是回到先前的问题，但处于更高层级，而且是以螺旋式轨道前进。在这种情况下，我们正从更低层次，也就是从单个企业家到经营管理者，再回到如今的企业家精神。

今后，企业人士必须学会许多新的能力，这本质上都是一种企业家精神，但这些能力必须通过进入管理层或让管理层指导进行专门训练，通常是一个规模大且组织复杂的管理层。

技术动态性

首先，企业家必须学会了解技术动态，并预测技术变革的方向和速度。如果只是由个人发明的新技术，并用于经济领域之外，就不必了解技术动态。然而，如果身处迅速创新和变革的新经济中，企业家就必须要预测技术方向，并充分利用技术发展所带来的机会。

严格意义上技术变革的"预测"，需要知道预测什么会改变以及改变的时机。虽然对于能否提前洞察重大技术变革的时机心存疑虑，但我们很可能知道哪些技术变革可能发生，哪些变革可能对经济产生重大影响，也就是说，可以预判哪些技术变革会衍生新产业，以及这些改变是否真的即将到来或已迫在眉睫。总之，技术的动态性并非深不可测。

技术方面的第一个动态要素，也就是最容易识别的要素，就是经济需求和机会。需求并非发明之母，而是发明的助产士，重要创新需求的首要指标是经济学家一百多年来早已熟知的，即主要产业的资本生产率下滑。一旦主要产业需要更多投资才能产生相同的产品，尤其是当资金的需求无法靠劳动力节约来弥补，产业就会急剧衰退。不管该产业当时看起来多么繁荣，获利多大，除非有办法逆转这一趋势，否则只能迅速走向衰败。

新技术并非一声令下就会发生，我们无法只投入人力和财力，就能产生预期技术成果。然而，从另一方面来看，新技术始终也只能通过人类的努力获得，重要产业很少将最优秀的人力投入到研究基本变化中，而是经常把精力浪费在解决燃眉之急上，想办法让昨天的风光再多苟延残喘一段时间。因此，富有想象力又有见识的非业界人士通常能看到机会并放手去做。如果做出成绩，就可能快速拥有重要影响力。

先前我提到重要技术经济机会的典型例子就是钢铁工艺。20 年前，默默无闻的奥地利炼钢厂"二战"期间开发出新式氧气炼钢工艺之前，某些人士尤其是非钢铁业的经济学家可以清楚觉察到，把炼钢过程转变成化学流程的技术变革是非常必要的。事实上，他们比任何钢铁业人士都更清楚地看到这一点。局外人几乎比局内人更清楚传统工艺的不足，当局者很容易被熟悉的事物蒙蔽，而看不清新工艺的趋势。20 年前，他们可能有人会说，"如果把炼钢过程转变为保温流程或者调整为比较接近保温流程会发生什么样情况的话，那一定能很快创造出新钢铁技术"。

同样地，即使在"二战"前，人们也可以依据航运业投资效率的迅速下滑，来预测造船业务将出现重大技术变革。这再次表明了现有工艺流程的脆弱性，即一成不变的腓尼基人港口装卸货方法造成了经济上的浪费。或许在 20 世纪 30 年代末或 40 年代初，没有人能预测到美国国防部会以"快速部署补给舰"为名，打造集装箱船或浮动军事基地，实际上最后连港口机安装设备也一并去除。然而，30 年前的人仍可能说，在码头边处理商品货运的流程，也就是我们现在已采用的运送石油、铁矿或谷物的流程，应该马上会对经济产生重要影响，这也会让新技术很快被开发出来。

纸业的情况也一样，同样是投资效率下滑表明，如果流程中有不经济的地方，那么新技术就能马上产生直接和重大的影响。

类似的分析能催生许多由技术差距创造的机会。

瑞典成为电力传输界领导者的过程，就是技术变革分析的很好例子。20 年前，瑞典人认识到，只要新建特大型发电厂，原子能就可能成为具有竞争力且最经济的发电方式。不过，瑞典人也发现，无损耗传输高电压的能力将成为关键，这比发电能力还重要。一旦发现这一点，只要投入些许研发资金就能开发所需的新技术。实际上，新技术所需的知识早在 70 年前就有了。

这类技术变革的分析，让瑞典这个能力和资金有限的小国成为当今高功率电源技术的领导者，美国、苏联、英国、法国、德国和日本，这些资源比瑞典多的国家虽然在高电压研究方面投入更庞大的资金，但都浪费在错误的方向上。

第二个方面，为了预测技术变革，还要检视各类知识。我们必须要问"知识领域中正在发生什么事情？可能会创造哪些技术机会？"

　　现在知识能比以往更快转变成技术的观点很流行，却没有证据支持。相反，知识转变成技术的前置时间似乎被拉长，比方说海因里希·赫兹，在不到 20 年的时间里就把波动物理学上的科学发现转变成马可尼的新无线电报，现在可没有能与这种速度相提并论的。目前新知识到技术的转化周期很可能是 30～40 年，而新技术成为符合市场需求的产品和工艺所需要的时间似乎也被拉长了。

　　目前，新产品或工艺进入市场的时间已缩短。50 年或 75 年前，新产品或新工艺的普及非常费时，让新产品或新工艺跨国出口就要花 5 年甚至 10 年，要跨越大西洋就要更长时间。不过，这不包括灯泡、电话或电车这类重大发明，这些产品是以前所未有的速度普及全世界，现在产品或工艺的扩散时间只需几周或几个月。

　　因此，我们可通过系统寻找新知识，并留意新知识转变为技术的最初踪迹来预测技术。不过，先前对新产业所做的分析清楚地显示，新技术不再纯粹源自"科学"，新技术源自以知识为主、进行系统化研究的所有领域。

　　无论是否为传统的"科学"，目前普遍的情况是某领域出现新的重大改变，更可能来自其他领域或学科，而非内部。

　　现代心理学家的组态概念，比如"人格"或"格式塔"，就源自 19 世纪物理学的"场论"。反过来，现代电子工程师也从心理学家那里获得"系统工程"的构想，当然这是在生物学家的协助下取得的。当代遗传学上最大的进步，部分是因为物理化学发现了空间关系的关键，部分则是因为电子工程学发现了信息理论是电子电路的通用理论。

　　纵观人类历史，不论"专家"如何把知识分门别类，人类知识就像一个容器中的液体：某领域知识有进展，其他领域也会水涨船高。

因此，了解技术变迁总是要以非自身知识领域为出发点，因为人们不仅可能没有察觉自己熟悉领域的变化，通常还会盲目自大。尤其是当所有变化都尚不清晰时，难以确定哪类变化影响更大，所以真正的重大变革更可能来自其他领域，而非自己的领域。

最后，重要的新技术机会将通过新知识界的态度，甚至知识界的口号预先呈现。比方说，在能真正设计并制作材料的 10 年或 20 年前，产业界其实就开始提到"材料"一词。远见通常先于行动，而了解则更晚。创办 IBM 的老沃森生前并未目睹电脑的大胜利，但早在 40 年前，他就开始讨论数据处理，即使当时根本没有人能够说清楚这个用语是什么意思。现在，虽然也还没有人能够准确定义"都市区"或"超级都市"，不过大家都经常提到这些字眼。

这类口号不只表达了新需求，也体现了新的洞察。许多新技术并非新知识，而是新的认知，也就是把以往没有想过要放在一起的东西集成起来。

我们常听到有人理直气壮地说，亨利·福特根本没有发明什么东西。福特的确没有发明机器、工具、新产品、新工艺，没有以他的名字命名的工艺，也没有获得专利。福特所用的一切都是众所周知的，在推出首辆汽车前，市场上已经有很多汽车，但福特是真正的创新者，其主要贡献是批量生产、大众市场、薄利多销。在经济、社会和文化方面，认知通常会比新事物或新构想具有更大影响力。

分析技术及技术变化并不是一个"科学"过程，也不是"直觉"，而是真正的分析。这种分析本身并非"技术"，技术专家通常无法做好这些工作，而是像企业家一样思考并提出特定问题的人才能把分析做到最好。这些问题包括：一个新产业或新工艺的机会何在？哪些新技术发展可能因为符合现有产业和市场的重要需求而对经济产生重大影响？哪些重要的新知识已经出现，但尚未产生经济影响，尚未创造出新产业、新工艺、新经济能力或新生产能力？哪些洞见、哪些新认知可能创造有效的新技术，以及创造哪些新技术？

从这类分析中，不可能推断出某项新技术、某个方法将在某年出现，会有什么样的发展，并在 5 年内产生几百万美元的销售。不过，我们从这些分析中看到更重要的事。如果某些特定类型的新技术出现，将产生重大影响，有潜力形成新产业而不只是新产品，能形成新技术而不只是新工具或新方法。

对于企业甚至工业国家而言，要在瞬息万变的时代生存或成功，技术战略不可或缺。一定要事先彻底思考该把自身的技术努力放在哪里？是否应该把重点放在调整优化目前产业中为研发而做的所有努力？是否应聚焦开发新技术或新知识？或者是否要像瑞典人在电力传输方面那样，利用技术与经济潜力之间的差距？技术战略还要考虑，一个企业是否应该以开发自己使用的基础技术为目标，还是开发技术授权他人使用？反过来，企业应该在什么时候引进技术？等到新技术出现时，企业应寻找并准备好选择什么样的技术？

在迅速变革的年代，没有人能开发出所需的全部技术，即使在自己从事的领域都不可能，就算是规模最大的企业和最强的国家也无法做到像创立于 1890～1930 年的研发机构那样，在特定领域包揽所有新技术和创新，甚至是所有新知识。

这个技术自给自足的想法，成为德国化工业在近一世纪前创立第一个研究实验室的出发点。同样以此为基础的是一代人之后德国政府资助设立的科研机构——凯撒威廉研究所，现为马克斯普朗克研究所。此外，1900 年左右通用电气公司在斯克内克塔迪成立的美国首批重要研究实验室，以及大约 10 年后美国电话电报公司的贝尔实验室，也都是基于这样的考虑。

然而，今天的每一个人，即使是拥有政府所有资源的最强大研究机构都必须承认，没有人可以在技术上自给自足。每个人都必须学会专注于什么，也要学会从别人那里得到什么以及在什么阶段引入新技术。

在国际贸易中，增长最快的领域可能不再是货物贸易，而是技术贸易、专利和许可证贸易。每个人都必须学会为此制定出一套策略：我们要做什么？打算把什么东西卖给别人？我们要买什么，在什么阶段买？

日本就是成功实施技术战略的早期例子。现代日本的奠基者相当清楚，日本当时无法在技术创新上实现全球领先，反而将全部精力投入社会和文化创新。况且，技术可以引进，但社会和文化无法引进。结果，日本人学会如何寻找新技术？如何在适当阶段从国外获得新技术？以及如何将来自国外的创意迅速成功转化为适销对路的产品。不过，到目前为止，即使是日本人也只知道如何购买技术，而且很少有机会学习如何销售技术，或如何集中自身资源从新知识和新技术获得最大回报，实现最大价值。

在西方世界，目前只有瑞典人想过这类技术战略。

高压输电就是瑞典彻底思考技术上的差距,并研究如何充分利用这一差距成功赶超的例子之一,另一个例子是瑞典汽车工业考虑到道路不畅的因素,非常重视轿车的造型与坚固性。还有瑞典航空业也是一个典型例子,放眼世界,在各小国中,只有瑞典的航空业能存活,并专注于生产可在极短跑道起降的飞机,再次展现一个并非大国或富国的国家实施技术战略的成功经验。

不过,一直以来瑞典的技术战略并不是由技术专家制定,主要由领导国内三大工业开发银行的银行家制定。他们都不是科学家,也不是工程师,但显然都明白技术战略的必要性。因为小国资源有限,必须把可用资源专注于填补某些领域的空白,而不是推动各领域齐头并进。"二战"结束时几乎还是以矿业和伐木业为主的瑞典,从人均产出看,现在已成为欧洲的重要工业经济体,生活水平仅次于美国。

市场动态性

今后,企业界人士必须更了解市场动态。因为市场是创新构想最有力的源泉。例如,美国商务部过去几年所做的调查表明,即使具有专利的产品、工艺,也就是技术含量高的产品和工艺,大多数都源自市场的需求,而非单纯技术需求。

为避免技术成果损失,必须了解市场动态。从技术上看,过去 25 年,没有哪个国家比英国做得更好。比如，抗生素、雷达和喷气式飞机都源自英国，计算机、原子弹、反应堆的发明也归功于英国的技术。不过，英国却没有从这些精心栽培的技术中得到很大收获，虽然产生这一问题的原因不止一个，但不了解市场、没有关注市场动态显然是一个主要因素。

关于美国与欧洲"技术差距"的一项研究充分反映了市场营销对技术的重要性。[○]该研究表明，战后几乎只由单一国家创造的重大发明有 29 项，其中 19 项由美国发明的，10 项由英、法、德等欧洲国家发明。不过，在这 29 项中，美国有 22 项处于领先地位，所有欧洲国家只领先 7 项，这样的差距完全是市场营销导致的[○]，这一能力就是把新技术转变为经济效益的能力。

实际上，市场营销可以让技术产生经济效益，这一点早就得到证实。

电灯泡技术最好的不是爱迪生，而是其英国竞争对手约瑟夫·斯旺（Joseph Swan）爵士。不过，在市场上胜出的却是爱迪生发明的灯泡，而不是斯旺爵士。原因很简单，与斯旺不同，爱迪生着眼于市场。他站在电力公司的角度设身处地地考虑："他们需要什么，他们可以使用什么？"对家庭用户也是如此。从技术上看，斯旺的解决方案可能更好，但不符合这两个市场的预期、行为和价值观。因此，要让新产品具有经济效益已经很难，更何况让新产品获得成功。

大多数企业家在谈到"市场营销"时，指的就是通过系统化及有目的的组织行为向顾客推销产品，并取得报酬所做的一切工作。在技术迅速变革的

○ J. Ben David, *Fundamental Research and Government Policy* (Paris: Gommittee for Science Policy, Organization for Economic Coperation and Development [OECD], 1966).

○ 关于这方面的基础工作是美国经济学家 J. Schmookler 著的 *Invention and Economic Growth* (Cambridge: Harvard University Press, 1996).

年代，创业者必须从两方面"营销"。

首先，要从终端来看待整个企业的"营销"。换句话说，要从客户的视角来营销（或者说是各类客户的视角，因为每个企业及每项产品至少有两个以上客户，而且通常还有更多完全不同的客户需求要满足）。最重要的是，不应从"自家产品"的视角去看待客户，只要想到"自家产品"，就仍是采用推销方式，而非营销的方式去思考。客户的行为、价值观和期望才是最重要的。在这样的视角下，自己的企业、自家的产品当然也不存在。单纯从营销的视角来看，产品和企业对客户的重要性微不足道，或者客户根本无暇关心。因为客户只对满足自己需求的东西感兴趣，只关心自己的需求和期望，客户总会问"这项产品（或这家公司）以后能为我做些什么？"

其次，企业界人士必须学会把"营销"作为创新的力量来实践。他们必须知道，真正的新事物通常无法满足已存在的需求，而是会创造新的期望，设定新的标准，产生新的需求。因此，"创新性营销"能创造市场需求，新技术总是需要新市场，而在新需求产生之前甚至没人会想到这一点。

不过，化工业就很明白这一点。

在化工企业收购美国大量地毯厂之前，地毯业正走下坡路。尽管地毯业也为产品打广告进行推销，但地毯在房屋和家具总消费支出中所占比例仍在下滑。然而，直到20世纪50年代初化工企业进入地毯业，帮助地毯业的客户销售人造纤维，才拉开了营销创新的序幕。

首先提出的问题是，"购房者未实现的最大期望是什么？"对这个问题的回答和所有正确答案一样听起来显而易见，那就是让一帮年轻夫妇家庭购买的房子更接近他们的期望和品位，也就是要弥合年轻顾客在家庭杂志上看到的房子与自己买得起的房子之间的差距。这个答案立马凸显了地毯的新作用，铺地毯是通过较少花费提升居家品位和舒适度的少数方法之一。

接下来的问题是："年轻人买得起什么？"这个问题的答案同样也显而易见。年轻人可以每月支付一些费用，但因为资金有限，款项无法一次付清。这样就可清楚地知道，年轻夫妇买得起的最昂贵的东西就是能完整包裹整个地板的地毯，因为这种地毯的费用可归入房屋贷款中一并计算。

最后的问题是："谁做出购买决策？"换句话说，"谁是真正的客户"，是开发商而非年轻夫妇。也就是说，这种方式能吸引开发商，因为能为开发商节省地板材料的费用，也增加了装饰的美感，房子比较容易卖出去。此外，开发商也不必因此提高房子的首付款，买主只要每月多付些费用就可以。结果，铺有地毯的房子，立刻让业主非常满意。通过这样的创新性营销，让原本衰退甚至濒临消亡的地毯业再次持续增长并实现盈利。

与此同时，比地毯业更能提升居家品位与舒适感的电力照明设备业也在走下坡路，电力照明设备业需要做的就是设计"更好的"产品，并把这些产品"卖得更好"。

国外很多人都相信，新技术能创造销售额，能带来就业机会，并衍生新产业。然而，新技术只是一种潜力，把这项潜力转成实际收益的是营销，尤其是创新性的营销。唯有在严重短缺的情况下，产品才不需要营销。比如，治疗癌症的药物就不需要太多营销。如果我们有正确的知识和有效的产品，只要出现严重短缺，根本连"推销"都不需要。不过，即使治疗癌症的药物，也必须是医药界认定有效的才行。

总之，只要不是面临癌症治疗药物这样严重短缺的情形，新技术就需要有效的营销，就需要了解市场及其动态。这对于技术方向的调整是非常必要的，就如前面提到的瑞典成功开发新产品的例子。只有创新性营销，才能为客户创造新认知，让客户通过购买新产品来开阔视野，提高期望和愿景，并获得新的满足感。

经济价值的增加，指的不是原有需求和欲望的更大满足，而是指新的选择，以及不断增长的期望与愿景，这在很大程度上是成功营销的效果。让技术变革富有经济价值，也就意味着技术可以更好地满足人类的需求和欲望。

创新型组织

企业家必须学会建立并管理一个创新型组织，必须学会建立并管理一个能预测新事物、能把愿景转化为技术、产品和工艺，愿意且能接纳新事物的团队。

近半个世纪以来，我们大体上学会了如何为发挥共同绩效而增强组织能力，如何利用组织高效完成已知该如何做好的事情，这是一个巨大的进步，也是社会赖以生存的基础，现在我们必须让组织能够创新起来。

如今，我们周围已经有了大型的创新型组织。

美国电话电报公司的贝尔实验室就是一个例子。近50年来，贝尔实验室一直是众多不同领域新技术的主要来源。不过，贝尔实验室是大型的、高度结构化的管理型组织的一部分，这个管理型组织的任务，当然是把已知该怎么做的事情做好。

到目前为止，贝尔实验室是一个特例。现在，必须把这种特例变成司空见惯的事。我们需要创新能力，并把这种创新能力嵌入经济，在这种经济中，我们拥有大型的、永久性的管理组织，而这在 19 世纪是不存在的。

组织要创新，就必须进行重大变革。首先，贝尔实验室的成功表明，创新型组织必须有别于管理型组织。管理型组织负责开发利用现有资源，可以调整、扩展、改进，却无法真正创新。

比方说，越来越多的企业认识到，根本无法指望企业内部现有产品部门生产出真正全新的东西。新产品需要一个单独的"开发"部门来负责，直到新产品成为一项成熟、持续、成功的事业。位于美国特拉华州威尔明顿市的全球化工业最成功的创新者杜邦公司也吸取了这一教训，40 年前就设立了独立的"开发部门"。

然而，也许更重要的是，一个创新型组织需要不同的人际关系结构。创新型组织是团队式组织，而非命令式组织，既需要人际关系上的弹性，也必须有纪律、有权威、有人决策。尽管小型爵士乐队和手术室的外科团队都是团队式结构的例子，但传统组织理论却很少提及。

创新型组织需要高层人士善于拥抱新事物。在管理型组织里高层人士负责做判断。在创新型组织中，高层人士要鼓励大家提出构想，不管这个构想是多么幼稚或粗糙。在创新型组织中，高层的职责是设法把尽可能多的想法转变成有效、有目的地推动工作的正式提案。他们的工作就是要经常问："必须要怎么做才能让这个想法被认真对待？"跟管理型组织不同的是，创新型组织里高层人士的职责并不是评价该提案是否重要。

新的创意都不是从现实的、严肃的、深思熟虑的、按部就班的提案开始，而通常是从摸索、推测、搜寻开始。这些"奇思妙想"绝大多数都没有结果，只会变成胡言乱语，极少部分会成功，十之八九没有任何进展。"奇思妙想"的死亡率跟青蛙卵的死亡率一样高，创意是自然的一部分，自然是丰富的，所以创意从来不缺乏，就像池塘里总不缺青蛙那样，要产出可行的最终成果的比例是1000：1，我们事先并不知道一千个创意中哪一个会保留下来，而且能成长成熟。

高层愿意倾听、鼓励，并努力把最初的猜测变成理解认同，把最初的一眼变成愿景，把令人兴奋的事物变为成果。这并非许多人认为的"创意"，也不是"杂乱无章"，而是相当有组织、有纪律的系统化过程。这个过程需要的做法和程序，与管理型组织的做法和程序完全不同。

如今，"专业"的管理层通常把自己看成一个法官，当他们提出想法时，法官会对这些想法说"是"或"否"。这不可避免地会出现著名歌曲中描述的情景。有一天，人们在伦敦联合利华公司的公告板上发现了这样的诗句：

穿过这棵树

从树根到树冠

向上的创意在流动

向下的否决不停止

认为自己的职责是担任裁判的最高管理者，必定会否决新的创意，因为新创意总是"不切实际"。唯有高层管理者认清自己的重要职责是设法通过有目的的行动将半生不熟的创意转变为新事物，才真正让组织（不论是企业、大学、实验室和医院）创新并脱胎换骨。

创新型组织难以承担的一个风险就是把目标定得太低。把已做的事情做更好与把完全不同的事做好，花费的心思和努力是一样的。同样地，为现有产品线开发新产品和开辟新业务，耗费的工作和努力也是一样的。真正的创新不能只是多生产另一个产品，创新要付出的努力远远超过可能产生的成果，创新所承担的风险与开辟新业务或新产业承担的风险是一样。真正有贡献的科学家跟一般科学家的不同之处，既不是知识或努力，更不只是才能。真正有贡献的科学家（牛顿或法拉第这类极少数天才除外），会把自己的知识、智慧和努力专注于一个最大的且真正值得的目标，并努力创造新的事物。

多年来，我一直在研究诺贝尔奖得主的获奖感言，一次又一次地听到他们讲什么让他们开始从事这项工作。很多人的回答是，因为某位老师曾经说过："你为什么不尝试一些能真正改变结果的事情呢？"创新型组织要思考的首要问题是："这个想法是否重要到如果成功了，就算无法拥有新产业和核心技术，也至少能拥有新业务。如果不是这样，我们就无法承担这些风险。"这个问题跟管理型组织在进行"长期规划"和分配资源时所问的问题截然不同，管理型组织设法将可能的损失降到最低，而创新型组织却必须把可能的效益最大化。

新经济政策

我们正处于一个创新和技术变革的时代，这个时代对政府政策提出了很高要求。这些要求可能比企业家提出的要求更难满足。

在新产业成长为新动力的快速变革期，政府政策首先不能阻止或抑制生产性资源的流动。人才和资本是任何经济体的两种流动资源，这些资源必须从以往工作转移到最富生产力的领域。

为了个人福利，这种流动是必不可少的。因为生产力低的工作收入自然就少，所以阻止这种资源流动，看起来是"保护"个人，却是以低收入为代价的。事实上，这可能威胁到个人，造成失业或者至少带来不安、恐惧和忧虑。通常情况下，就业效率越高，就越令人愉快，给个人带来的满意度也越高。在当今发达国家，生产率最高的就业岗位不是体力劳动，而是知识工作。这一点在今天尤为重要，因为知识工作为个人发展提供了更大机会，个人可以通过做自己喜欢、令人自豪的事来谋生。

资本也必须能够流向富有生产力的投资领域。经济越发达，资本的优化利用就越重要。所谓"发达"经济，实际上是指资本能稳步提高生产力的经济，即资本从低生产力的就业稳步转移到高生产力就业的经济。这是一个国家能够拥有不断提高的生活水平和充分就业的唯一途径，也是发达国家在其他欠发达国家经济能力和绩效提高时能够保持竞争力的一种方式。

不过，由于 50 年的经济连续性，目前发达国家开始有组织地阻碍人才流动，抑制资金流动。这种趋势在英、美两国更为明显，事实上这可能是英国经济不增长反而衰退的主要原因之一。不过，无论是西欧国家、苏联，还是日本等发达国家，情况也差不多，只不过有些国家已找到方法把流动性注入经济结构中。

英、美两国经济增长的最大障碍在于行业组织，尤其是行业工会过度重视一直以来习以为常的做事方法。就定义上来说，工会利用其"管辖权"（美国的做法）和"分界线"（英国以此限制工会）禁止会员学习新技能，也不允许非会员获得技能性工作。

技艺已经过时，靠技艺获得技能的方式是错误的。不论是在经济上还是教育上，我们不再有余力采用学徒制。现在，要让技能具有生产力——成为今日名副其实的"技能"，就必须以系统化的知识为基础。即使工艺技能仍适用于今日，行业组织却不适应要求。

工艺技能是工匠的敌人。行业工会声称技能不能改变，技术工人要固守岗位，并且越来越否定会员的工作，让他们更加僵化贫乏。纽约市报业和美国船运、造船业的例子，应该是行业工会主义逐渐威胁到工匠的严重警告。

其实，增加流动性反而更容易达到行业工会的目标，如收入和就业保障。

瑞典在 20 年前由工会领袖葛斯塔·雷恩制定的政策已证明了这一点。根据这项政策，与政府、产业和工会合作的自治机构，正在系统地促进工人

流动，为未来的工作机会及未来一两年内可能出现的裁员预先做好准备。这个机构让工人为从某种职业转移到另一种职业做好准备，并取得了巨大的成功。若有必要，该机构会为工人及其家人从日渐衰微的社会迁往成长型社会做好准备。这项政策性价比极高，所需实施成本比支付失业津贴要少。

结果，尽管瑞典过去 20 年比其他西欧国家经历了更彻底的产业转型，却已为新产业培养了劳动力，同时瑞典工人的技能、生活水平和工作满意度也在不断提高。

其他任何一个工业国家实在没有理由不采用雷恩的再就业政策。这项政策能实现工会想做的每件事，还能比目前做得更好。正如瑞典取得的成就一样，这项政策可以促进劳动力流动，让流动性成为个人能力、工作保障、事业成功和满足感的来源。

不过，在美国甚至英国，行业工会主义已根深蒂固。这不是"自然法则"，甚至不是"工业化法则"，其他工业国家都没有行业工会主义。过去 20 年增长最快的国家，包括日本、德国和苏联等，显然都没有出现这样的增长。

希特勒政权以前，德国劳工组织都以手工技艺为基础。不过，希特勒政权结束后，再度重建的工会却以行业而非技艺为主。结果，尽管德国工会拥有优势和权力，但美英两国产业中"谁有资格做什么工作"的持续性争议在德国并未出现。

要在英、美两国扫除行业工会主义是相当困难却日益迫切的事。不出所料，这将成为美、英两国面临的重要政治问题。如果无法解决这一问题，经济衰退几乎不可避免。

在每个发达国家，都有类似的需要，可以参考实行瑞典的做法：把流动性作为国家政策目标。然而，这一目标必须以这样的方式完成，即强化工人的工作和收入保障，并让工作成为人们想要和渴望的东西，而不是害怕的东西。

错误的税收激励

同样重要也同样困难的是，把惩罚资金流动的政策转变为激励资金流动的政策。

长久以来，民间都认为新技术不是源于旧事物，尤其不会从大型老字号企业中产生。这样的观念虽然没有内在原因的支持，但到目前为止却少有例外（以前提过的贝尔实验室是个极罕见的例外）。"二战"前夕，发明电脑的是 IBM，而不是美国无线电公司或通用电气公司。当时的 IBM 尽管野心勃勃地号称"国际"企业，却是一家没有科学家或工程师的小规模公司。发明复印技术的并不是表面上势力稳固且垄断市场的印刷机制造商，而是 50 年代仍是地方小工厂的施乐公司。新制药业的领袖并非知名化工企业。尽管通用汽车或福特汽车公司拥有庞大的资本与工程人才等资源，却不是飞机或航天产业的领导者。

核电站可能是一个明显的例外，在该领域通用电气和西屋电气目前仍是全球翘楚。但从经济上看，核反应堆并不算一项创新，只是利用新技术来产生以往生产电力的蒸汽。不论核反应堆是多么重要的科技及工程成就，但从经济性、电力使用者甚至电力公司的角度来看，只不过是另一个"锅炉"罢了。事实上，对通用电气和西屋电气这两家于近一世纪内在发电和配电上居主导地位的公司而言，发展核反应堆是一项防御性行动，而不是创新性做法。

一般来看，虽然有些重要的例外存在，那些小家伙，不论是小型公司或单打独斗的"车库发明家"，一直都比大企业更具创新性。举个例子：尽管铝业公司投入大量资金做研发，但加工工艺的七大变革只有一项源自大公司，其余六项多是个人或小公司的研究成果。

整体来说，老字号大型企业对于新的微小成长型公司来说，一直都不算是一个好环境。而政府资助的研究，就定义上来说几乎都是"重大研究"，却显然是最没效率的。虽然目前在美国从事研究工作的科学家和工程师，不论是在大学或大企业里，有 4/5 左右是由政府资助，但总产出可能不到所有新思想、新知识和新产品的 1/5。

在技术创新高度活跃、不断加速、日益重要的时代，小企业兴起和发展至关重要。但这意味着要获得更多的资金。因为创新是昂贵的，每在创新行动上投入 1 美元，就必须花 10 美元才能将其开发出产品、工艺或服务。在开始获利前，制造和销售该产品可能需要更多的钱，每 1 美元最初用于研究，制造和销售最高花费可达 100 美元。

然而，目前美国税法对现存的老字号大企业在资金保留上提供极大优惠。事实上，税法是有史以来鼓励垄断的最大动力。不管反垄断者如何积极

_⊖ 至少这是由 16 位国家研发管理者所做的一项研究的结论，他们都来自联合碳化物、施乐等大公司，1967 年春，他们向约翰逊总统和技术创新大会做了报告。

地阻止经济权力集中，阻止大企业规模变得更大，但税法必定会让其努力受挫。企业所得的双重课税也包含股息支付。政府先针对企业获利课税，再对收到股息者课税，这种做法是支持并鼓励资金留在现有企业里，尤其对老字号大企业更是如此。除非股东年所得低于 8000 美元，否则以资本收益而不是以股息形式获得回报。因此，大多数股东希望自己投资的公司将资金留下来作为持续投资之用。这意味着对新进入者，也就是成长中的小型公司和独立创新者来说，越来越难以获得资金支持。

令人惊讶的不是老字号大企业一直能维持营运，而是尽管税法对大企业如此优惠，却还有那么多新公司有惊人的发展。许多 30 年代的产业"巨人"已不复存在，或是跟这些 40 年前甚至 25 年前默默无闻的新公司相比，已微不足道。不过，不能永远靠上帝将我们从愚蠢中拯救出来。怎么做才对呢？

这已众所周知。事实上，正确的做法不但不会减少政府收入，甚至还可能增加收入。政府要做的只是消除保留盈余的动因，重新燃起股东对分红的渴望。比方说，如果税法允许收受股息者用个人所得税抵消已支付的企业所得税，股息将再次对股东产生吸引力。而政府收入的损失很容易通过将个人所得税提高几个百分点来弥补，特别是针对高收入者（在美国，通过取消对市政债券等各种投资的大量税收优惠，让非常富有的人根本不缴纳所得税）。为避免这被视为对富人的补贴，税收抵免可能仅限于企业所得税的有效税率，即现在法官、国会议员或知名医生所享有的中产阶级收入的税率。

另一个解决之道是，以欧洲的增值税取代利润税。这个转变是为了另一个理由：巩固美国和英国产品在全球市场的竞争地位。

不过，尽管技术上很简单，但税法及内在基本态度的改变，从政治角度看却极度困难。美国税法的根本原则是不与大企业为敌。不论企业还是工会，都渴望保护现状，让有钱人生活得更轻松舒适。随着新产业和新企业的快速发展，对管理者、工会领袖或政府行政官员来说，迅速变革既不轻松也不舒服。

双重征税有着深厚的既得利益。世界各地的工会都致力于高利润税（而不是从工会角度来看更有意义的高所得税）。美国大学和慈善机构也热衷于维持目前的税务理念。举例来说，若个人股东再度将企业视为"个人"资产，而非管理者的财产，那么就不再会有企业捐钱给高等教育机构。对大企业的管理者来说，即使现在连声抱怨"税收负担"沉重，也反对提高企业所得税，但也不可能积极支持这类税法变革。不管怎样，这些抵制实际上是推进改革的额外理由，但不会让改革更容易或获得更多政治关注。

相反，我们几乎肯定会看到有人试图回避这个问题。英国工党政府1967年秋曾做过一次这样的尝试。资本无法进入新的及更富生产力的产业，这是英国经济不景气的主要原因之一。包括社会主义经济学家在内，大家也都同意，英国在税收和政府投资方面的政策是造成经济脆弱的主要原因。然而，工党政府不但没有修改这些政策，还在1967年秋天提议，用政府资金购买**低获利**的新风险投资公司股票来补贴新技术。如果这项提案被采纳，只会导致公共资金的大量浪费。英国政府早期就犯过这类错误，尤其是在飞机制造业上，经常支持错误的创新和错误的投资。此外，现在可用资金太少，根本无法产生任何影响，也无法取代资本市场可提供的资金。英国唯有改变税收结构，让资金转移到可能产生成效的地方。相反，工党政府采取的措施，反而会加剧资金的不流动性。因为无利可图、配置不当以及对错误创新的投资，就跟以前的情况一样，会需要越来越多的资金补助。

政府有保护的职责。在经济迅速变化期，会有要求立法保护的巨大声浪出现。在发达经济体，期望现代政府回归19世纪末放任主义的做法根本就不切实际，不管这种做法有多么可取、对社会有多大益处。不过，传统的、不诚实、秘而不宣的做法，往往弊大于利。对需要保护的人来说，也根本就不适合。

由肯尼迪总统提出并被国会接受的措施，就是保护美国产业免受自由贸易冲击的做法。这些措施为受影响的企业和工人提供优厚的短期补助。这种公开和直接的保护与关税或配额形成鲜明对比，关税或配额是隐藏的，虽然仍由公众支付，但不作为政府支出出现。

因此，我们需要的是发达国家承诺实行直接补贴政策，而不是采取间接保护政策。因为保护会导致扭曲，但补贴至少是公开的。更重要的是，保护带来依赖，这种依赖越来越难以消除，补贴则能直接弥补弱点。可以像瑞典的劳动力转业的补贴那样，直接让受影响的人能重新站稳脚跟。此外，由于公众舆论和立法机构最终会对任何永久性补贴感到不耐烦，因此，补贴的时间是有限制的。当然，要终止一项公开补贴并不容易，但总比终止秘密保护简单得多。这类秘密保护如关税、"购买美国货"条款，或对石油业者折耗予以补贴。

正因为补贴是一种公开形式，所以不受政客和官僚们的欢迎。不过，公开却是补贴的唯一优点。发达国家需要自律和政治诚信，用补贴取代间接保护主义政策。因为间接保护主义政策总有限制，最后也总会让被保护者变得虚弱，更缺乏生存能力。

聚焦于世界经济

最后一点也可能最令人吃惊的是，发达国家必须逐渐从世界经济及其发展趋势中寻找线索。

目前，没有一个发达经济体对国内市场有可靠的测量方法和指标。每一个市场都被各式各样的政府政策操纵，包括价格政策、工资政策、税收政策、补贴政策、预算政策、信贷政策等，所有标准都由政府"暗中操纵"。然而，经济政策特别需要可靠的衡量标准，特别是对技术和经济领域前沿进行可靠的测量。经济政策必须预先做好准备，能够预测新产业是什么，以及资源（不论人力或资金）投入哪里才最有效。但在这方面，国内市场无法再提供任何可靠的信号。

不过，有一个难以出现操纵势力的经济领域，就是国际舞台。事实证明，即使超级大国，也无法操纵不同国家之间的交易，国际交易能摆脱最缜密的"计划"。国际贸易不可能被操纵，包括资本交易、人的流动（无论是旅游者还是移民）以及"技术平衡"都不可能被操纵得太厉害。这些国际贸易顶多只会暂时停止，一旦有任何资金、人口、技术或货物自由流动的机会出现，就会重新建立起一个真正的平衡。

因此，发达国家的政府必须学会留意国外动态，以国际经济指标为基础制定国内政策。这并非任由国际经济主导，而是一个更微妙的东西：以国际经济为准绳。

荷兰、瑞士和瑞典这些小国一直以来都这么做。不管喜欢与否，国际贸易和国际市场都主导其经济发展。不过，大国只有日本自 1950 年起一直受国际经济的主导，这无疑是日本经济表现惊人的主要原因之一。

20 世纪 40 年代末，若有人要对日本或英国的战后经济表现下注，肯定会毫不犹豫把赌注押在英国。在这两个岛国经济体中，英国不仅发达程度高，而且其产业在"二战"结束后也比之前更强大，拥有新工厂、新技术及许多世界领先的新产品。相比之下，日本的产业却受到重创。英国的技术水平、教育水平、经济表现都比日本要好。英国在世界各地都备受推崇，并维持着一个覆盖全球的贸易和金融网络。反观日本，以往拥有的资源就不多，战后更是被破坏殆尽。

不过，20 年后形势逆转，日本经济蓬勃发展，英国却大幅落后。其中一个主要原因是日本根据世界经济决定国家经济政策，英国却按照自己的意愿制定经济政策，以维持传统的国内经济。如今，把英国经济衰退归咎于"福利国"的观点相当流行。没错，从为工人和农民提供的社会福利来看，日本一点也比不上英国、德国或美国。但跟日本生产力及人均收入相比，日本的福利虽然以相当不同的方式提供（大多依据惯例，而非合同式的员工福利），至少跟英国提供的福利一样好。日本严格执行福利措施，比如"终生雇佣制"，这是英国经济无法承受的重担。其实，基本态度、基本观点和基本政策的不同，才是英、日之间的真正差异。

大家（包括大多数日本人在内）都会说："日本人能有什么选择？毕竟，日本经济依赖国际贸易。"不管人们多么深信这种想法，事实却并非如此。在所有主要工业国中，只有美国一个国家比日本更不依赖对外贸易。其他所有主要工业国，包括法国、英国、德国，更不用说瑞典、荷兰和瑞士等小国，都比日本更依赖对外贸易。日本国民生产只有10%供应出口，相反地，其国民需求也只有10%依赖进口。对英国和德国而言，经济依赖外国的比例是15%，荷兰和瑞典则远远高于20%（美国是5%）。

20年前，日本人就意识到，必须确保生产资源投入于对未来的研究，而非以往的工作上。他们进一步体会到，正是世界经济指出未来可能在哪里。因而，过去20年来，日本人系统预测世界经济趋势，并将其运用到国内和国际的经济政策上。

因此，在国际贸易谈判时，日本人绝不会在新产业上让步，好为传统产业争取更多时间。比方说，他们绝对不会提出限制电子产品出口，以换取棉花纺织物、自行车或运动鞋等传统产品更大市场的做法。相比之下，英国人总是愿意牺牲新兴产业，为日渐衰败的传统产业做出让步，不管利益有多微小。英国的现代产业与任何地方的产业都可以并驾齐驱，但出口仍依赖传统产业。相反地，日本已大幅减少传统产业的出口比例，从 1950 年占总出口的 3/4，到 1967 年的 1/3；同时大幅增加新兴产业的出口比例，同期出口比例从 1/3 增加到近 2/3。

　　日本经济与英国一样都是受到官僚们的掌控。但日本人利用这些控制手段来拥抱未来，英国人却利用这些控制手段来捍卫过去。这等于是把传统产业国有化。英国已经保护了煤矿、铁路、钢铁和大多数纺织业（即使没将其国有化）。相反地，日本人却利用官僚控制，把资本引入新兴产业，而阻止其进入传统产业，同时还利用官僚控制的方式让新产业获得大量受过教育的人力资本。日本还控制本国与外国企业间的关系，并以此积极进口电子、光学、制药等方面的新技术，并限制传统产业的技术进口。

　　国际舞台上展示的形象，就是英、日差异的最佳诠释。过去 20 年任何世界博览会或商展中，英国展示的是昔日主打产品，如威士忌、羊毛织品和瓷器，这些东西质量上乘且有些年头；日本却摆出新产品，如电子显微镜（1964～1965 年举办的纽约世界博览会上，电子显微镜就是日本展馆的主角，大部分参访者都认为那是日本人发明的）、现代化装配线造船法、合成纤维、照相机、磁带录音机和晶体管收音机。

　　在日本，传统产业依旧非常重要。除非日本政府支持国内的棉纺和煤矿，否则任何一个日本政府都无法长期执政。但就经济政策来看，日本人已强迫自己从世界经济增长前沿寻找线索。

日本人在过去 20 年的所作所为，世界上其他国家必须在 20 世纪后期去学习。即使世界经济对国内经济似乎不那么重要的美国，也应当率先如此。因为世界经济预示着未来经济的走向，国内经济若要富有竞争力、实现快速增长、不落后他国，就要朝世界经济的方向发展。

想在任何产业或技术上领先的国家，当然更应这么做。换句话说，无论是企业还是政府，都必须学会放眼未来，在政策、态度、组织和结构上都要如此。在一段连续时间内，可以预期昨天之事会继续存在，因而强化过往差不多就等于强化未来。不过，身处变革期，尤其是新产业以经济领导者身份出现的技术快速变革期，增强昨日经济将削弱未来经济增长。

或许很多人会问："我们为什么一定需要这些令人心烦意乱的新技术？现在不是应该在技术变革上喊停吗？难道我们还不够富裕，还得继续增加财富而不是更好地分配现有财富？"在快速创新期，保护旧事物并非技术变革和经济成长的替代方案，旧事物已经衰微。对于目前的发达国家，也就是经济富足的国家来说，情况更是如此。

在科技发展方向上，发达国家确实会面临基本问题。这并不是一个到底需不需要科学与技术变革的问题，而是稀缺的人力资源应运用在何处，才能从知识努力中获得最佳效果的问题。这场辩论围绕科技进步的优先顺序展开，而不是围绕科技进步是否符合理想、是否能获得最大成效展开。

目前，世界上迫切需要的是增加生产。不论关注国内贫困问题还是全世界贫困问题，只靠分配都无法改善。解决这些问题的唯一方式是让穷人更富生产力，这反过来又要求发达国家和发展中国家保持经济的持续增长。

发达国家是否愿意呼吁停止技术变革和经济增长，甚至是无关紧要的事。目前，没有迹象表明，人类准备放弃经济增长和技术变革。也没有迹象表明，大多数人愿意宣誓贫穷，而发达国家的少数人则过着极度富裕的生活。如今，不仅发展中国家渴望经济进步，其他发达国家，特别是西欧和日本（更不用说苏联），都迫切想赶上美国，并尽可能加速经济增长。

不论喜欢与否，在重要产业上维持技术领导地位并鼓励创新，在未来几十年将变得越来越重要。如果没有做好，失败的后果会比过去20年更严重。英国的例子可以看出，即使只是在新技术开发和应用上稍微落后，情况就有多危险。美国必须知道，"国际技术平衡"这个还很少使用的经济学词汇，就跟以往常讲的"贸易平衡"或"收支平衡"一样重要，甚至可能更重要。每个国家都不得不进口新技术。现在有许多新技术纷纷出现，再也没有哪一个国家、哪一种产业和哪一家企业能指望自行研发所需的所有技术。不过，从长远看，要获取他人技术，必须以自身技术为资本。所以，支付给专利许可权的唯一货币，也正是专利和许可权。

技术交易是为自家产品和劳动力创造市场的最适合且最有效的方法。把专利或许可权卖给外国所得的每1分钱，都为新技术发明国的产品了创造价值1美元的市场。海外制造业的外国投资，对创造出口市场也有类似影响，但这么做必须先有资金支出，也就是会先给国际收支平衡带来压力。不过，技术出口需要国内买主投入资金，同时在国际收支中产生直接收入。

大家应该很清楚，新技术及以其为基础的产业，是目前发达国家（尤其是美国）为维持现有生活与经济健康水平的唯一方式。新兴产业充分利用发达国家的优势资源，即受过教育的人。这些新兴产业都是"知识产业"，雇用大量的"知识工作者"，生产知识含量高的产品和服务。然而，发展中国家和穷国只有发展过去50年发达国家的"现代"工业，包括现代农业和生产性农业、汽车工业、化肥和有机化工、钢铁和机械等，才能变得更加富足，更加具有经济竞争力。

20 世纪 30 年代西方发达国家发现，已无法在劳动密集型行业中与日本竞争，包括纺织、鞋类、玩具和缝纫机产业，这些行业的主要成本是无技术性工作的工资。在发达经济体中，无技能劳动力是所有经济资源中最具生产力也最昂贵的资源——人力资源错误配置的结果。30 年后的现在，日本人也渐渐发现无法在这些产业形成竞争力。中国香港、新加坡和巴基斯坦这些后起之秀，才是目前真正具有竞争力的劳动密集型产品的生产者。

同样地，跟日本的情况差不多，西方国家正接近这个时间点，目前"现代"产业，尤其是装配线与大规模生产的产业，无法再与后起之秀竞争。因为随着一个国家对知识与教育的投资增加，大规模生产行业的就业越来越面临人力资源配置不当的问题。

一个经济体的成本，是由最富生产力资源的成本所决定的。因此，任何一种资源，如果其产量远远低于最高产量的资源，其成本必然过高，无法广泛使用。或者简单地说，发达经济体已支付知识成本，因而必须获得知识生产力以维持竞争力。这意味着发达国家不能靠知识含量相对较高的产业维持长期竞争优势，即使过去 50 年，这些现代产业一直在发达经济体中扮演重要角色，情况也势必出现改观。

对知识投资最多、也培养出最多受教育人士的美国，除非能在以知识为主的新兴产业中占据并保持领导地位，否则将越来越难维持在世界舞台上的竞争力、经济绩效与生活水准。

因此，我们是否需要技术变革和新产业都是无关紧要之事。摆在眼前的问题是，如何创造一个高技术变革的时期（也就是新产业可能像一百年前那样快速频繁出现），进入一个经济增长、社会公平、个人可以获得福祉和成就的时期。

2

从国际经济到世界经济

THE AGE OF
DISCONTINUITY

第5章 | CHAPTER 5

全球购物中心

"二战"结束时，所有经济学家都知道：如果法国（或其他任何西欧国家）经济能复苏并再度繁荣，将与美国截然不同。法国必定会发展出符合其独特文化传统的市场和消费习惯。大家都相信，这一点是真的，日本这个"非西欧文化"的国家更是如此，当然这也适用于亚洲和非洲的热带地区。

即使 10 年后，赫鲁晓夫先生访美时仍不断强调苏联"富人"想要的东西，跟那些"资本主义者"和"颓废的"美国人完全不同。比如，他认为苏联就不需要大量的私人汽车。

在这方面，有些人持反对意见，却没有人倾听他们的意见。

当海因茨·诺德霍夫博士在 20 世纪 40 年代末接管被炸毁的大众汽车工

厂时，很想生产像福特 T 型车那样的欧洲车，但在德国他无法说服任何人。后来他取得英国占领当局的支持，因为他们的专家确信这项投资事业绝不会成功，不可能成为英国汽车厂商的竞争对手。

英国人在 20 世纪 60 年代以前一直相信，欧洲共同市场终将失败。英国人主张（大多数专家也认同），大众市场无法符合欧洲的气质和民族主义。不过，英国在 1957 年拒绝与欧陆签署共同市场条约，其实就是英国经济自此陷入困境的主要原因之一。

当然，大众汽车的成功已成往事，英国人迫切请求加入共同市场，苏联也已实施一项紧急计划，通过从西方引进整个汽车厂，成为主要客用汽车制造商。

现在，我们也知道，对 20 年前大家确信的事情提出异议的，不是"美国化"或"可口可乐殖民地"，更不是戴高乐的"盎格鲁 – 撒克逊民族的邪恶阴谋"，美国只是比其他国家较早实现大众消费经济罢了。美国经济只是比较早注重当今各地人们的价值观、需求、兴趣和经济偏好。大众只要轻轻一瞥，即使是从远处看到经济发展前景，也会想从靠工作糊口转变成为通过工作过上舒适的生活。结果，经济学家传统上看不到满足感的领域，现在成为各地人们在意的东西，包括流动性、信息、教育及医疗健康。

如果人们还买不起汽车，至少会先买一辆摩托车；如果买不起摩托车，至少会想办法买一辆自行车。对世界各地的人来说，收音机和电视不再是"娱乐"。不过，对有钱人来说，收音机和电视却是娱乐，因为他们有其他方式可以了解世界。收音机和电视是第一个管道，让大众接触到比农村或小镇贫民区大得多的世界。

在电视在日本上市之前，一家日本领先的电子制造商曾预言，电视不可能普及到农场，农民根本没有钱购买这种昂贵的东西。然而，3 年后日本几乎每户农舍的稻草屋顶上都安装了电视天线。

25 年前，安第斯印第安人仍蓄意破坏秘鲁政府在偏远高地修建的几所学校。他们想尽办法让自己和村庄与世隔绝，也不接触外面的世界。然而，现在缺乏学校却是他们最不满意的一项，其次是没有与外部连通的道路，无法向外运送产品。

印度可能是一个几乎所有工业都不发达的国家，但其制药业却不是这样。在短短的 20 年里，印度已经成为一个高度发达的先进尖端药品市场，与许多其他发展中国家的制药市场一样。

现在，世界各地开始对小奢侈品感兴趣。这些小奢侈品代表人们在经济上的独立性，对经济命运有某种程度的掌控。这些东西是自由的象征。穷人或收入不多的青少年拥有的小奢侈品可能是一瓶饮料、一支口红、一本电影杂志或一颗糖果，新兴中产阶级的小奢侈品可能是厨房电器，富人的小奢侈品可能是高等教育学位。这些小奢侈品并非生活必需品，人们可以把它们当成心理必需品。

在这些新的需求和偏好下，潜藏着一种新的信念：现代人不必忍受贫穷，而是可以促进经济发展、创造富足生活。即使只是 30 年前，这种论调也难以想象。就在大半个工业世界被战争破坏殆尽之际，人们认为在技术和专业管理的时代，贫穷是不必有的，它只是工程上的一个缺陷。人类并非注定贫穷，也不是生来就要贫困度日。

自"二战"起，在极偏僻原始的南太平洋诸岛兴起的"货物崇拜"，也许是这一新的经济世界观最好也最糟糕的例证。南太平洋诸岛上的这些教派相信美国会派神奇的"货船"前来，靠岸后带给每个人先进经济的产物，如留声机、熏肉、晶体管收音机、摩托车和药品等。

最重要的是，经济是由需求决定的。当今世界，无论其实际经济状况如何，无论某一特定地区的现行政治制度如何，都有一个共同的需求时间表，一套共同的经济价值观和偏好。换言之，整个世界已成为一个经济体，其预期、反应和行为都是如此，这是人类历史上前所未有的事。

在这种共同经济行为下，潜藏着一个信息社群。今天，全世界都知道每个人的生活方式。世界经济是由新媒体创造的新观念推动的。首先是电影，后来是收音机和电视。现在，通信卫星在自由世界的上空盘旋（如1970年拉丁美洲也打算发射通信卫星），拉近了安第斯山脉小村庄或马来西亚雨林居民与纽约、伦敦或洛杉矶高速公路上交通堵塞人们的距离。大家都能直接及时体验到别人的生活方式——穿什么、吃什么、住什么样的房子、有什么样生活水平。每个人都了解别人的事，就像以往村落居民对左邻右舍的事了如指掌一样。事实上，每个人都成为别人的邻居。用马歇尔·麦克卢汉的话说，整个世界将变成一个"地球村"。从信息观点看，现在洲际间存在一个更紧密的社群，比18世纪或19世纪都市中贫民窟与豪宅间的关系还紧密。

这些由电子媒体连接的东西远超过人类现状或想象。换句话说，电子媒体连通了世界经济，创造出一个全球购物中心。这就跟先前提到出现的共同需求时间表、共同价值观和偏好一样重要，也一样新颖。电子媒体也创造出一个新社群。

传统上，社群被定义为信息能在一天内传达到的地区。100 年前，这样的社群只是方圆 10 英里或 25 英里的地方。全球各地政府的传统界线都遵循这种社群定义并非偶然，这些地区性政府包括英国各郡、美国小镇、德国各县以及日本直到 1870 年才设置的县。现在，信息在几秒内就能传达到世界各地。"二战"前，人们从美国东海岸到西海岸还要花上 50 小时，现在搭上飞机一天内就能抵达世界各地。只要看看机场内的拥挤人潮，就知道信息对人类想象力的影响。即使在非洲内陆或巴拉圭首都亚松森，人们仍可听到扩音器中传出往来世界各地的飞机频繁起降的声音。对现代人来说，距离再遥远的国家也不如人们在四五十年前要到城郊有轨电车终点站那么远。

如果一个经济体被定义为一个共同的需求模式，那么该经济体也是一个共享信息池。一旦我们共享信息，就决定了相关领域的目标和资源分配的优先序。我们共享信息之时，就会形成一个市场；世界范围的"信息爆炸"使得全世界成为一个经济体。

当今世界经济在本质上与 18 世纪出现、19 世纪在各地成为主导力量的

㊀ 1 英里 = 1609.344 米。

"国际经济"不同。在国际经济中没有共同兴趣、共同需求，就连共同信息也相当少。各国是一个拥有自己的价值观和偏好，拥有自己的市场且不太对外公布信息的独立单元。各国拿过剩的产品交换其他国家生产的产品。国际经济从结构和行为来看，与单个国家的经济不同。传统上，即使是欧洲邻近国家，人们在衣着、建筑和饮食上已大不相同。因此，直到"二战"时，旅游书仍要花很大篇幅介绍这些国外陌生经济体的信息。现在，这些已被认为是民俗。人们拥有什么或想要什么已不是差别所在，真正的差别在于大家能够拥有和购买多少共同的东西，在于贫穷还是富有。不过，大家都隶属于同一个经济社群。

从许多方面看，由国际经济转到世界经济，就好像美国从殖民地经济转到一体化经济。

当初，美国东部 13 个殖民地都热衷于国际经济。事实上，各州在进口和出口方面远比美国建国后更依赖国际贸易；各州与欧洲的紧密互动，远超过各州之间的互动。18 世纪中叶以前，从波士顿或费城到伦敦都比到纽约方便。各殖民州都有独特的产品出口到海外，不论是缅因州的木材或南卡罗来纳州的靛蓝，也有独特的进口需求。

美国成为第一个"大陆经济体"。然而，这并不意味着北美地区是一个大型贸易区，而表示这整个地区有相同的需求、偏好、经济价值观和共同的信息。在北美大陆市场，个人扮演着生产者与消费者的角色，而不是"国际化"的纽约人或弗吉尼亚人（事实上，个人已从原先的"殖民地居民"变成"本地居民"）。这种转变并非突然发生，在美国内战结束后，也就是政治统一的80 年后仍未完成（或许直到 1914 年通过《联邦储备法》，创造了经济与信贷制度，才算告一段落）。但到最后，特定生产者或消费者位于美国的东部、西部、南部还是北部，在经济上都无关紧要，重要的是生产能力或购买能力。

在美国，政治统一先于经济统一。法律事实先出现，之后才产生经济结果。在共同贸易领域出现后，经过几十年才形成共同的经济认知及共同的需求时间表。如同大家一再提到的："美国经济"是个政治想象的行为，而不是经济力量的产物。

然而，目前的世界经济跟政治想象几乎无关。即使是出现政治分裂，世界经济也会形成。共同的需求、兴趣和价值观甚至比贸易单位更早出现。事实上，欧洲共同市场就是对多年前早已出现的经济认知与消费者行为做出迟来的制度性承认。

总而言之，目前的世界经济是一种认知而非制度。综观历史，以美国发展为例，生产者通常在政府的帮助下创造经济单位。消费者没有起到任何作用，他们跟生产者是对立的（如美国早期的情况），或者是漠不关心的。相比较之下，新的世界经济是消费者的巨大成就。**消费者**居住在一个统一的世界经济中，生产者大幅落后，政府就更不用说了。

这就是世界经济的需求面。不过，到目前为止，并没有出现任何世界性的经济制度。因此，我们没有可供世界经济使用的政策工具，也没有方法来预防或解决世界经济危机。

全球货币与信贷

货币与信贷的自主性是现代经济学的重要主题。部分古典经济学家认为，货币和信贷是记录"真实"商品经济活动的工具。现代经济学家（凯恩斯在这方面并非先驱，只是做了 75 年的研究）则认为，货币和信贷是一种自主经济制度，在很大程度上控制（或至少指导）着"真实"经济的运行。古典经济学家希望货币体系被动做出反应，现代经济学家则呼吁采取更加积极主动的货币和信贷体系，建立专门机构实行针对性的货币政策。

不过，两派经济学家都同意，一个经济体必须要有一个可行的货币制度。只有在货币、信用的供给与贸易、投资同步增长的情况下，经济才能发展。他们都认为，穷国特别需要强大的货币体系，否则繁荣时期只要出现一点点衰退，穷国便会被追讨贷款，并受到通货紧缩的挤压。

古典经济学家和现代经济学家都认为，要防止经济波动演变为严重危机，必须建立适当的货币体系。否则，最轻微的经济下滑，也就是仅仅一点擦伤或打个喷嚏，就会导致全球经济崩溃，就像患上败血症或急性肺炎。

古典经济学家和现代经济学家都同意，20 世纪经济的重大衰退，尤其1929～1939 年大萧条的主要原因是，现有的货币体系难以满足国际经济需求，无法解决国际经济面临的问题。

最后，两派人马也都承认，目前世界经济确实没有可行的货币与信贷体系。

黄金已经被妖魔化了，尽管现在仍然试图向外行隐瞒这一事实。无论我们是炒作黄金以维持金价，还是立即停止使用黄金作为货币储备，还是运用巧妙手段让金价维持过去 30 多年的水平，即每盎司 35 美元，并采用其他货币作为世界经济的基础，这一切都无关紧要。我们现在考虑是否把黄金作为货币金属的事实，表明黄金已完成其作为货币金属的使命。

黄金已不再是世界经济的货币基础。美国的国际收支问题与这一状况关系不大。反而，另外两个因素影响更大：一个是世界经济的现实面，另一个是黄金功能的变化。

世界贸易增长太快，难以通过黄金融到足够多的资金。不论国内贸易还是国际贸易，资金需求增长都快于贸易增长，信贷通常比实物增长更快。因此，货币媒介的"符号"经济必须比物品交易的"实体"经济成长更快才行。我们是否真的可以通过创造货币媒介来加速"实体"经济成长（这是现代经济学家推衍出的基本原则）尚未被证实。不过，缺乏充足的货币供应会抑制"实体经济"的发展，这一点却很明确。换句话说，要扩大商品的生产和流通，就要依赖持续稳定增长的货币供应，这一点是显而易见的。

黄金之所以能成为很好的货币基础，是因为黄金的相对稀缺性。因此，当贸易增长快于黄金开采速度时，黄金就不再适合当作货币金属。黄金作为货币金属的功能，只适用于贸易受限且呈静态发展的经济。

就美国国内经济而言，我们在 19 世纪初就发现这一点。目前关于世界货币的讨论，跟 1820 年英国首先出现中央银行时的大辩论极为相似。我们从这场与当时经济分析之父大卫·李嘉图密切相关的辩论中得知，真正的货币经济不能只依赖黄金或任何其他自然资源作为货币供给的基础。一个经济体需要一个中央银行，即一个创造并管理货币与信贷的特定机构。19 世纪国际经济是金本位制度，不过在每一个发达国家，国内经济虽受到金本位制约，实际上却是由管理货币与信贷的中央银行控制和指挥。

世界正逐渐成为一个真正的经济体，150 年前的事件重演，只不过这次是以世界性的规模呈现。

黄金不再是可靠货币单位的第二个原因也同样重要，即黄金作为工业原料的用途越来越多。一百多年来，每本教科书都指出，货币金属不能有其他任何用途，必须完全置身于商业和工业之外，否则货币金属的价值和供给就不单取决于其货币功能。如果一个经济体的货币和信贷体系沦为技术、产业波动以及不重要经济事件反复无常的附属品，这是难以容忍的。

当照相胶片首先开始让大量的银用于非货币用途时，银就不再适合作为货币金属。19 世纪末，当摄影把银转变成一种工业原料时，银的货币基础地位就此结束。现在，同样的情况也发生在黄金上。新开采的黄金用作货币越来越少，而用于工业方面的越来越多，这也是黄金作为货币金属的终结。

因此，提高黄金价格最多只是权宜之计，根本不能解决真正的问题，不过却比美国 20 多年来的务实做法可行得多。在我写这本书时，美国权威人士还坚持主张关键货币概念——以美元为关键货币。

根据这一概念，一国的货币同时也是世界经济的货币。然而，根据李嘉图的观点，这两项功能难以共存。即使运用再怎样巧妙的方法，也无法调停两者之间的冲突⊖。

如果规模较大的经济（按我们的情况来说就是世界经济）继续增长，货币与信贷供应也必须稳定增长。根据关键货币概念，这意味着世界经济可用的关键货币供给（过去 20 年来是指美元）必须一直不断增加。因此，世界经济越增长，美元的国际收支逆差就必须越大，否则世界经济就会被"流动性危机"抑制，就会为执行交易业务的货币与信贷短缺所困。

这种做法有一个限制，而且很快就会出现。首先，在世界经济中的其他国家，不会无限期地接受单一成员国的货币。不久后，大家迟早会要求"关键国家"整顿其金融机构，在国际账户中保持更适当的平衡。然而，这表示要削减世界经济的信贷供给。以关键货币为本国货币的国家经济越成功，就会越快陷入重大又不可避免的通货紧缩危机，而且经济越成功，危机就越严重。

然而，对关键国家而言，关键货币的概念也是个无法忍受的威胁。只有在外国人接受货币承诺即接受关键国家的货币的情况下，这个概念才有效。不过，只有外国人有理由确信能随意将这些承诺转换成本国货币，才可能接

⊖ 在李嘉图时代，这些讨论是在国民经济的背景下进行的。当时的关键货币是一个国家内商业银行发行的货币，同时也是一种交换媒介以及银行为企业融资的形式。

受。因此，世界经济在关键货币的概念下运作越成功，"挤兑银行"的危险就越大，也就是向关键国家挤兑的危险越大，且关键国家因自身货币体系崩溃而瘫痪的风险也越高。

不过，这却是自"二战"结束以来美国一直奉行的政策。1946 年布雷顿森林会议上，确立了战后的货币体系，当时最伟大的货币经济学家凯恩斯警告不要采用关键货币的方法，而是提出一种真正的国际货币（他称之为"Bancor"）。凯恩斯知道，关键货币概念的真正危险不在于经济面，而是这个产生关键货币的国家会因自身的优越感而骄傲自大，然后必定铸成大错。

凯恩斯意识到了这一点，因为他曾目睹自己的祖国英国在"一战"后就发生了此事。当时，对英镑作为关键货币角色的过于骄傲，导致了英国货币于 1928 年重新建立老的国际汇兑价值，但这种价值对"一战"后的经济状况来说是太高了。凯恩斯当时尖锐地批评了这一错误，这无疑是 3 年后导致英镑大幅贬值、经济大萧条席卷全世界且影响深远的主因之一。

美国这些年来一直在浪费时间，而时光一去不复返。原本在肯尼迪总统上任后，我们就可能提出以真正世界货币体系的形式带来持久有效的解决方案。当时美国既有经济优势，又有政治领导力。为建立这样一个体系而努力的法国，当时既没有经济资源也没有政治权力，甚至无法扮演反对派角色。应该说，美国对这个问题并不陌生，1960 年时有关世界货币改革的提案非常好且广为人知。但美国政府并没有推动这些改革，反而在 1965 年前打压各项提案。

跟英、法一样，美国这种奇怪行为是有原因的。这个问题的**经济面**十分清楚，但**政治面**却有很大问题。虽然从经济面看，世界是一个单元，但就政治角度看，世界却日渐分裂。早期最大的统一经济——美国经济，是政治先于经济的结果，而目前的世界经济却是在没有政治基础的情况下出现。

不过，许多国家一直认为"铸造货币"是政治统治者的特权，事实上，也是政治统治者的必要标志。我们需要的世界货币体系，不需要任何政治权力，也不是"超国家的"，而必须是"非国家的"，必须不是由政治权力掌控世界货币和信贷供给，而由技术来决定其功能，也就是纯粹从经济上来考虑。我们创立现代中央银行时，就等于某种程度上解决了国内货币供给的问题。然而，各国一方面要求中央银行遵照政府政策，一方面又要求货币信贷必须是"非政治的"，而且仅以经济面来决定。两者间持续不断的冲突表明，为世界经济所需创造"非国家"的货币和信贷功能，将是一个非常艰难的政治创新。

当然，每个国家都拥有完整货币主权的想法非常荒谬，即便这种状况曾经存在，一旦国际经济出现就会随即消失。各国必须根据其在国际经济中的地位状况，不断调整国内货币和信贷政策。今天的英国工党政府不是最先发现这一点的政府，但也不是最先憎恨这一点并寻找替罪羊的政府（尽管此前很少发生像英国在 1967 年挑选苏黎世地精⊖（作为替罪羊那样的荒谬情形））。尽管管理一个世界经济的货币和信贷体系的权力有限，会受成员国严格的监督和管控，但仍旧是一项"权力"。拥有这项权力，当然要兼顾全体会员的权益。因为我们需要的是既能为世界经济做出最佳决策，也能预测整体经济形势的机构。这些决策并不总是符合各国的最佳利益，也未必是由多数票决定，却必须是负责世界经济货币体系的最优秀专家研判的结果。因此，难怪

⊖ Gnomes of Zurich，指投机的国际银行家。——译者注

戴高乐总统领导了反对任何针对这种体制的运动。也就是说，他正是当今世界最直言不讳也最坚定不移的传统国家主权的代表。

萌芽期的机构

19 世纪末 20 世纪初美国货币体系的历史就跟我们目前的困境极为相似。这段时间结束时，正好 1914 年联邦储备制度出现了，这是政治上看似不可能却能完成的最佳实例。

现在，我们知道布赖恩和他的白银集团在 19 世纪 90 年代所持的见解有对也有错。他们认为美国经济增长，特别是穷人及债务人的生存，受我们目前所称的"流动性危机"所困，这个观点是对的。不过，他们错误地认为，将白银货币化也就是让国内通货膨胀，就能解决此危机。

不过，东部保守的银行家、一群"金本位拥护者"的见解也是非参半。他们反对布赖恩的做法，这是对的。然而，他们认为除了农民和制造商缺乏远见所带来的危机和问题外，就没有其他的了，这一点是错误的。"金本位拥护者"根本不认为有问题存在，因为强大的经济优势让他们能垄断现有的货币和信贷供给，但对其他地区的美国人来说，的确存在问题。

19 世纪 90 年代末，南非和阿拉斯加等地新发现金矿产地，让黄金产量激增，也延缓了危机的出现。这件事确实达到目前提高黄金价格所能达到的效果，但 1905 年危机再度出现，直到 1914 年建立联邦储备制度时，这个问题才得以解决。联邦储备制度为美国提供了一个金融机制，既集中管理货币与信贷，也允许地方自治。事实上，联邦储备制度能以同样的信贷额度，发挥以往经济制度下两倍以上信贷额度的效果。

这两段历史的类似程度，还可以进一步延伸。联邦储备制度被推迟到几乎为时已晚的地步才成立，主要原因是纽约银行家间的竞争，特别是摩根、洛克菲勒和斯蒂尔曼集团的竞争。同样地，目前富裕国家之间的竞争（尤其是美国、英国和西欧国家），也延误了采用必要的世界信贷机制，且早已过了关键时间点。

从某个重要方面来看，世界经济的状况比美国 70 年前要好得多。

"一战"前，没有机制能完成这项工作。大家唯一知道的是那些无法奏效的制度：对现有做法的无政府状态和扼制。纽约的大银行各自管理一套货币体系，互相竞争，以目前货币观点来看就是各自声称为整个国家提供关键货币。同质性高的欧洲小国设立中央银行的做法，一直不适用于美国这个多样化的大国。当弗雷德里克·沃伯格对货币体系的混乱深感绝望时，发明了联邦储备制度，大家必须有信心地接受这一制度。

不过，我们目前有一个机构通过过去 20 多年的服务证明了自身的价值。这个机构就是国际货币基金组织。国际货币基金组织成立于 1946 年，自那以后陆续受到特别能干的理事长领导，比如瑞典人佩尔·雅各布森和现任理事法国人皮埃尔·保罗·施韦策，都让该机构备受世人尊崇。

换句话说，如今我们可以迅速展开行动，不经过太多立法程序，不需要一大堆政治辩论，也不需要众声喧哗，因为这类行动中最重要的事已经完成。我必须重申，我们已将黄金去货币化，这是考虑到各方面的目的和意图，无论是中央银行、经济学家，还是财政部部长都同意这样做。一旦社会大众发现，这将会是个严重的打击，但届时木已成舟。

事实上，我们 1967 年时采取了一种技术性强但内容含糊的协议。在该协议下，国际货币基金组织会员国政府创造一个新的货币资产，称为"特别提款权"。这项重大协议取决于特别提款权的使用方式。然而，特别提款权可能成世界经济中第一个真正的货币机制。

不过，我们仍有可能在这个过程中扼杀世界经济，给自身带来严重危害，因为缺乏一个与过去 20 年经济成就相适应的货币和信贷体系。我们可能会把世界上最严重的经济危机抛到脑后，主要是因为缺乏政治勇气，对美元作为关键货币的作用感到自负，而且因为我们 20 年来更喜欢聪明而不是正确。

世界经济需要的第二个机构是：一个在经济运行和观点上不完全是以国家为主的生产和分配机构。世界经济需要有人代表其利益，以对抗不同会员国偏好和特定的利益。世界经济需要一个能真正关心世界经济福祉的机构，一个以服务世界经济，而非以服务任何个别国家经济为目标的机构。

传统上，这类机构一直都属于政治机构，由政府担任。不过，世界经济是一个经济社群，所以代表世界经济的机构必须是一个经济机构，而非政治机构。当然，该机构一定尊重各国政府机构，否则就不可能发挥作用。因为各主权国家尤其是发达国家，更不会接受任何形式的超政府机构。

其实，我们身边早就有这类机构。过去 20 年，这类机构的发展可能是世界经济中最重大的事，也是从长远看将带来最大利益的事，这类机构就是"跨国"企业。

长久以来，企业营运已遍及全球。19 世纪时就有东印度公司这类大型贸易公司及商业银行家，尤以伦敦为甚。制造业也早就在海外投资。国际收割机、辛格缝纫机、标准石油和福特汽车等公司，几乎都是在美国营运顺利之际，就开始在许多国家生产和销售。瑞士的化工和机械企业、荷兰的电子和化工企业很早就开始在国外设立分公司，因为这两个国家的国内市场太小，无法有效营运。

即使是瑞士和荷兰的公司，昨天的国际业务与今天也不同。以前，母国以外的"子公司"主要是因关税障碍影响母公司出口而设立。子公司通常是由母公司管理，也由母国人负责管辖，且子公司的营运完全服从母公司的需求和利益。事实上，子公司根本别无选择，只是作为母公司产品出口海外的销售机构；子公司本身并不是跨国企业的成员，而是单一国家企业的附属机构。

这种差异首先体现在管理结构上。在以往国际企业里，子公司的管理高层通常也是国内营运、也就是母公司的管理高层，因此主要关注的是母公司的国内市场。在管理上，外国业务或国际业务只是附属，管理高层必须先花时间满足母公司的需求，剩余时间才能考虑国外营运。

阿尔弗雷德·斯隆在20世纪20年代为通用汽车公司建立的知名组织结构，在大多数管理教科书中被称为"最后箴言"，这个组织结构将这点说得十分清楚。美国企业国内营运分为几个大事业群，分别由高层管理者担任事业群主管。所有国际营运则属于一个独立事业群，但该事业群的最高主管并不是公司高层管理人员，也不属于管理企业的主要委员会。

相比之下，通用汽车公司在 1967 年采用的组织结构，却把企业管理高层跟任何地区的营运分开，不论美国、欧洲、亚洲，还是非洲的营运都一样。虽然在管理结构上美国仍占主导地位（表示通用汽车的组织仍大幅滞后于业务发展），但至少目前海外营运部分是由跟管理高层地位相等的事业群主管领导。

越来越多的情况是，跨国公司的最高管理层跟任何地区的营运都没关系。营运单元不是依地区设立，而是根据发展阶段确定。发达国家可能是运营管理的重点区域，美国、加拿大、欧洲和日本就形成第一梯队，南美洲、印度、中东等地区的发展中国家可能是第二梯队，剩下的就是其他欠发达地区。

"二战"后迄今这段时间内的跨国企业，大多是经过深思熟虑规划的结果。这类规划把整个自由世界经济视为一个整体，然后试图找出经济资源能产生最大成效并带来最高报酬的地方。现在的理论根据，不再是因为关税障碍影响出口，而是跨国企业有必要根据现代技术、经济运作、低成本生产及大规模配送来规划、组织和管理所需的技术和资源。

跨国企业逐渐倾向于以世界经济的方式来运作。在欧洲营运，在日本参与合资企业或在印度开设化肥厂的美国企业都是如此，瑞士制药企业也是一样。"二战"后，瑞士并未投入资金扩大欧洲的营运，反而有计划地将资金投入美国子公司扩大经营，让子公司超越母公司的规模。

在管理人事方面，跨国企业也雇用不同国籍的人。在科学和技术研发方面，雇用不同国籍人士的情况日益增加。

　　"二战"以来和整个大战期间，根本没听说过发展中国家的人能担任该地外国子公司的高管职务。印度第一位担任西方国家外资企业资深管理职务者——联合利华子公司印度斯坦公司的主管，也是"二战"爆发后才被委派的。多年来，纽约工业和贸易公司格雷斯建材公司几乎是唯一起用拉丁美洲人担任该公司位于秘鲁、智利和哥伦比亚等地子公司管理层的企业。不过，格雷斯建材公司原本是由爱尔兰籍老板创立于秘鲁，不久后才迁往纽约市的。

　　现在，虽然像IBM、玉米产品公司和位于新泽西州的标准石油公司这些美国大企业，以及英荷壳牌石油公司，聘请外籍人士担任母公司最高层，但这种情况仍属罕见。不过，在跨国企业里高层以下的外籍员工人数将逐渐增加。

　　总部位于欧洲迄今犹存的最后"城邦"巴塞尔的瑞士制药企业，以往不允许任何巴塞尔居民以外的人担任管理层，这一点众所周知。现在，该公司负责科学研究的最高主管是法国人、负责全球营销协调的是美国人，他要决定公司旗下哪一家工厂（是瑞士、其他欧洲国家、英国、日本还是美国的工厂）该供应哪个药品给公司在世界各地众多市场中的哪一个市场。

　　即使只为了找到合格的人选，研究开发活动也逐渐转向跨国化。

某家美国制药公司就在英国和法国分别设立了一个大型研究中心，并与某日本企业在东京附近设立一个共同研究中心。IBM 至少在 5 个国家设立技术中心，包括美国、英国、德国、法国和日本（不久后有可能在拉丁美洲）。这方面的例子可能越来越多，名单越来越长。

这种情况发展下去，将产生巨大影响，尽管政府决策者还没有认识到这一点。

欧洲某位知名经济学家最近在会议中说，欧洲共同市场已成为事实而非纸上谈兵，这是美国跨国企业的成就。这也是法国记者塞尔旺－施莱伯的著作《美国的挑战》（ *The American Challenge* ）所讨论的主题，这本书从 1967 年出版后就在欧洲成为畅销书。美国企业假定共同市场是合理的，这些企业习惯大市场的操作方式，也知道自己在经济上的影响力和重要性。因此，1957 年签署《罗马条约》时，美国企业就开始从欧洲统一市场，也就是货物、人才和资金可自由流动的角度来进行规划布局。

到目前为止，很少欧洲企业扮演"欧洲人"的角色。荷兰、瑞士和瑞典是例外，这些国家的企业已"跨国"一段时间。总的来说，德国人没有看到或了解这个机会。英国人除了少数人例外仍重视"海外"而非欧洲市场，法国政府强迫法国企业主动抵制欧洲统一。

尤其是戴高乐强迫法国企业遵守一个方针：要求无法在一体化欧洲市场

中顺利竞争的小公司和弱势企业合并。不过，这个方针对法国企业、法国国家和整个欧洲都十分不利。此举产生的企业不是规模太小就是太大，小公司想法太狭隘，一样无法在欧洲市场上胜出；大企业规模又大到一旦营运出问题，就会让法国经济陷入困境。戴高乐这么做只完成了一件事——法国政府势必最终接管强加给法国的纯粹"恐龙企业"。因为不久之后，各行各业都将陷入困境。

要不是美国企业，不论《罗马条约》条款或部长会议做出何种决定，欧洲共同市场都将遭到破坏。由于欧洲政府的支持与怂恿，大多数欧洲企业都固守狭窄的地域观念。然而，美国企业的存在，让欧洲共同市场目前得以运行。施莱伯指出，在欧洲的美国企业是世界第三大产业联合体，总产量已超过德国和日本。

同样地，如今在拉丁美洲的跨国公司（当然大多是美国企业，不过也有一些荷兰、瑞士、英国的企业），正以拉丁美洲及拉丁美洲共同市场的视角进行规划。大多数拉丁美洲企业甚至政府都担心，该如何自我保护以对抗经济一体化。外来的跨国企业则把拉丁美洲的经济一体化视为理所当然，不但认为此事有利，还问："我们如何才能加速拉丁美洲一体化？"

大多数拉丁美洲人都知道，经济一体化对拉丁美洲的经济增长至关重要。不过，我在1967年春天参加一场拉丁美洲企业人士会议时，讨论的主题却是如何避免拉丁美洲共同市场带来的损害？与此同时，美国跨国公司辛格缝纫机公司就在同一个饭店举行了一次拉美经理人会议，讨论如何充分利用拉美经济一体化。几周后，在拉美的某家知名荷兰企业也举办了一场类似的会议。

同样重要的是，跨国公司的贡献是人类发展的动力源泉。

在当今贫穷国家，最令人鼓舞的发展是出现一小群人积极主动地为社群发展承担责任，他们就是我所说的"企业家"。虽然他们大多来自企业，但并不局限于企业。他们可以是当地医院和大学的负责人，也可以是住宅问题、公众健康和当地政府的负责人。这些企业家是几年前阻止巴西陷入无政府状态的幕后推手。他们是印度经济发展的推动力量（众所周知，事实证明印度政府只会阻碍发展，而非促进发展）。这些团体领导人通常一开始就是跨国公司在当地子公司的管理者，或者是跨国公司在当地合资企业的合作伙伴，在南美洲更是如此。

因此，就实现经济社会发展的最重要工作而言，跨国公司正好提供了最有效的工具：领导者的培育发展。

最后，跨国公司也是迄今为止唯一能建立真正的跨国经济共同体的机构，同时还能尊重国家主权及当地文化。

跨国公司的管理层会议是目前唯一真正意义上的超大型会议。在这类会议中，不同国籍人士以自己的文化为傲，大家因一个共同目标而团结在一起。这个目标是经济目标，因此很容易界定、评价与控制。

跨国公司还是一个最不完善的机构，在组织、人力、沟通方面都存在许多问题。不过，最严重的问题是：如今在大多数地区的"跨国公司"都是"美国公司"。即使有许多非美国的跨国公司，美国跨国公司数还是远远超过其他国家。事实上，美国的跨国公司如此引人注目，以至于很少看到其他国家的跨国公司。

瑞典跨国公司的增长速度可能比美国快得多。瑞士或荷兰公司可能在某个小国主导某一产业。比如，荷兰的飞利浦公司在许多拉丁美洲国家就是消费电子产品的龙头企业。不过，拉丁美洲人谈到"八爪鱼"时指的并不是飞利浦公司。其实撇开石油公司不谈，在美洲各国称霸的大企业邦吉波恩公司并非来自美国，而是一家阿根廷企业，但拉丁美洲人知道此事者少之又少。邦吉波恩公司生产食用油、化妆品、涂料和香皂的工厂遍及拉丁美洲。拉丁美洲人讨论到"跨国公司"时，即使知道邦吉波恩公司的人（虽然为数不多），也认为这家公司的规模比美国公司（如格雷斯建材公司）要小得多。

当然，因为在美国公司中，庞大企业的经济实力是跟世界最富裕、最强大国家的政治经济实力结合在一起的。没有人害怕瑞典或瑞士的"帝国主义"，但美国跨国公司就代表美国，代表管理能力，也代表着强权。因此，不管美国的跨国公司在经济资源上能为地主国带来多大好处，在政治方面还是蒙上了一层阴影。

由于美国政府，无论行政部门还是国会在这方面一向都不敏感，让情况更加恶化，这比戴高乐将军针对跨国公司采取的措施更糟。戴高乐将军反对跨国公司只是因为其跨国界运营，但美国政府虽然无心却希望跨国公司全部都属于美国。

美国国会的政客和政府官僚都坚持认为，美国公司的国外分子公司是美国的延伸。这样做不仅表明，美国公司的国外分子公司要服从法令（反托拉斯法即为一例），而这些法律与分子公司所在国的法律观念矛盾。同时，美国政府的规章强迫已是所在国合法公民的美国企业的国外分子公司，必须遵守根本就违反所在国政策的美国政策。

这种态度及其可能造成危害的一个例子就是，我们在与一些不同制度的国家做生意时，对在加拿大但由美国母公司控制的公司强加了特殊规定。也许，没有什么比这对法律权利的主张更能引起人们对加拿大由"美国支配"的怨恨了。

跨国公司对美国而言是非常有利。投资于海外子公司的每 1 美元，都能在相当短时间内为美国出口创造极大利润，还有源源不断的红利。事实上，过去 20 年的海外投资，除了让美国继续维持过度支出的对外政策，也促进了美国的充分就业，这大多是由跨国公司通过出口及分红实现的。总之，美国跨国公司的外汇收益已成为美国国际收支的最大收入来源。

但最重要的是，跨国公司是迄今为止唯一有效地推动经济发展的工具，其效果远胜于政府的任何援助计划。因此，为了美国的最大利益，为了发展中的和平繁荣世界的最大利益，需要强化跨国公司这个工具。跨国公司唯有扮演好"跨国"机构的角色才能发挥效力，如果忘记这一点，就太没有远见了。

然而，如今美国政客和官僚们仍生活在一个美国独大的世界里。他们认为国际礼法只约束外国人，而不针对美国政府。即使在"二战"后，美国成为全世界唯一健康且强大的经济体时，这种想法已是相当愚蠢。况且，20世纪50年代中期发生苏伊士运河危机时，美国独大的时期就结束了。现在，美国需要外部力量，正如同外界需要美国一样。除非能顺利推动贫穷世界某些重要地区的经济发展，否则美国的经济实力将一文不值。因此，这就要求跨国公司做好这个分内工作，到目前为止，只有跨国公司能把这个工作做好。这意味着利用跨国公司这个最重要也是最脆弱的工具，需要秉持自我约束并尊重他人的态度，这项工具需要的注意和关照远比美国政府目前给予的多。

如果"跨国公司"仍是"美国公司"的一种委婉说法，那么跨国公司将无法持久。因此，如果跨国公司这类机构要生存下来，"非美国"的跨国公司快速发展就显得至关重要。例如，日本迅速成长为自由世界第二大工业强国，发展出自己的跨国企业，对世界经济体系非常重要，也符合日本的当前利益。因为除非日本能在海外设立制造业子公司，尤其是在发达国家，否则就无法进一步增加出口。当日本工业日益发达、技术水平不断提升时，所需要的出口市场只能由跨国公司的分子公司提供。

同样地，欧洲如果要在世界经济体系中生存和竞争，就必须培育新的跨国公司，这些公司不能只局限在欧洲大陆，也要跟对手美国一样，有能力在世界任何地方运营。事实上，如果欧洲公司只把运营范围局限于欧洲大陆，过去15年欧洲经济大复苏的情形就不可能出现。因为从作为现代大规模产业的基地看，不仅欧洲单一国家的市场太小，就连世界任何单一地区的市场也太小。世界经济需要的是能在全球各地营运的企业，能以世界经济的视角去思考和规划的企业，以及能在整个世界经济体系进行生产和销售的企业。

同时，我们需要为跨国公司制定法律和政策。跨国公司必须是其所在国名副其实的"公民"。不过，需要鼓励跨国公司在经济政策方面，在为管理层、科学家和技术人员提供机会、报酬和奖金等方面，尤其是在对经济的看法上，应该是真正做到跨国化。必须鼓励（至少不要打压）跨国公司成为世界经济一体化的代表，这表明我们必须改变美国公共法律和政策来鼓励这类发展。

之前我说过，过去 20 年促进经济增长与发展的传统产业，从现在起在贫穷的发展中国家可以发挥最大潜力。在这些国家里，钢铁、制药、电子、食品加工和其他传统产业依旧是成长型产业。事实上，这些国家可以通过引进技术、营销知识和管理能力等方法把上述产业培育发展为主导产业。单为了这个原因，就应该培育发展跨国公司。跨国公司是我们目前拥有的最好工具，能让我们在发展中国家培养创业、管理和技术等方面的能力，同时也在当地号召、训练愿意且能为国家与社群贡献领导力的爱国者。不过，除非能让跨国公司成为一个更好的机构，否则它们无法生存。跨国公司在企业使命、从事工作、所在国表现及本国政府对待它的方式上，都必须真正跨国化。

世界经济还不是一个社群，甚至还称不上是一个经济社群。不过，"全球购物中心"的存在是一个无法逆转的事实，一个为全人类经济服务的愿景不会再被忘记。毕竟，世界性的货物运输、服务和生活方式将越来越普遍。

世界经济要成为一个真正的社群，就必须让目前仍处于初期发育阶段的跨国公司更加成熟，必须要有货币和信贷体系可以让购买力与投资流通。富裕国家或许就算没有这套体系，也能繁荣发展，因为即使没有适合的货币体系，货币和信贷也会流向它们。但对穷人而言，除非有一个运作健全且妥善管理的货币体系，否则连原本仅有的钱也都留不住。

世界经济需要跨国企业，这些企业以全球性的经济为主，而非狭隘的区域经济，以拓展机会、促进共同成长为主，并有能力发掘、培养负责任的领导人才。

世界经济是一项伟大成就，这个成就属于企业，而非政府。世界经济是"二战"以来的一项巨大成就，也是经济增长的大好机会，同时还是在支离破碎、充满冲突的世界中寻求团结一致的良机。

第6章 | CHAPTER 6

让穷人富有生产力

世界经济既提供了和平与增长的大好机遇，同时也为世界改革带来新威胁——全球穷人（大多为有色人种）对富人（大多为白种人）发动战争的威胁。贫富差距比以往任何时候都要大，即便在同一社群中这种差距也在拉大。这是种族之间的差距，而非阶级之间的差距。

这是一种新现象。16世纪时，中国比英国富裕得多。不过，在伊丽莎白时代，中国绅士与英国绅士的生活水平不相上下，两国穷人的生活水平也差不多。现在，英国工人却过得比大多数国家的工人好得多，美国工人的生活就更不用说。目前，发达国家的工人，即使是这些国家中靠救济度日的穷人，都算是世界上"富有的"人群。世界已被划分为两部分：一部分是知道如何创造财富的国家，另一部分是不知道如何创造财富的国家。在富裕国家，技术在顺利解决贫富悬殊方面表现突出，用的方法不是让富人变穷，而是让穷人变富。因此，技术也在很大程度上战胜了19世纪一直挥之不去的幽灵——工业社会的阶级战争。但取而代之的新问题是不同国家间、不同文明间在收入与机会上出现前所未有的差距。

即使这种差距早期就存在，也不会有太大影响。如果 400 年前最贫穷的中国人过着英国公爵般的生活，但英国人并不知道，如同美人鱼、独角兽和其他寓言故事一样，只是将这些记录在旅行手记中。然而，现在我们坐在客厅里看电视，就能知道别人每天如何生活，这是一种直接、个人的、即时的体验，因此这是同一社群内的差距。

这项差距主要是**种族**之间的差异。最近，讨论"南北差距"已蔚然成风，似乎意味着气候成为 2/3 的人类无法突破工业化前贫困的罪魁祸首[⊖]。不过，这是非常危险且自欺欺人的委婉说法。目前仍处于工业化前期的最大单一民族——中国位于北半球，还有印度位于北半球，绝大多数印度人口都在北半球生活。拉丁美洲各国的人口中心都位于温带气候，包括墨西哥城、布宜诺斯艾利斯、波哥大、利马、圣地亚哥、圣保罗甚至里约。事实上，除了日本人之外，世上所有富裕国家都是以白种人为主的国家，苏联当然也包含在内，而贫穷国家除部分拉丁美洲国家，都是以有色人种为主的国家[⊖]。

种族分裂在美国表现得特别明显。在美国，穷人主要以黑人居多，这些黑人确实是最富裕国家中贫穷种族的代表。因此，美国黑人问题是最主要、最严重，或许也是最危险的世界性问题。如果美国这个经济最发达、技术最先进、管理最有成效的国家，都无法替国内非白人少数民族带来经济和社会的发展，那就证明白种人和有色人种之间，存在着无法逾越的冲突。这同样意味着，解决美国国内的黑人贫困问题、迅速提升黑人的发展能力，可能是

⊖ 这种观点来源于 Gunnar Myrdal 出版的 *Asian Drama*（纽约：Pantheon Books，1968）中的一篇论文。

⊖ 即使在拉丁美洲，这种分裂也主要是种族间的，例如，在巴西快速发展的白色工业三角区（里约、圣保罗、贝洛奥里藏特）和东北部贫穷且完全是黑人居住的悲惨地区之间，或者在不断发展的西班牙语的利马人和贫困的安第斯印第安人之间。

对世界种族问题的最大贡献。美国国内的黑人，是仍然生活在前工业化时代的农村人的代表，也是"殖民主义"最严重的问题，即全球白种人与有色人种间日益严重的不平等。

不过，种族无法说明一切，非白种人显然也有发展能力。例如，日本人就不是白种人，从基因上来看他们更不是"犹太教与基督教共有传统"的一部分。中国香港、中国台湾和新加坡这三个华人社群，过去 20 年内在经济社会发展方面一直展现出惊人的能力。同时，那些欧裔南美洲人显然一直没有这种能力。况且，西班牙或西西里岛的大多数地区，比拉丁美洲"还不发达"或"更加殖民化"。

不管是什么原因（我们现在已知道原因有很多方面），这种分裂显然都将被克服，要么穷人变得更富有，要么富人不再长期富有。

有人预言，到了 2000 年，北美洲、西欧和日本等发达国家每周只要工作半小时，生活水平就能比目前高许多倍，这当然是不可能的事。当社会上有 2/3 的人每周必须辛苦工作 80 个小时才能糊口时，其他 1/3 的人怎么可能闲散度日。在大家都知道别人如何生活之际，这种情况更不可能发生。当世界经济成为一个全球购物中心时，这更是天方夜谭。如果穷人最多能维持现状，富人就无法更富有。战争就是避免这种事情发生最显而易见的方式，也是我们非常不喜欢的方式。一直以来，人类发现破坏财富比创造财富更容易。越南战争或许无法阻碍工业世界生活水平的提升，却能让越南人无法获得日益增加的闲暇时间。

50 多年前，也就是"一战"以来，没有一个国家成为先进工业国，这是世界经济面临的一个重大社会和政治问题，也是"一战"前 50 年和后 50 年最大的对比。1860~1910 年，大约每 20 年就有一个新的工业国家出现。这让全世界都相信经济发展的确会发生，以至于没人认为有必要构建一个"经济发展理论"，甚至没有人想得太多，经济发展已被视为理所当然。

不过，最近 50 年情况却并非如此。除非我们能做到让足够多的地方表明发展与种族无关，而是正确的政策和努力的结果，否则就会面临比 19 世纪和 20 世纪初阶级战争更可怕的幽灵——国际种族战争。

毋庸置疑，这对富裕国家来说当然是最大的威胁。贫穷的有色人种国家几乎没什么损失，美国和苏联将是最大的输家。在这类种族战争中，日本将陷入绝望的两难境地：要么基于经济和社会立场而效忠于白人世界，要么基于自己的文化传统和肤色而效忠非白人世界？不论做何选择，都不会自在。

历史证明，这类种族战争未必会发生。目前的国际形势跟 1870 年或 1880 年北大西洋发达经济体的国内形势非常相似。当时，大型经济社群从分散、独立、大多自给自足的经济单元中突然出现，然后，还有一个群体——大到可以很明显地看到但仍属少数的人群快速致富，而大多数人似乎越来越穷。当时，美国、英国或德国的有识之士都知道，技术的应用只给少数人带来巨额财富，大多数人却依旧贫困，两者间的紧张关系变得让人难以忍受。

阶级战争在亨利·詹姆斯的脑中打转。詹姆斯于 1886 年所写的小说《卡萨玛西玛公主》（*Princess Casamassima*）中，就预言社会灾难必定降临。阶级战争也在银行家 J. P. 摩根和史学家亨利·亚当斯，以及爱德华·福斯特、易卜生、葛哈特·霍普特曼和左拉的脑海中翻腾。1880 年时，相信有办法避开社会灾难需要极大的勇气，否则会被认为自以为是。因为即使乐观主义者也无法预知，那个方法可能是什么。

然而，当马克思 1883 年去世时，西方世界工人阶级的领导权已被所谓的改革份子弄丢了，这些人包括英国的费边社社员、美国的劳工领袖及德国的修正主义者。

大约 20 年前，杜鲁门总统在第四点计划中，宣布了贫穷国家的经济发展目标。

这方面的成效令人印象深刻。事实上，从数字上看，经济增长的确比 1950 年时乐观主义者的大胆预测还要好很多。在欠发达国家，特别是南美洲的许多地方，工业生产一直迅速增长。从人口和购买力看，拉丁美洲的城区比意大利拥有更大的市场，不再是欠发达地区。虽然这里依旧贫穷，但经济蓬勃发展。拉丁美洲的主要经济体不仅包括工业化的巴西，也包括墨西哥和哥伦比亚的主要城市，可能都已接近经济成长的"起飞点"，准备快速开启自我推动式的增长。如今，拉丁美洲人会说："拉丁美洲不再是欠发达地区，只是管理不善罢了。"

同样地，在印度这个穷人众多的国度，也出现相当规模的现代经济，约有 10% 或更多的人口（5000 万左右）已摆脱贫困。巴基斯坦和伊朗的经济也增长迅速。

最鼓舞人心的也许是，当所有人都对防止全球饥荒一事不抱希望时，农业生产力和产量却突飞猛进。欠发达国家粮食产量的增长超过了 1950 年的预期，拉丁美洲西岸和阿根廷的情况都是如此。不过，众所周知，由于人口增长如此之快，导致整个 20 世纪 60 年代人均粮食产出几乎难以保持平衡，在发生干旱的那几年，印度的情况就相当危险，粮食产出已减少到难以维持生计的地步。不过，在 60 年代末，因为新种子和新品种的出现，以及更多种肥料可供选择，再加上让农民开展农业营销的适当激励，这些因素综合作用后，情况得以改观。

粮食产量增加 4%，每英亩产量增长更多，就像 60 年代报道的一样，这已在人类历史上创下新纪录。如果这种增长继续下去，到了 1985 年，世界各地的粮食产量会翻一番。这项进步——特别是东南亚和印度有许多高产的水稻、小麦新品种的迅速推广，让一些保守甚至持怀疑态度的观察家首度持乐观态度。

莱斯特·布朗是美国农业部的国际专家，同时也是1970年以前世界性饥荒早期预测的负责人，在那之后，布朗的悲观主义论调让他在农业专家的行列中失去了信誉。1968年冬天，在华盛顿举办的向饥荒宣战第二次国际会议上他表示："欠发达国家特别是亚洲的许多闹饥荒且人口密度高的国家可能正处于农业革命的门槛上。此外，我们正目睹食品技术的进步，如果这些技术可以商业化，就能以更低的成本生产高品质食物，提供给数百万人。"布朗继续坚持认为，到1975年，自由世界中的贫穷国家（包括印度在内）将为所有人提供充足的饮食，只有南美洲西岸是个例外。

大家可以继续引用统计数字，证明过去20年美国的发展政策是否有效。然而，从证据中发现，大众普遍感到失望，这反映出大家对已有成就视而不见。可以说，如果不是因为"人口爆炸"，人均收入的增长速度会比20年前预期的还要快。进一步说，自1956年以来，拉丁美洲经历了历史上最严重、最长期的经济萧条，至今仍显示出持续发展的能力。有人可能会说，发达国家和发展中国家的期望都不切实际。尽管"希望整个世界在一、二十年内有所转变"，是许多人对杜鲁门总统的"第四点计划"和肯尼迪总统的"十年发展"口号的理解，这样想却实在是太愚蠢。或许有人争辩说，发展其实没有失败，只是正当我们在发展上的努力真正要开花结果时，没有勇气继续为发展付出所需的努力，才是唯一的败笔。

这些主张或许都没错，不过公众可能还会怀疑。况且，公众的想法很可能是对的。正如杜鲁门总统所认为，也正如我们这 20 年所见，经济发展已经失败。因为无法实现一个重大成果：产生新的成长型经济的样本。援助带来了大量的物品和就业机会，但到目前为止并没有带来新愿景。虽然经济增长相当可观，目前为止在政治和道德方面却缺乏成效。

经济发展的要求，远比我们 20 年前杜鲁门总统宣布"第四点计划"时所认为的更严苛。最重要的是，我们需要资本，更需要智慧，而智慧却比资本更稀有。

哪些做法行不通

我们现在知道，发展所需资金不再能像 19 世纪那样由农业提供。我们知道，发展不再是"自然而然"的；即使由国外在有计划和有指导的基础上提供投资资本（如 19 世纪的做法），也无法让发展自动产生。而且我们知道，国外援助的效益和政府行动的影响具有很大局限性。

第一，19 世纪时技术对移民国家农业的影响相当小。新工业文明继旧社群和农业经济之后出现，但大部分发生在这些国家以外的地方，而且与之无关。

我成长时期所知道的乡村地区，包括英国各郡、奥地利、瑞士和意大利北部的乡村，直到 20 世纪 20 年代仍处于传统世界，生活在传统文化和文明之中。这些地方当然有许多新工具可用，如铁路或电力，但这些工具对当地居民的生活方式、自我看法以及对社会、政治或知识的愿景并没有什么影响，对经济产生的影响也相当有限。烟囱矗立的城市才刚出现，但对于前工业化世界未产生实质性的影响：法国和斯堪的纳维亚各国的情况也是如此。

同时，19 世纪"发展中"国家"人口爆炸"产生的粮食需求，是由新开垦土地以及从未被犁过的土壤上的农作物提供。

东德、匈牙利、苏联西部、乌克兰和罗马尼亚，这些利用以往荒地或牧地种植粮食的国家，一夜之间成为主要粮食生产国和出口国。更重要的是，还有美洲、阿根廷、加拿大和澳大利亚是新"粮仓"。如果没有这些地方提供粮食，欧洲和美国东部新兴工业城市激增的人口就会挨饿。这些国家的农业技术并不"先进"，也不需要先进，只要开垦新的土地，就能让农业产量激增并创造相当多的过剩粮食。

因此，从经济上看，19 世纪的人口爆炸其实是个机遇，而非威胁。当时的欧洲、北美洲和日本等工业国家的人口，就跟目前发展中国家的人口一样增长迅速。不过，人口爆炸并没有在经济上带来粮食压力，反而为作为"新粮仓"的农业创造了市场。

由于 19 世纪发达国家的农业并不发达，无论中欧、东欧的新兴国家，还是美洲和太平洋地区的海外国家，都可以通过开垦新土地、生产农作物出口以获得资金来源。新兴国家大多利用的新开垦耕地种植的、技术上是工业化前的农作物，来交换欧洲新工业的制成品。新兴国家通过这种方式不仅将制成品进口到国内，也带来了资金。

美国在 1870～1890 年，也通过这种方式得到许多资金来兴建横贯美洲大陆的铁路，这些资金（按购买力计算）远超过美国近 20 年来对发展中国家的援助资金。国外投入的资金分文未还，美国铁路不但拖欠其发行的债券，还把股份注销，不过却另外提供了充分保障。因为铁路为移民开出一片新沃土，欧洲得到便宜的粮食可以养活城市居民。1900 年以前借给俄国的贷款（之后这些贷款成为政府和军队的补贴）同样获得丰厚回报，苏联大量出口廉价农作物，让欧洲工业国家都会大众可以解决温饱问题。

日本的发展模式只是略有不同[⊖]。日本虽然无法开垦新的土地，却以出口蚕丝来换取发展所需。蚕丝虽然是古老的农作物，却一直是富裕人家才买得起的奢侈品。日本出口蚕丝，让蚕丝首次成为西方工业国家中产阶级买得起的商品，日本由此获得外汇，再从西方国家进口机器和制成品。不过，虽然日本农民为国家现代化付出努力，自身却没得到好处。直到"二战"期间，日本农村的经济、文化状况和生活水平仍处于工业化前。

    ⊖ 见 James L. Nakamura: *Agricultural Production and Economic Development of Japan* 1873—1922 (Princeton University Press, 1966).

　　不过，我们绝不可能再利用农业来换取发展所需资金，也不可能再让农村与现代社会和现代技术隔离。

　　如今，发达国家（只有苏联是例外）的农业已成为技术最先进、工业化程度最高的基础产业。发达经济体和欠发达经济体在农业生产力上的差距，远超过制造业上的差距。不论是以工时还是每 1 美元投资来计算，我们预计欠发达国家的新炼钢厂拥有欧洲旧工业区炼钢厂 1/3 至 1/2 的生产力。然而，高度工业化的发达国家与欠发达国家农业生产力的比例是 10∶1 甚至 25∶1，这并非意料之外的事。

　　大约 50 年前，中国甚至印度每英亩水稻产量都比西方国家要高。如今，美国加利福尼亚州每英亩水稻产量是中国同样农田的 10 倍（或更多），而中国则是印度尼西亚的 3 倍，且至少是管理良好、灌溉良好的印度农场的 2 倍。不论在印度尼西亚还是印度，就算农民的收入很低，他们的农产品价格还是不可能跟加利福尼亚竞争。日本只能在狭窄山谷的陡峭山坡上种水稻，即使成本很高，却可以跟印度和印度尼西亚竞争。

　　同样重要的是，农业再也不可能与社会或技术隔离。19 世纪时，变革是一项一项渐次推进的。城市彻底改变，但农村地区大多没有不同。现在，农村地区受技术变革影响最大、也最难采纳技术。

　　汽车和卡车、晶体管收音机和扬声器，以及电力等现代技术，将农村社会融入城市社会。农村社会已被废除，分解成城市中一个既贫穷权益又少的一部分人群。100 年前，农村地区才是社会的重心，城市是例外。现在，农村社会几乎不复存在，而是被界定为无法享受城市福祉的地方。

在国际经济会议中成为贫穷国家发言人的阿根廷杰出经济学家劳尔·普雷比希一直要求，发达国家允许欠发达国家的农产品自由进入其市场，这一点是正确的。发达国家的农业保护主义（美国是其中最臭名昭著者之一）根本就是一个丑闻。

不过，为农产品扫除从贫穷国家进入西方发达国家的障碍，可能不一定有显著效果。19 世纪时如果没有持续增加食品进口量，西方发达地区就不可能生存下来。反对《英国玉米法》和支持粮食自由贸易所引发的动荡，并不表示是在帮助外国农民，其目的是拯救英国工业区的民众免于饥荒。现在，大多数工业国家却已出现粮食过剩的情形。

即使英国也可能在未来成为粮食生产大国。英国生产的肉品、奶油、蛋和奶酪，除供应国内人口所需外，还有足够的量可以出口，让英国贸易赤字转为可观的盈余。如果英国当初加入共同市场，停止对英国消费者几近独占的垄断（就像给英国农民"白人自治令"一样），尤其是在澳大利亚和新西兰，英国农场生产力就能迅速提高，其中以肉品和乳制品为甚。当然，为法国农产品过剩所困扰的戴高乐将军，并不热衷于让英国加入欧洲共同市场，这也是其中原因之一。

在这种情况下，无论农民收入有多低，穷国的农业根本没有竞争力。19

世纪农业为工业提供了投资资金，甚至在斯大林时期的苏联也是如此。然而，现在农业本身就需要投入大量资金。"四十英亩地和一头骡子"不再能让农民富有生产力，只是让他们变成农村贫民。19 世纪发展遵循的农业基本方程式，现在已无法平衡。

第二，来自国外的资本投资不再是促进发展的举措。事实上，来自国外的大量资本投资可能成为发展的障碍，而非许多人认为的动力。

正如 19 世纪美国铁路的例子表明的，来自国外特别是发达地区的投资，远超过"二战"后在援助方面的投入。实际上，尽管国际贸易增长迅速，而且总生产量的绝对值或相对值都远超过 19 世纪的水平，但投资的增速却远远落后。美国对跨国企业的投资虽然规模很大，却仅占美国国民收入的极小部分，比一个世纪前欧洲对美国铁路的投资少得多。

不过，19 世纪的资本投资只是地理意义上的"海外"投资，大部资金投入了生产设施，这是出资人本国经济的延伸。不论是兴建港口，还是修建铁路或开采矿产，大多是为出资人在发达地区工业中心提供食品和原材料。

从财务角度看，这意味着外国投资者将从本国国民为其投资的粮食、棉花或铜所支付的款项中得到偿还。这当中并没有"转移问题"，投资自行清算。在财务方面，无论是利息、股息或资本摊销的形式支付，并不意味着从债务国提取货币。

如今，这样的投资方式已是众所周知。

目前，投资到全球石油生产的数十亿美元资本，就源自用户支付的款项。当然，这些用户都来自发达国家。这同样适用于投资到智利或罗得西亚铜矿的资本，也适用于投到澳大利亚铁矿或铝土矿的巨额资金。

不过，如今投资于发展方面的大量资本却不属此类。这类资本的目标是为国内市场创造生产能力。换句话说，这类投资不会产生可以获得偿还投资的出口。更重要的是，这是农业发展形势变化的结果，贫穷国家的农民不可能在发达国家市场中竞争，发达国家也没必要向欠发达国家购买产品。事实上，即使发达国家仍进口大量粮食，但欠发达国家的粮食需求相当大，因此粮食产量增加的部分必须先供给当地群众。

因此，在发展中国家，除了采掘业之外，对其他产业的投资往往会造成外汇债务，这种债务不会像 100 年前那样被投资创造的外汇盈余所抵消。因此，在短期内，投资迅速创造外汇需求，让原本就不平衡的国际收支承受更多压力。这种投资可能在债务国创造财富和就业机会，但资本流出也会带来威胁，造成"投资收缩"。至少，一个国家需要国外资本的稳定注入，以防止资本基础的萎缩。

拉丁美洲一直以来的痛苦经验就是这方面的例子。这个例子在很大程度上解释了为什么拉丁美洲过去十年遇到许多困境。20 世纪 50 年代中期，拉丁美洲已吸引到经济学家想要的、发展所需的足够资本。结果，拉丁美洲的经济在这期间迅速增长，不过一旦国外资本减少，就马上出现危机。要汇到国外的贷款与股利将耗尽可用的外汇。如果一个国家为应对这种情况暂停付款给国外出资者，信用就会马上破产，国外资本也不再注入。反之，如果一个国家继续付款给国外出资者并维持信贷，只要本身资本基础减缩，经济增长就结束，从而引发通货紧缩危机，也导致外国资本不再涌入。

过去 20 年来一直备受争议的是,该不该为欠发达国家开展系统化的资本投资,以取代 19 世纪投资资本的自由流通。虽然这样做看似合理,却无法奏效。当然,我们可以提供一段时间的投资,但即使通过富裕国家保证的低利率进行大量补贴,例如为大型外国投资提供服务,不论是提供贷款还是抵押,都是不可能的。欠发达国家当然非常需要资本,但不能依赖外来资本,也不能期望外国投资者大量投资欠发达地区。况且,19 世纪的方程式现在已经行不通了。

　　19 世纪的发展之所以能发生,是因为即使在发达国家,农业仍然不发达。一旦农业成为主导产业,这个方法就不再有效。对 19 世纪大多数经济学家和如今的许多经济学家而言,"互补贸易"——一种经济永动机的制度,似乎会"自然"出现且永远存在。在这种机制下,只要贸易顺其自然发展,经济增长似乎就会自动发生。

　　我们需要所能获得的一切贸易。劳尔·普雷维什在这方面的看法很正确,发达国家和欠发达国家都应该听从他的见解。我们也需要资本投资,而且金额远比过去 10 年还要多。不过,我们不能只依赖这些投资作为经济发展的动力,只能把其当作催化剂。

　　第三,如果"贸易而非援助"只是一个非常诱人但不切实际的口号,那么"援助"本身将无法推动经济发展。

　　每当面临国内外的贫困问题时,我们的第一个冲动就是通过分配财富来解决。不幸的是,我们没有足够的财富可供分配,因而理想只能破灭了。

　　兰德公司的约翰·平卡斯最近计算了通过分配富裕国家的财富来解决世

界贫困问题所需的资金[⊖]。如果把世界各地的人均收入提高到每年 1000 美元，仍不到美国的 1/3。这个数字每年需要 14 000 亿美元，比所有发达国家年总收入还要多，几乎是我们在任何一年中用于援助的 200 倍。如果把贫穷国家的收入提高到最富有国家和地区的水平，如西班牙北部、中国台湾或智利，每年的分配额将超过美国国民总收入。分配财富从社会正义上看是非常好的事，从经济层面看却一直非常荒谬。

换句话说，援助只是一种兴奋剂，经济增长主要源自穷国自身的资源。有效的援助是释放当地能量的催化剂。不过，除非精心计划、严格管理，否则援助反而可能会抑制而非释放受援国的能量。这在我们以过剩粮食援助的实践中已充分体现，这里的援助虽然是非常充满善意的，但实际上导致了受援国经济发展的失败。

美国向发展中国家的穷人提供剩余粮食，通常会加剧受援国的农业停滞状况。这类援助鼓励减少而不是改进受援国的粮食生产。例如，印度的粮食贸易改为国有，这会导致资源分配不当。因为受援国（印度只是一个例子而已）可以随意投资政治上受欢迎但经济上没价值的声望性项目，例如钢铁厂、喷气式飞机等，而不是投资在农业上。

⊖ 1967 年秋季，哥伦比亚大学出版的《世界商业发展报告》。

我们需要给予饥饿的人救济。事实上，我们需要为此建立一个"世界粮食银行"。不过，除了对真正受到饥饿威胁的人进行救济之外，粮食救济应该尽量少。这种救济降低了当地农民增产的积极性，并没有激励农民像提高现金收入那样快速、可靠地做出反应。真正有效的"援助计划"是给农民提供新的改良种子，可以增加他们的产量和收入，这一类的援助将有助于发展。

然而，当援助被用来替代地方努力时，就很少起作用。

英格兰和苏格兰的"不发达地区"像其他"欠发达国家"一样，也吸引了许多援助。然而，经过 30 年的补贴之后，这些地区仍像以前一样"不发达"。美国中部的阿巴拉契亚，或者意大利南部的梅佐乔诺也是如此。新英格兰的复兴并没有发生在接受援助的老纺织城，而是在大学，这些大学在没有任何援助的情况下，产生了新的"科学产业"。

援助从本质上来说，是流向问题，而不是流向机会。援助总是走向最需要的地方，而不是产生成效的地方。因此，援助将引发的最严重问题，就是高度依赖。

这一点对于国内援助和国外援助来说都是如此。

我们最近才忽然明白，大城市的社会工作人员，实际上让他们辛苦救济的对象更加痛苦，因为他们让受助对象更有依赖性。受助者成了"救济个案"，无意中甚至被阻止自力更生的努力。实际上，如果他们尝试自力更生，往往会受到惩罚，例如终止救济金。

19 世纪初，人们了解到，"慈善事业"损害了自尊心强的穷人[⊖]，对援助的依赖还鼓励将稀缺资源转移到影响小的错误项目上。

在任何援助计划中，经济学家，尤其是政府雇用的发展经济学家，都倾向于在优先事项和项目选择上强加自己的价值观。可以理解，他喜欢那些看起来巨大、令人印象深刻且"先进"的东西，例如石化厂。喜欢那些他认为穷人"应该"拥有的但不重要的东西，例如"小的"奢侈品。在这方面，最"资本主义"国家的经济学家与苏联政府的规划者、经济学家几乎没有什么差别。

⊖ 这方面的基本工作来自 Karl Polanyi 的 *The Great Transformation*（纽约：Beacon Press，1957 年），该书主要研究慈善项目的失败，这些慈善项目主要是帮助早期被工业革命连根拔起的英国农村的穷人。我们在贫穷国家的工业前农村社会（包括美国 20 世纪城市的工业前黑人社会）中尝试过的许多援助计划，与 19 世纪早期英国失败的斯宾汉"发展援助"体系十分相似。

利马或孟买的工厂女工或女售货员（或哈莱姆贫民窟）想要口红。她住在一个可怕的贫民窟里，她非常清楚在有生之年买不起富裕国家（或白人郊区住宅区）的房子。她非常清楚她和她的兄弟们都不能受到想要的教育。她可能很清楚，如果幸运的话，会嫁给一个像她一样穷也没受过多少教育的男孩。几年之后，生活的绝望将打败她。不过，在短短的几年里，她至少可以试着看起来像她想成为的那种人，是她尊重并知道应该成为什么样的人。无论买什么都不可能比廉价化妆品更能让她获得真正的价值。

一家化妆品厂每 1 美元的投资可以比一家石化厂提供更多的就业机会，培养更多的人开发和经营现代经济，造就更多经理、技术人员和销售人员。然而，经济学家却看不起这样的工厂。对援助的依赖，让他的道德主义战胜了经济利益，让他渴望控制，但这样会阻碍发展。

我们需要援助。不仅需要通过援助来救济受饥荒、地震或瘟疫影响的灾民，而且要靠援助防止一些地区经济崩溃，比如，巴西东北部或美国城市黑人聚居区，这些地区几个世纪以来的不公正已经让人们养成了失望、仇恨和认输的习惯。因为世界是一个共同体，我们需要富人的援助来帮助穷人，无论他们身在何处。

然而，慈善事业只是医生到来之前的"急救"。只有对完全健康的人或那些注定要死的人来说，急救才和医生所能做的差不多。认为援助可以或应该促进发展，实际上意味着诅咒穷国根本不可能发展。

19 世纪末和 20 世纪初，我们并没有通过慈善事业消灭阶级斗争。当时的自由主义者在解决 19 世纪的贫困问题方面无能为力，正如现在自由主义者在解决美国城市黑人聚居区的问题方面一样。无论是伦敦的汤因比，还是芝加哥的简·亚当斯，这些贫民安置点反映了整整一代富人新的良知，但对穷人几乎毫无影响。有利于真正消除阶级斗争的有以下几个因素。一是新技术，即电力。这项新技术创造了新的效率更高、报酬更高的工作。二是教育，通过教育让越来越多的穷人孩子有机会打破"阶级"界限。但最重要的是，消灭阶级斗争的是泰勒的**科学管理**，这是第一次将知识运用到工作中，从而让劳动者开始变得富有生产力。

无论我们在援助上取得多大成就，关键是要让穷人富有生产力。因此，检验援助成功与否，就在于看是否能使这些国家具备生产能力。如果没有实现这一点，很可能会让这些国家在不久之后更加贫困。

可以肯定的是，经济发展需要大量资金用于援助和投资。但要取得成功，这些资金必须支撑当地社区发挥作用。例如，援助可以采取有条件资助方式，任何对当地付出努力的机构，只要符合条件就可以接受资助。投资也要根据一个国家的发展速度有所区分。

我们必须支持在时局有利情况下有能力建设和发展的国家，例如巴西、哥伦比亚、伊朗和巴基斯坦。与此同时，我们需要对其他地区说："证明你愿意发展，然后我们会帮助你。到目前为止，你已经浪费了机会。"阿根廷就是一个例子，过去 50 年，阿根廷浪费巨大，从一个高度发达的富裕国家变成一个不发达的贫穷国家。另一个例子可能是印度尼西亚。无论这些国家的"问题"多么严重，都不能浪费极其稀缺的资源。如果在这种情况下开展援助，只会让事情变得更糟。不过，我们也需要能够在经济学家无法预测但又有发展前景的地方开展工作。

这可能听起来过分现实，而且也确实如此。不过，摆在我们面前的选择是，浪费援助（和投资）还是通过援助实现真正的发展。所有援助只能提供鼓励和刺激。因此，我们最好用这些援助来为我们提供最需要的东西：最容易看到的快速、自发增长的样板。

第四，我们现在进一步知道"政府间计划"不会带来发展。无论如何，经济发展不可能从外部获得，最不可能靠政府间的努力推动。

外国政府不能将优先权强加于其他国家。外国政府无法抵制当地的压力，无法将稀缺资金和人力资源转移到没有生产力的非发展性项目中。

典型的例子就是美国对南美洲的"军事援助"。这个援助让将军和上校更加自大，不仅耗尽了稀缺资金，还造成其他浪费。如果一架飞机或一艘驱逐舰没有每年提供燃料、润滑剂和备件，那就没多大用处。因此，花在拉丁美洲军事援助上的每1美元不仅带走了应用于发展的资金，而且还需额外花费5～10美元，用日渐稀少的外汇资源来维护将军们的玩具。

但是，最重要的是，需要加强关系发展的几个主要优先事项。

集中精力是任何成功的基础。然而，过去20年一直违反了这项原则。我们花了相当多的钱，投入了大量精力充沛、精干敬业的人才。然而，我们将其弄得过于分散，浪费了很多资源，也没产生什么影响。可以说，我们用尼罗河洪水来灌溉整个撒哈拉沙漠，结果土壤变得潮湿，但在幼苗生长时土壤再次干枯。

这是一个基本原则。不过，如果政府间的努力是发展政策的重心，就不会留意这一点。总体上，政府间的计划缺乏发展所需的乘数效应。这类计划往往倾向于立即解决问题，而非产生成效。问题是政治压力产生的，而且显而易见、边界清晰。然而，成效是未来的、有风险的，没有人能从中获得利益。

政府必须以问题为导向，因为政府是防御性机构，没有发展潜力。政府在处理问题时，只是尽量防止崩溃而已。个人显然无法以这种方式实现新的发展。

政府必须扮演好自己的角色，不能以经济发展优先，而把其他目标放在后面。政府必须优先考虑军事或政治等其他因素。因此，政府必定会错误配置发展所需的资源。

有人认为，政府间总是存在非经济的关系，这是一种异想天开的想法。苏联人非常清楚地看到这一点，并毫不掩饰，实际上可能比美国更加现实。因为美国人只对经济快速发展的外国伙伴感兴趣。这种现实主义让苏联人具有高度选择性，只向少数国家提供援助。针对这些国家的援助计划背后都有明确和公开的政治理由。为什么苏联的援助集中在印度、纳赛尔执政的埃及、古巴和刚果呢？这根本不用解释，因为苏联的援助不只是为了促进"发展"。

全球发展政策需要政府发挥作用。发达国家的政府必须确定政策方向，贫穷国家更需要的是有效、有为的政府。政府效能低下确实是大多数发展中国家的一个重要问题。相反，过去30年墨西哥政府的效能，正是其经济快速扩张的主要因素。

不过，政府无法做一件事：让个人富有成就。

然而，个人成就感是发展的基本要素。当今世界所需要的不是财富，而是愿景，需要每个人坚信社会是充满机会、充满能量、富有目标感，而不是到处弥漫着问题、惰性和绝望。

如果财富是一个先决条件，那么美国的黑人聚居区就一点问题也没有了。黑哈莱姆是世界上最富有的社区之一，在北美和欧洲以外的所有社区中人均收入居第 5 位，是所有黑人社区中最富有的。总体上看，美国 3/5 的黑人家庭都处于"贫困线"之上。美国定义的"贫困线"是家庭年收入低于 3500 美元——这个水平几乎在其他任何地方都被认为是巨大财富。那么，是什么导致哈莱姆和另一些黑人聚居区陷入绝望的泥沼、仇恨的污池呢？应该是到处弥漫着无望的停滞和无助的绝望。

因此，经济发展在很大程度上取决于个人和当地社区的努力。只有在发动本地居民开展负责任行动、增强人们活力方面取得成功，才能提供经济发展所需的动力。政府可以在这方面扮演激励或者遏制的角色，但无法提供动力。

哪些做法可行

在本章前面，我说过在 19 世纪每个人都认为经济发展是理所当然的，日本是唯一一个例外。在日本，围绕经济发展的条件和动力进行了长达 20 年的知名辩论。不过，参与辩论的不是经济学家，而是企业家，这些企业家创立的是企业，而非教科书中的经济学模型。

岩崎弥太郎（1834—1885）和涩泽荣一（1840—1931）的名字在日本之外只为少数专家所知。然而，他们的成就比罗斯柴尔德、摩根、克虏伯或洛克菲勒更辉煌。岩崎创建了三菱工业集团，至今仍是日本最大的制造业集团，也是世界最大、最成功的企业集团之一。涩泽荣一在 90 年生命历程中创建了 600 多家工业公司，并使之延续至 20 世纪。这两个人创立了日本 2/3 的制造企业和运输企业。在任何经济体中，没有其他人有如此巨大的影响。

20 年来，直到岩崎 51 岁早逝，这两个人一直参与一场激烈的公开辩论。岩崎主张"利润最大化"的观点，涩泽坚持"人才最大化"的观点。

今天我们知道两者都是对的。为了发展，必须提高资本的生产力，必须将可用的经济资本吸引到增长机会中。然而，为了实现经济发展，还必须增加人力资本，必须将社会的人力资本引入经济增长中。一旦忽视了这些教训，发展计划就难以成功，就像过去 20 年美国大多数的政府计划一样。

岩崎和涩泽都致力于让日本更加强大、更富有成就，而不是更富裕。两个人都知道发展的本质不是使穷人富裕，而是让穷人具有生产力。为此，人们需要从根本上提高生产力水平，让人才和资本可以成倍增加。

在 19 世纪，日本是一个特殊的存在，原因在于日本是一个非白人非西方的现代经济体，可能比今天任何白人国家，甚至是任何发展中国家或地区都贫穷。日本是一个古老的国家，人口稠密，通过出口丝绸来支付进口制成品和工业原料的费用。不过，日本没有新的土地可以耕种。因此，日本不能像西欧以外的新兴国家那样依赖外来资本，也无法通过出口食品或工业原料来获得这种资金。

然而，让日本 19 世纪独具特色的条件，也让日本如今更加独具特色。今天，我们不仅要学习如何开发非白人、非西方国家，还必须学习如何开发人口稠密的国家，这些国家的发展不能只依靠扩大对发达国家的商品出口。我们必须学习如何开发无法依赖大量资本流入的国家，必须学习开发把资金投入设施、为国内或区域市场生产产品的国家。

这一切日本在 100 年前已经实现。今天我们遵循的发展模式应该是日本模式，而不是苏联、美国或者其他任何白人国家的模式。

日本按照岩崎方式——吸引和动员国内资本来实现发展，即使不向国外借款或依赖外国投资者，但其经济发展也从未因资本短缺而受阻。

日本也按照涩泽的方式，吸引、培训和动员了所有可用的人力资本，让各方有识之士投身到经济发展中。

有一则关于涩泽的知名报道曾讲过这样的事。涩泽拒绝为急需资金的糖厂提供贷款，因为该公司的创始人没有受过教育。这个故事通常用来表明涩泽的偏见。事实上，这个糖厂后来由其他人资助取得了巨大成功。不过，这个故事也说明了涩泽坚持的人才优先的理念，为日本的人力资本的积累夯实了基础。

如果说岩崎的企业家精神为日本创造了有史以来最高的货币资本形成率，那么涩泽对人力资本的强调，让日本在30年内成为有史以来人力资本积累和识字比例最高的国家。涩泽就像一个非官方和无偿的"管理发展中心"，工作了近50年，为数百名年轻人提供咨询和指导，受过其帮助的包括公务员、商人和行政人员等。他不遗余力地组织培训项目和管理俱乐部，设立各种课程、研讨会、讨论小组。岩崎留下了一个利润高的巨型企业集团，涩泽留下的则是东京著名经济大学——一桥大学。

然而，这两个人的侧重点不同。岩崎如果不知道如何找到和培养大量优秀的年轻人，就不可能成功。因为他组建了一支最具**团队精神**和能力最强的全球管理团队。涩泽坐镇指挥的是他建立的日本主要金融机构之一的第一银行。

经济发展的两大支柱是培养人才和增加资本。为了实现经济发展，必须善于建立这两大支柱，并一直专注于此。

总之，我们需要有组织地推进资金和人力资本的"契约型增长"。

（1）在这两项任务中，资本的"契约型增长"实际上是老生常谈的。为了做好这项工作，19 世纪发明了创投银行家。1820 年左右法国社会哲学家圣西蒙首次提出这一想法，创投银行家的任务是调动和增加社会金融资源，并将其从低生产力的投资项目转向高生产力的投资项目，即从过去的产业转向未来产业。如果罗斯柴尔德家族是纯粹的放债人，那么圣西蒙提出的创投银行家就是经济开发商。除了像放债人那样从稀缺和需求中获利，创投银行家还可以从经济增长和新创造的生产能力中获利。

1850 年左右巴黎佩雷尔兄弟成立的"动产信贷公司"就是最早的创投银行。实际上，正是创投银行推进了欧洲大陆的工业化。例如，1870 年成立的德意志银行，其宗旨是将德国从一个贫穷的农业国家转变为欧洲领先的工业强国，这些银行都以创投银行起家，旨在提高资本生产力。这些银行都是为没有从国外大规模引进资金的国家而设立的，这也是 J. P. 摩根在美国内战后从伦敦返回美国后的主要任务。

与此同时，在遥远的日本，在没有欧洲理论的帮助下，原来担任军人的岩崎开始了通过类似"契约型增长"来积累资本，他的三菱公司就是围绕一家大型创投银行而建立的。

过去和现在的一个区别是，我们现在更清楚如何组建开发银行。事实上，这类银行已经为发展做出了巨大贡献。世界银行及其附属机构国际金融公司在 50 年代中期就开始鼓励世界各地设立这类银行。

这些银行增加了社区的资本资源。从国外流入的资本每增加 1 美元，创投银行就会从国内额外引入 5 美元。因此，他们的资本相当于从国外流入资本的 5 倍。然后，创投银行用自己的资金投资的每 1 美元，从社区的其他渠道筹集另外 5 美元的投资资金。当他们完成一项风险投资时，每 1 美元的引入资本都会引发另外 25 美元的投资。然后，这 25 美元又将引发来自当地的间接投资，就像每 1 美元投资于汽车制造业，导致更多资金投资于轮胎厂、道路、汽车旅馆、服务站等。

创投银行家的成功和盈利能力取决于调动资本，尤其是当地资本的能力。创投银行家的利润主要来自为别人的钱寻找投资机会，包括佣金、经纪费、承销费或参与费。创投银行家将资金增加越多，获得利润就越大。因此，最大化利润是创投银行家的座右铭，这也是衡量其对社会经济贡献和作用的指标。100 多年前，岩崎认为自己是一个爱国者，实际上和涩泽一样是一个伟大的理想主义者。

因此，对外援助或外商投资发展的考验不是投入了多少钱，而是从国外筹集到了多少别人的钱，特别是从**当地**筹集到了多少钱。开发银行家从国外需要的钱越少，他的工作就做得越好。最理想的情况是他知道"如何不用稻草就可以做砖头"，也就是说，如何在不投入任何自有资金的情况下大量吸引当地资本，更不必从国外获得任何资金。他因创造机会和需求而得到丰厚的报酬，靠知识和想象力获得报酬，靠创造财富而不是拥有财富来获得报酬。

世界银行在过去 10 年或 15 年设立的开发银行可能比所有援助项目加在一起带来了更大的发展，尽管在投资资金中，国外金额可以忽略不计。

开发银行最好的例子也许是一个完全私有的"契约式增长公司"——国际投资公司 ADELA。该公司成立于 1964 年，大约有 150 家发达国家和地区的主要银行和制造公司参与投资，并将其作为在拉丁美洲从事创投银行和经济开发业务的工具。在短短 3 年内，ADELA 成功吸引了大约 60 家大小企业进驻拉丁美洲。通过投资不到 3000 万美元的自有资金，动员了近 50 亿美元的投资，其中大部分来自本地。同时创造了至少 25 000 个就业机会，为大批的企业家、管理者和技术人员提供了发展机会。现在有人谈论"亚洲 ADELA"。

宣称"缺乏"资本是对资本管理不善的委婉说法。资本就在那里，但放在不该放的地方。就像 18 世纪的法国和今天的拉丁美洲西海岸一样，被禁锢在经济效益极低的土地所有者手中，或者根本不投资，印度人（从农民到王子）的财富就是一个例子。或者资本得到利用，但没有产生任何"乘数"

效应，1美元只做了1美元的工作，而没有做出价值100美元的工作。

世界上没有一个地方缺乏足够的资本，缺乏的是资本的有效需求，即真正利用资本的需求。需要的是系统地、有组织地实现资本资源和就业机会的倍增，需要的是真正的开发银行家。

（2）如果没有人，资本无法产生成效，而没有资本，人们却可以"移山"。因此，发展所需人才的能力迅速增长，需要靠更多的就业机会。发展需要一个高层领导者，也需要可以将领导者的愿景转化为现实的追随者。

今天我们找不到涩泽。但他一个世纪前所做的事，可以通过有组织的努力，通过有组织的"契约式增长"来实现。

20世纪50年代，美国的援助计划只投资了一小笔钱，仅100万美元，却在拉丁美洲到处设立管理协会和机构。这个计划起初在美国政府并不受欢迎，似乎微不足道，只需要很少的钱。拉丁美洲政府有充分的理由相信，在整个拉美这类协会到处都有。

诚然，管理协会并不浪漫，也没有做任何不寻常的事，主要工作是开会、演讲、倾听、开课以及分发宣传品等。当然，再开设一门领班课程，或者开一个质量控制的讲座，没有什么比这些工作更平凡了。然而，这类工作的影响非常大。当拉丁美洲的年轻一代意识到管理的必要性时，这些管理协会刚好为他们提供了能力，创造了需求，满足了自尊。

这项计划以及类似的计划，可能是"进步联盟"中唯一既有"联盟"又有"进步"的部分。拉丁美洲在过去 10 年尽管深陷通货紧缩的重重压力，但仍能向前发展，在很大程度上要归功于这些开发人力资本和愿景的计划。

哥伦比亚考卡山谷、卡利市及其周边地区迅速发展起来，这就是管理协会发挥作用的例子。参加了哥伦比亚新管理协会课程的年轻人迅速组织起来，负责当地大学——瓦尔勒大学。在那里，他们推行了一项公共健康计划，这是整个地区首次围绕公共健康对村民进行系统培训和动员。这群年轻人开设了一系列管理课程，尤其是为高级管理人员开设课程，让那些该地区最成功的人去学校上课（这对于拉美的老一辈人来说几乎是难以想象的）。这群年轻人帮助这些公司检视和诊断每一项业务。之后，开始向州政府和市政府提供年轻且训练有素的人员。

如今，卡利依然很穷，失业率仍旧居高不下。但在过去 10 年里，瓦尔勒大学至少创造了 30 000 个工作岗位。更重要的是，为当地社区和所有主要社区活动带来完全不同的领导团队。

发展咨询服务团队这个半私人性质的小团队采取的方法非常不一样。这个小团队来自哈佛大学，主要由哈佛经济学家组成，人数不超过 75 人，在巴基斯坦、印度尼西亚、利比里亚、委内瑞拉，在发展中国家担任高级顾问和公务员。这些团队自己决定要在哪些国家和项目上开展工作，以最精干的人员获得最大成效。他们要求东道国选派最优秀的人才来做这些项目，其目标是为整个地区提升能力、拓宽视野。

例如，在巴基斯坦，发展咨询服务团队派驻的人员从未超过 24 人。但通过这些人的努力，巴基斯坦过去 15 年工业产值以每年 15% 或更高速度增长，农业产值以每年 5% 以上的速度增长。

正如上一章所述，人类经济快速发展的最有效动因是跨国公司。事实上，我们应该把发展中国家的跨国企业建立在管理的基础上，而非资本投资和所有权控制上。跨国公司应该得到丰厚报酬，因为这些公司不仅开发当地商业，也开发人力资源。出让部分所有权作为成功开发当地人力资源的激励，这可能不是一个坏主意，这样既能激励外国公司加快培养当地的领导人才，又能确保这些人才真正做好承担企业责任的准备。

虽然跨国公司主要从事制造业，但我们也需要将其技能引入农业。

世界各地的农民都非常乐于接受货币激励，"保守"的农民通过传统方式工作的普遍观念，已不再是讽刺题材。只要让农民看到了明显收益，没有人比他们更愿意尝试新鲜事物。不过，贫穷国家的农民不能承担太大风险。这些农民知道自己的生活离饥饿有多近。他们知道，一次农作物收成的失败或降价可能会给自己和家庭带来致命打击：饥荒强迫他们卖儿卖女，也会让他们失去仅有的一小块土地。因为，他们知道自己根本一无所长。

因此，农民们所需要的（无论在哪里试验都证明是成功的）是通过订单方式来种植新作物、改良种子和更好品种。然而，这需要依托大公司的技能和资源。

一位食品加工者或营销人员想出种植新作物或饲养新动物的最佳方法，即向农民提供必要的种子、初生小鸡、饲料、器具、肥料等，并提供使用说明。然后，保证在生长季节结束时有一定收入，不管出现干旱、动物疾病、市场价格波动等情况都是如此。因为这些是贫穷国家的农民无法承受的风险。例如，在美国，大多数用于罐装的作物（大部分番茄或樱桃）现在都是通过订单方式来种植。

在发展中国家，由于农民缺乏必要技能，"农业企业"这个概念流行起来。这些企业致力于将管理和企业家精神系统地应用到农业发展中。然而，这些企业的风险必须要再保险，这显然是需要政府来做，至少在最初几年是这样。不过，这些风险能够被识别和界定。除了一些地方的天气（例如印度一些地区依赖于不稳定的季风降雨），其他风险并不是特别大（尽管这比私人企业或者农场合作社一开始就所冒的风险要大）。

这种订单式的种植方式，可以改变农民的能力、希望、自信心和绩效。也就是说，在大多数贫穷国家，这也许是在人类侵蚀最严重的地区真正实现进步的唯一途径。

巴西东北部就是这样一个地区。在那里，有一群黑人无产阶级——以往糖厂黑奴的后代，不敢采用新作物或新的栽培方法。他们处于饥饿边缘，不敢冒险，既无技能，无知识，也没有培训。因此，这些人被迫继续完全依靠种植园主生存。然而，这些种植园主也是贫穷无知，既没有资本、设备、技能，也没有希望。在这种情况下，土地改革原本是自由主义者的灵丹妙药，但现在变得毫无意义。土地改革已成为一个威胁而非激励，新的土地所有者不敢冒风险。

但总的来说，契约式增长的理念需要从种植作物拓展到培养技能、自信以及实现目标的能力，需要拓展到推动农作物实现契约式增长的人身上。

　　在最糟糕的情况下，加利福尼亚州奥克兰的贫民区就采用了一个很有前景的方法。首先，当地一个小组有了固定工作，获得一份合同，合同主要任务是维护大学的打字机或电话公司的汽车。然后，这个小组就培训那些已失业的年轻黑人来完成这个任务。这样既能保证每个人拥有工作，又能提高工作标准。Corn Products Company 的一个食品加工子公司 Mind, Inc. 也采用了类似的方法，这家公司已拥有数十年承包种植作物的经验。

　　发展的内涵除了经济发展，还有文化和社会机构的发展。
　　现在有一个流行的想法，尤其是在学术界认为，发展会破坏传统社会。如果照这样的说法，发展就不可能发生，除非造成流血和引发灾难性的动荡。当然，发展将改变一个社会及其传统，但它必须同时以现有社会文化机构和价值观为基础。
　　日本又是一个值得借鉴的例子。一百多年前，日本的西化在短短几年内就颠覆了僵化的社会阶层结构。在原有结构下，近 300 年来，没有一个平民能够成为士兵（即**武士**），也没有一个**武士**（除极少数例外）能成为贵族。后来，日本成为一个向上流动的国家。例如，岩崎曾是一名**武士**，涩泽出身平民。不过，涩泽年轻时就在新的执政集团任高级职位——财政部部长，后来自愿辞职去当一名企业家。

同时，日本建立自己的新机构，其基础是古老的部落观念，即忠诚和"归属感"。日本的所有现代机构，包括政府机构、大学、商业企业，无论管理方法多么现代和"西化"，无论产出多么有效率，都是一个以终身不变、相互忠诚为基础的部落式家庭。儒家伦理倡导的相互忠诚的理念，深刻影响着岩崎和涩泽。

同样，在今天的印度，经济发展正在瓦解古老的习俗，比如妇女的角色或工作中种姓的分离等。不过，新的企业家中也有来自古老的商人阶层，主要是传统商业集团，即孟买的帕西人。

在拉丁美洲，出身低微的中产阶级正在取代"寡头"。然而，社会变革的中心是西班牙所属的美洲最古老机构——大学，大学的改革正在引发社会、政治变革，催生新的价值观。

换句话说，传统文化和价值观的问题比我们大多数人想象的要微妙得多。瑞典经济学家和社会学家 Gunnar Myrdal 最近在他研究东南亚的书 *Asian Drama* 中断言，除非首先推进大规模的社会和文化改革，否则经济发展是不可能发生的。不过，在默达尔调查的 10 年中，巴基斯坦的社会没有发生任何变化，但经济确实有了大发展。相反，经济发展引发了社会变革，同时再次证实了传统观念的社会价值，并将其作为经济发展的重要引擎。似乎没有办法预先决定哪些文化传统是"封建主义的残余"必须去除；哪些具有"文化价值"必须保留。

经验表明，政府控制可能是发展中的一个过渡阶段，而不是发展的本质或对发展的否定。在发展初期,政府控制所有权可能非常必要,因为只有政府拥有所需的高级人力资源。尤其是在这些国家,军队通常是唯一的教育机构。然而,随着发展进程的深入,政府变得越来越不必要。当企业、医院、大学等其他机构日益复杂时,政府将越来越难以发挥作用。这些机构的所有者是谁越来越不重要,谁管理以及如何管理要重要得多。因为这些机构越来越发达和复杂时,也越来越需要管理的自主权,需要市场等非政府力量的控制。

一个世纪前,日本就证明了这一点。当时,日本政府开始发展大型工业,创办企业。几年之内,这些企业快速发展,政府官僚已无法管理。1880年以后,也就是说,在西化开始后的十几年里,政府就把这些企业私有化。因为经营企业让政府遭受巨大损失,之后日本经济以及这些企业才真正开始发展。

无论政治、社会、文化的问题及不确定性如何,发展仍是最重要的经济过程。经济成功本身并不能解决所有问题,反而会制造许多新问题。不过,经济成功让人们更容易面对问题,甚至是最终缓解乃至解决问题。

发展不是灵丹妙药,实际上也非常危险。发展是一种成长,而成长从来都不是井然有序的。发展也是一种变革,社会和文化的变革会引发混乱。社会持续发展的时期就是最危险的时期。就经济角度看,发展已经是一个成就,也是既成事实。但是,领导者们仍按传统社会行事,而不回应新的现实。目前，发生社会和政治灾难的重大危险仍然存在。

到目前为止，没有一个经历过发展阶段的国家能够躲过这一过渡时期，也难以避免危险。英国是最先发展起来的国家，在拿破仑战争后的这一代经历了类似的革命和社会危机。"一战"爆发后，法国、德国、奥地利和俄国等欧洲国家的领导权彻底崩溃，在很大程度上是因为传统执政集团无法理解发展带来的新社会和新经济现实。他们能看到物质和科技成就，但没有察觉社会变化。新技术改变了战争的性质，永远摧毁了 18 世纪那种简单、短暂、无风险的"有限战争"。"一战"后，日本也发生了类似的事情，导致日本重新陷入军事独裁，在日本早期历史中，军事独裁一直是摆脱重大危机的途径。

美国也经历了一段危险期。内战后一代人在道德和政治上萎靡不振，那段时期政治意志麻痹、政治领袖缺乏，这比历史学家所认为的危机还严重得多。今天威胁到国家的种族危机，在很大程度上是那个**战后**时期政治领导层辞职的结果。这确实鼓励了南方建立"白人至上"的地位，控制被解放的黑人。19 世纪 80 年代，美国工业城市也发生了半个世纪前英国经历的暴动和骚乱。最重要的是，传统执政集团放弃了政治责任，亨利·亚当斯就是其中一个典型代表。换句话说，我们经历了一段长期的持续衰退，1896 年选举时情况恶化，几乎无法挽回。直到西奥多·罗斯福重新确立政治和道德的领导地位，并领导新一代回归现实，美国才开始走向复苏。

无论在哪里，我们都能看到发展中的危机。例如，巴西中部地区的惊人增长，让东北部不发达地区越来越成为巴西社会结构中难以忍受的一个威胁。在印度，经济发展尽管非常有限，但显然语言已成为一个威胁印度次大陆凝聚力的问题。即使在法国，正如 1968 年春天的事件表明的那样，发展成为一个富裕经济体，反而让拿破仑式的传统制度结构经历了一场严重危机。

　　换句话说，经济发展是有风险的，但其他选择的风险更大。至少我们可以指导、领导、控制和激励经济发展。如果选择其他替代方案，我们可能甚至连生存的希望都没有。

　　20 年前，杜鲁门总统在经济发展的号召中展现了真正的远见。这是我们这个时代的主要经济任务。但到目前为止，我们误解了这一点，认为主要任务就是让穷人富起来。实际上，我们必须知道，主要任务是让穷人富有生产力。

　　要完成这项任务就必须认识到，促进贫穷世界发展不是慈善事业，而是符合富裕国家的自身利益。从狭义上讲，这是一种私利：可为富裕国家的产品创造有利可图的市场。这也是自我保护，因为对富人的繁荣和生存而言，最大威胁莫过于占全球人口 2/3 的穷人与 1/3 的富裕白人进行种族战争。

第7章 | CHAPTER 7

超越"新经济学"

很少有一个领域能像经济学那样：正确的行动是要靠正确的理论指导。但在一些领域，现有理论难以指导实践和政策制定，也不足以证实我们的所知。

"新经济学"在发达国家得到大张旗鼓的宣传，美国人、英国人、德国人、法国人和日本人都被告知，经济学家终于学会了如何管理经济。他们再三保证，能够避免或至少改善不景气状态，而且能保证经济实现持续增长与繁荣。为了证明这种说法，经济学家以"二战"结束后20年的经济发展为例，这一时期的确是一个就业充分、经济繁荣的时期。

这个好消息唯一的缺点是：每一个标志着"新经济学"的瓶子，其内容都各不相同。每个主要国家的实践也许相似，但各国所根据的理论都不同，甚至彼此不相容。在一个国家被吹捧为灵丹妙药，在另一个国家则被认为是致命毒药。

自"二战"以来，美国一直是采用凯恩斯的折中主义，以实现充分就业为目标，以赤字预算为主要工具。英国一直奉行彻底的凯恩斯主义，以银行和信贷政策，尤其是贴现率为主要工具。不过，德国人显然从未听过凯恩斯的名字，一直主张1910年的"自由主义"经济学，通过开明的官僚政治，把"自由放任"的思想强加给具有卡特尔思维的工商界人士。法国的经济政策还没有这么"现代"，自"二战"以来一直奉行的是路易十四当政时的财政部部长科尔伯特制定的纯重商主义政策。这些政策制定于1700年前，也就是英国人发现"经济学"之前的一个世纪。在法国，政府对工商企业卡特尔实施严格管制。日本人则似乎根本没有任何经济学理论，时而极端保守，时而极端激进，视当时情况来决定采用哪一种可行的理论。

在了解各类新经济学后，可以得出一个结论：一个健康成长的经济体可以经得起多种经济学的考验，正如一个健康成长的男孩，就算吃了很多药也不会致命。

事实上，没有太多证据表明，新经济学能真正管理好经济。当然，这一时期我们没有经历世界性的经济大萧条。大萧条本来就罕见，大约每50年才发生一次。然而，过去的历史记录表明，即使是小的经济不景气，我们也难以避免或缓解。无论是称之为"衰退期""滚动调整期"还是"巩固期"（"萧条"已成为一个肮脏的代名词），跟150年前我们开始记录时相比，这些温和的经济波动在过去20年只是发生得稍微少一点。

虽然这些经济波动不会恶化为世界性的经济大萧条，但无论在美国、日本、法国或者其他发达国家，经济衰退的持续时间都不少于 1910 年任何一本经济学教科书记载的短期波动持续时间——12～24 个月。经济复苏有各种各样的补救措施，例如肯尼迪总统的减税政策，这与 100 年前所用的各种方法产生的效果一样。然而，历史表明，经济衰退在补救方法生效之前就已结束。这让人想起一句老话：普通感冒不吃药，要半个月才会好，吃了药，则两个星期就好。

当然，即使不知道如何医治普通感冒，我们却知道如何治肺炎。因此，正如新经济学所言，我们确实能够预防或缓和一场大萧条，也并非不可能。然而，无论何处发生了重大的经济问题，他们都不会向新经济学屈服。不论对于英国经济停滞、美国国际收支平衡，还是纯粹地方性问题，如非常严重的欧洲煤炭工业问题，以及经济长期衰退问题这类，我们都没有获得成功。

一个愤世嫉俗者很可能得出这样的结论：西方国家在经济方面的表现，是与政府官员中经济学家的地位与数量成反比，经济学家越多，受到的重视程度越高，结果经济表现越差。英国和美国是经济学者比较受重视的国家，战后的经济增长却最慢，而迄今为止经济发展最好的日本，政府中几乎没有经济学家，这些决策是由政府官员做出的。在日本最古老的传统中，任何特定的时刻都存在相互竞争的官僚机构之间的权力平衡，如日本银行、财政部、国际贸易和工业部等。

在幕府时代的经济理论则更加不行。在那里，新经济学的危机已是公开的事实。欧洲的附属国家也是如此，而且我们猜想在苏联的许多富裕地区也是一样，失业是地方性的，而且无法管制。一旦极度短缺消失，也就是说，一旦经济从战时的"临时紧急状态"转向长期的"正常"经济发展，经济就几近崩溃。

非常矛盾的是，经济学的进步造成了经济学理论的危机，现代经济学家远比上一代的前辈学识丰富，而且准备充分，掌握的信息及分析工具也有巨大进步。

在发达国家，现代经济学家手头所有的丰富资料，不是其前辈所能想到的。直到"二战"时，对于经济学家要猜测的许多事，今日的经济学家却可以说："我知道。"更惊人的是分析能力的提高，现代经济学自称"经济分析"做得不错，但大部分的进步都是由上一代开始的。如今，我们很难想象，"国民生产总值"或"国际收支平衡"这样的日常用语是在三四十年前才创造出来的。以往最伟大的经济学家，包括凯恩斯在内，都在没有这些观念的情况下开展工作，更不用说使用这些概念量化的数字了。

电子计算机既能存储资料，又能处理大量数据，使我们可以用这些数据和工具工作，可以测试并验证经济现象之间关系的假设，而以前只能依凭个人的意见和逸事。例如，"投入与产出分析"表明：在某一个范围，例如农业产量发生改变，便会影响到整个经济系统。因此，如果既有数据，又有计算机设备，经济分析就会成为真正的"经济动力学"。正如引入第一个用于数据记录和数据处理的工具一样，阿拉伯数字及小数点也导致开普勒、伽利略和牛顿的"天体力学"，以及现代物理学的出现。

不过，正如每本科学史书强调的那样，第一位现代天文学家不是开普勒或伽利略，而是 16 世纪的第谷·布拉赫，他也是第一个系统观察恒星并"记录事实"的人。然而，在布拉赫收集事实时，他对于这些事实的意义却完全误解了。虽然他也许是有史以来最伟大的天文观察家，是一位非常聪明而且勤奋努力的"星象分析家"，但一直坚持的理论越来越不合适，也显得不够用。开普勒作为布拉赫的助手，也是"星象分析家"，经过 30 年研究才发现新理论。同时，只要新的事实是用旧的不正确理论解释时，他们关于星体的预测便比布拉赫更不可靠，范围更广。如果布拉赫既没有资料，也没有设备，那么他比那些在信息不足的情况做出决策更糟糕，因为这些前辈的估算要更加保守得多。因为最大最危险的无知，莫过于把以往没有正确理解或误解的事认为是正确的。

经济学在今日之处境，正和布拉赫那时的天文学一样。新的分析概念和工具为我们提供了大量的观察和事实，让我们不再对经济问题一窍不通，也让我们根据理论，而非"感觉"来制定经济政策。不过，现有信息和工具越来越表明，我们缺乏足够的经济理论来制定有效政策。在关键性领域，比如经济发展、世界经济、企业、市场以及生产者和消费者的"微观经济"，我们几乎没有什么值得传承的东西，更不用说理论了。

我们当然不能走回头路去接受古典经济学。当初修改 19 世纪经济学的理由与 20 世纪初新经济学盛行的理由一样充分。我们需要进一步超越新经济学，事实上，当新经济学在公众读物和公共政策方面风靡一时之际，正在崛起的年轻一代经济学者开始将其抛在脑后。

经济学家的假设

我们必须在以下几方面超越新经济学：

- 经济理论的基本假设；

- 经济理论的范围；

- 经济理论的关注重点。

如今，经济学的一些基本假设已经站不住脚了。大多数现代经济学家只是在潜意识中做出这些假设，两个世纪前的经济学鼻祖却很清楚这些假设，这反而让情况变得更加麻烦，这些假设已不再真实有效。

（1）经济学理论中第一个过时假设是**经济均衡**假设。

经济理论假设经济政策的目标是均衡。美国在"二战"后承诺的充分就业，就是这一类均衡。这个假设认为到目前为止所需的增长，只是劳动力随着人口数量增加而增加。不过，我们后来知道，在经济学中不可能有稳定的均衡，唯一能提供充分就业的其实是动态非均衡。经济就如一辆自行车，只有在前进时才能平衡。经济增长总是非均衡的，也只有不断增长的经济才能保持均衡。

不过，经济理论似乎不怎么讨论经济增长，新经济学则更是如此[⊖]。如果提到经济增长时，也是被当作一种系统之外的扰动。现在流行的经济理论是根据这一假说：一个经济体是在相同的理想均衡下摆动，这个均衡既没有通货膨胀又没有通货紧缩，既没有失业也没有劳工缺乏，既没有资金闲置也没有立竿见影的经济繁荣。这个假设认为经济活跃地立在原地不动，经济增长和增长动力没有变化，正如在微分学出现之前，数学无法对运动问题做出解释。

例如，过去40年各类经济分析已做了大量工作来阐明"生产力"的含

⊖ 应该公平地说，一些新的"新经济学家"（例如 Walter Heller、Joseph Pechman 或 Edward Denison）意识到了这一点。

义，也为我们提供了很多有关生产力增长的信息。不过，我们的经济理论仍认为，世界各地的生产力水平实际上都是给定的。然而，现代经济生活最重要的事实也就是自工业革命后 200 年的经济巨变是，生产力成为经济理论和经济政策的主要影响因素，成为检验经济理论和经济政策的主要标准。

当今最复杂的经济模型——国民经济投入产出模型，根本没有考虑任何生产力的变化。该模型只是在技术和生产力不变的情形下，计算出增加生产或减少生产带来的后果。这个模型不能预测某一产业或某一经济部门的生产力变化，如何影响其他经济部门或任何其他部门。它也不能说明，究竟必须要先出现什么事情，才会产生这种生产力的改变。这并不是因为缺乏资料，而是模型本身的基本假设造成的。

不过，经济增长是现代经济不可或缺的目标。对于穷国来说，缺乏经济增长就是最大的经济危机。经济学家和其他人一样了解这一点，他们中最优秀的经济学家也花了许多时间来研究经济增长问题。然而，因为原来的模型不包括经济增长，他们便暗中摸索每一个与经济增长有关的事实，试试这样，试试那样，跟随潮流，而非依靠知识。

沃尔特·罗斯托教授在他的书《经济增长的阶段》(*The Stages of Economic Growth*，1960 年) 中也没有找到答案。这是一本重要的书，首次有一位知名经济学家承认，我们需要一套经济增长的系统理论，也是首次尝试将经济分析工具用于分析经济增长。不过，根据罗斯托的理论，高储蓄率本身便可解释并促进经济增长，这是没有根据的。缺乏足够的储蓄不可能实现经济增长，不过即使拥有丰富的资本投资也可能不会引发任何经济增长。事实上，资本的形成和资本的投资可能是增长的结果，而并非如罗斯托所假设的那样，是经济增长的先决条件。

20世纪的一位经济学家——已故的约瑟夫·熊彼特（出生于奥地利，后来到哈佛大学任职）在60年前即"一战"前就指出了这一点。他还发展了经济增长理论，认为创新是经济增长的动力，企业家是其代理人。但从那时起，这一领域的研究几乎没有任何新进展。

"一战"带来了一段经济的长期持续增长，一直延续到"二战"结束。在这一段时间，大家的关注点仍是维持现状，而非经济增长。当然，这是凯恩斯经济学的主题，也就是均衡经济学迫切需要重新诠释的问题。然而，凯恩斯的重新诠释并非我们所需要的经济增长理论，他的原意也并非如此。事实上，在凯恩斯经济学中，维持现状和实现增长之间是存在冲突的。

如果经济理论不能克服这种冲突，就难以克服经济危机。再重申一下，显而易见，我们只能靠经济增长政策来保持均衡。一个站在原地打转的经济体，无论多么"繁荣"，也是一个日益衰退的经济体，英国过去20年的发展状况就是一个例子。

经济增长理论应该比凯恩斯重新修改后的均衡理论更加激进，也更加保守。它需要先让经济学技术化，也就是在开始时便从未来目标出发，再反过来研究现实问题。从历史上看，经济学理论一直是以现有力量消长为起点进行预测的。这些理论假设将来的结构和现在的结构相同。在这样的一个预测中，真正的创新引发的变革是没有地位的。这类预测只是更好地分配现有各种资源，包括知识资源。

我们需要的理论，必须以这样一个假设开始，即经济政策的主题是经济资源财富创造力的真正改变，而非资源的重新配置。换句话说，必须以创新为出发点。

这意味着要将经济理论的焦点从一直以来的成本转移到风险上,反过来又引起对利润的性质、作用和功能的重新评估。

在传统经济学中,利润最多只具有不太重要的经济功能,是资本配置的一个评价标准。假如没有经济增长,那么利润的功能也就不重要了。我们也和古典经济学家一样,从心理学角度解释利润的存在,虽然没有任何一位心理学家能发现利润动机的本质。换句话说,在传统经济学中,利润只是一个道德范畴而非经济范畴,对于利润的态度只是属于意识形态而非经济层面。

在传统经济学中,唯一的风险是缺乏过去和现在的信息,经济政策的目标是将风险降至最低。不过,只要追求经济增长,那么存在很多不确定因素,也就等于把现有资源投入到风险之中,这将带来一个不同且不可知的将来。因此,经济增长的政策必然会让经济承受更大的风险。

因此,在增长经济学中,利润是不确定的成本,而非"盈余"。事实上,我们可以确定一个新的经济学法则:只有未来成本,根本不存在利润。当然,通过政治关系实现垄断而得到的利润除外,这只能算"进贡"而非利润。**未来成本**无法衡量,但和我们账目上记录的过去成本一样真实、明白和确定。正如我们在问起过去成本时,要知道是否有足够的收入来承担,我们在问起未来成本时,也要知道是否有足够的收入来承担。关于利润的主要问题是,利润是否够高到值得为了经济增长而冒这个风险。在经济均衡理论中,无论我们是强调资本积累还是消费,也就是说无论现在还是未来,对于经济学有何看法,这一点是一样的。

这种观点消除了"利润动机",也不把利润当作"资本主义的回扣"。经济增长意味着必须要有利润,与政治信仰、经济结构无关。

当我们说利润不存在,而又把利润当作现在还不能分配的未来成本时,并没有提到用什么方法来分配利润。很明显,我们需要收入来抵消投资的风险，这些收入只能来自当前的生产，正如用于抵消今日营业成本（会计成本）所需的收入，只能来自现在的生产一样。现在的生产是我们唯一可支配的东西，是唯一的"现实存在"，其他的不是记忆就是期待。

但是，我们也很清楚，应该把这些收入投入有风险的事业。这些资源必须用来创造未来，而不是捍卫过去。这样我们就主张要有资本市场，而反对现有企业保留利润（所有论点都在第3章和第4章中提到过）。但这并不意味着资本所有者必须做出再投资决策，而是应该控制利润。

在所有经济体中，关于谁应该做出这些决策存在很大争议。有人坚持，资本所有者当然是国家。然而，也有人认为，企业管理者，而非政治机关也就是所有者，应该对将利润投资于未来的风险有决策权。

在西方自由世界的经济体中，也有同样的公开辩论。按传统的观点，所有者获得最大收益，也就是具有充分决策权。另一种观点则认为，所有者只应获得"资本成本"。后一种观点就是最近几年所谓成长型公司的政策基础。

其实对于"所有权"的陈旧观念已不大合适。一个理由就是，知识而非传统的"财产"成为如今具有控制力的资源。不过，我们今天也可以想象一个拥有独立的商品、劳动力和资本市场的经济体，在这个经济体中企业努力追求利润，但没有"生产资料的所有权"。

在美国经济中，信托机构（如共同信托基金或养老基金）是大企业的主要所有者。事实上，不存在"私人所有权"，所有权即使没有被国家化，也都已经"社会化"了。同样地，南斯拉夫的企业也在逐渐变为"非国家化"，但所有权仍归属政府，商品、劳动力和资本都处于接近市场的经济状态。不过，追求利润是一个客观目标。在西方"资本主义社会"中，盈利能力决定了企业能否获得资本。这两者的不同之处当然还很多，但利润和盈利能力发挥着相同的作用，而所有权根本不起作用。

虽然这些都是极其重要的、会引发激烈情绪的争论点，但与旧式的战斗口号 "打倒利润" 和 "打倒剥削者" 截然不同。

经济增长并非一个经济体的唯一目标，但均衡也不是唯一目标。我们当然不能把增长从经济模型中去除，这至少是一个重要目标。无论增长是否存在，一定是最确定的现实。然而，只要我们把增长放在这样一个模型中，利润及其意义便完全改变。对于剥削呼声的回应，不是要赶走剥削者，而是要实现经济增长、提高生产力，是要让穷人富有生产力，这便需要冒很大风险来面对不确定性，同时还要追求利润。

（2）经济均衡假设忽略了技术。经济学家认为，技术变革是经济之外的事，也是无法应对的事，是一种不可控和不可预测的灾难，就像地震或瘟疫。技术变革也许可以解释为什么经济学家的预测会时常与事实存在偏差。不过，经济学家不知道如何预测或解释技术变革，也不知道技术变革的过程或后果。

不过，不同于瘟疫、地震甚至大的战争，技术变革和创新是一个经济事件，主要从经济目的出发，存在于经济资源配置的变化之中，并导致资源的重新配置，其目的和检验方式都是经济绩效。技术变革是决定土地、劳动力和资本生产力的重大事件，经济学家不理会这么重要的现象，认为不是其研究范围，就像数学家说 "数字不属于数学的范畴" 一样。

如果用经济术语解释创新，并通过经济分析预测创新，可能永远无法得出创新理论。知识和认知等非经济因素对于创新至关重要，不过，我们应该能够理解创新是如何影响经济以及其可能的经济后果是什么，应该能够以很高的概率判断某项创新是否可能产生重大经济变化，还是只是单纯技术层面的变化。

例如，我们应该能说得出某一种创新，如分期付款购买，或施乐公司推出的大规模办公室复制和复印机器，对于经济有什么样的影响，或者究竟是否有影响。从现代经济学家的观点来看，我们需要一个对创新很敏感的"投入－产出模型"，至少能向我们报告创新在何时以及如何改变各部门、各行业以及生产要素之间的关系。

　　没有这些信息，我们便无法制定合理的经济政策。没有这些信息，我们就不知道某个政策究竟是促进还是阻碍了经济福利。

　　例如，美国究竟应不应该保护钢铁工业，而抵制国外进口呢？美国的钢铁业需要加快技术变革是显而易见的，工艺创新很快就可以实现也是显而易见的。不过，在全球产能过剩的情况下保护国内的生产者，能否促进对于社会和经济都有利的创新呢？这样做真的能加强钢铁工业吗？还是迟早会由于延迟了创新的普遍应用，而拖累钢铁工业和美国经济呢？

　　现在，谁也无法回答这个实际问题。我们对于创新作为一个经济过程的了解不够，对其经济影响也缺乏足够的信息。然而，我们随时都需要做这样的决策，而且还需要让决策迅速且正确无误。因为这个原因，我们要改变经济理论的传统假设，把技术和创新带到经济学家的视野中，让他们可以进行研究。

（3）经济理论要按知识创造生产力的全新假设重新架构。

早年的经济理论非常关注这样一个问题："什么创造了经济价值？"

传统观点认为，经济是人为的杰作，而非自然而然的结果，这一点无疑是对的。但这也不重要，只是意味着人的这一个特质比任何其他特质都重要。

19世纪下半叶，这个问题越来越像形而上学，而不是经济学问题。任何以此为依据的"价值理论"，无论答案是什么，都妨碍经济学的理解。因此，现代教科书中几乎不会提到这一点，反而开始讨论"生产要素"，包括土地、劳工和资本，后来又增加了管理。

但这些"要素"也无能为力，如今在实际经济工作中被认为是成本要素，而非"生产要素"。换句话说，我们要花钱才能得到自然资源、劳动力和资本，其中资本是控制着现有资源并应用于未来的力量。在一定范围内，我们可以把某一种资源来代替另一种资源。然而，如今的经济学家认为，这些"要素"不过是对生产的一种限制和约束，要付出相当大的代价才能克服，而一切要素在付出代价后才能得到。

自30年前西蒙·库兹涅茨开启关于美国经济生产力的开创性研究以来，经济学家们越来越注意到，"生产要素"成为经济绩效的关键。既然经济发展、增长和变革成为经济理论必须解释、经济政策必须要管理的各种现象，"生产要素"变得越来越重要。一个试图解释、理解变革与增长的经济理论，需要一种假设来解释生产力的来源。

库兹涅茨的工作有力地表明，新知识而非资本（更不必说劳动力）带来了生产力。因此，库兹涅茨的统计数据证实了熊彼特在"一战"前不久提出的假设。资本是因机会多少而流动，而这种机会是工人和管理者的新知识带来的更多生产力所创造的。

这看起来很明显，但对于传统经济学来说并非显而易见。事实上，这与大多数传统经济也不相容。

经济的民间传说，也就是报纸、议会和国会里讨论的经济学，仍然假设经济进步是因为劳动者工作更努力而提高了生产能力。其实，过去100年，一切经济进步仅是缩短工作时间和减少体力损耗，而劳动"生产率"并没有提高。之所以能为生产率较低的劳动力支付更多的钱，主要是知识的兴起让经济更富有生产力。不过，一般雇主协会的理论认为，资本本身就具有生产力，这实在是没有什么根据的。

历来的争论点是：究竟谁有权获得生产力提高后的成果，资方还是劳方。可以这样来回答：双方都"无权"得到什么。双方都不应该认为产生成果是自己的功劳。生产力提高的后果是双方都可获益，但并不是他们自己"赚"来的。

新产业和新技术都是完全建立在知识基础上的，而不是建立在"科学和技术"基础上。同时，知识成为现代经济的主要支出和投资，成为经济的主要资源。不过，经济学家仍然不知道，知识是生产或生产力的一个要素。

我们需要一种经济理论，让经济成果和知识投入联系起来，也让经济投入和知识成果联系起来。我们需要一种理论来衡量知识的有效性，也能衡量"知识产业"的效率，尤其是教育的效率，也就是系统的生产和分配知识。我们要将知识资本用于生产和研发，也许还要看这类知识资本是什么形式？也就是说，看这笔钱究竟用在让大多数儿童识字，还是用在让少数人在大学接受高等教育。我们需要衡量知识投资和知识资源的经济回报。

我们需要这样一种经济理论来制定出应对我们所处知识环境的政策，这一类的决策不能也不应该仅以经济为依据做出。事实上，我们可以争辩说，这些决策通常是按非经济的依据来制定的，也就是要考虑道德、社会、艺术或伦理目标和价值观等。不过，每一个决策都需要经济成本。不重视经济成本的决策几乎一定是错误决策，也就是说，这种决策的效果与预期完全不同。

当今优秀的经济学家知道，均衡经济学是不够的。他或许知道创新是经济体系中反复出现的一种质的变化，也认识到知识创造生产力，而"传统生产要素"是经济体系的约束而非驱动力。不过，只要这些经济学家没有一个基于新假设的理论可用，就会无视自己的知识而依赖过时的理论，而这些过时的假设可能会推导出错误的结论。有些人会抛弃已有知识而依靠直觉、经验和"感受"。当然，这些都是杰出实践者在发现自己知识基础不可靠之后的做法。若要实施有效的经济政策，经济学家需要根据所处的经济现实和面临的经济任务建立新的理论。

世界经济学、国际经济学和宏观经济

现有经济理论都集中研究国内经济，经济学家称之为"宏观经济"。我们没有世界经济的理论，也没有足够的知识来了解世界经济和国内经济彼此间如何发生作用。现代经济理论实际上仍假设国家、货币、信用和税收政策进行内部控制的封闭经济是理所当然的。

在这一点上，法国极端保守主义者与他们的宿敌——英国剑桥和马萨诸塞州剑桥的极端凯恩斯主义者没有什么不同。两者都只看到国内经济，也只分析国内经济。外部经济只是作为一种约束、一种条件和一种环境来考虑。

关于欧洲工业由"美国主导"的辩论就是这种狭窄观点的一个例子。戴高乐总统极力抱怨说，美国利用美元和收支不平衡来蒙骗容易轻信别人的欧洲人，进而掠夺欧洲并接管欧洲的工业。然而，美国的政策制定者却对通过"美元外流"来并购这些产业充满抱怨。

事实上，美国和欧洲都通过跨国产业对本土产业进行投资，既没有"收购"，也没有"流出"。实际上，购买欧洲企业股份的美元，几乎都被欧洲人对美国公司的投资抵消了，而这些美国公司又在欧洲投资。于是，产生了许多跨国公司，欧美两大洲的人都拥有公司股票，都进行生产和销售，管理者也有欧洲人和美国人。

假如，这种现象只是发生在国内经济中，如20世纪初美国所发生的一样。当时进入纽约资本市场的大公司将业务从区域性扩展到国家层面，那么每个人都立刻会认识到资本流动的循环性。流入与流出其实是一条河流，不过当这种流动超越了国家边界后，便超出了经济学家研究的范围，也超越了经济学家所认为的"现实"。

这就可以说明为什么美国人和欧洲人对改善美国国际收支平衡的效果寄予不同期望。1965 年对美国海外投资实施的"自动"限制,旨在减缓美国在欧洲的收购,结果却加速了这一进程。美元从欧洲经美国公司再流回欧洲的线路就短路了。欧洲不是把美元从巴黎流到纽约,然后又回到巴黎,而是把它们直接放在美国公司新成立的欧洲子公司的证券中。这些子公司的成立就是为了收购欧洲企业,从而将它们置于跨国管理之下。换句话说,欧洲去跨国投资美国公司,而美国企业却跨国并购欧洲企业。

这个模型既然是专门以国内为范围来构建的,便表示与国外有关的经济政策难以制定,或者无法有效实施,在这方面,我们所知道的实在有限。

1965 年美国政府第一次限制美国人国外投资,以减少国际收支平衡赤字时,美国商务部曾经研究了这一问题,并在哥伦比亚大学出版的 *Journal of World Business* 1966 年秋季刊上发表了研究摘要。该研究认为美国人在国外的投资,为美国产品在海外创造了出口市场。美国工商业所投资的每 1 美元都会在极短时间,也许 2 ~ 5 年内,至少产生 5 美元的产品出口收入。当然,还要加上许多利息。这些数字表明,减少美国对外投资,会造成美国出口不成比例的大幅下滑,让美国国际收支不平衡问题恶化。自 1965 年后美国国际贸易平衡的发展果然证实了这一预言。两年之后,美国对欧洲的贸易超额便大幅减少,尽管这两年美国物价没有欧洲物价涨得那么高。

但是，我们是否完全应谴责美国对投资的限制呢？当然，限制投资是一种传统上"治疗"国际收支平衡赤字的良方，如今是否反而成了致病的原因呢？没有人知道。我们只知道美国政府制定政策主要靠代代相传，而不是基于知识。

同样的情形也明显适用于1968年年初美国政府对于国外旅行的限制。没有人知道这种旅行对于国际收支平衡到底有多大的经济影响。当然，旅行支出中企业家支出占大部分，观光客支出占比很小。那么，商务旅行是不是一个为美国出口以及国外投资带来收益的手段呢？换句话说，旅行支出的每一美元，是不是净支出和美元外流呢？还是通过这种方式会为美国带来10美元的外汇呢？旅行限制是不是跟自己过不去呢？这么做是减少美元流出还是增加美元流出呢？企业家商务旅行花了几亿美元，对于外国航空公司花几十亿美元来购买美国飞机有多少影响呢？没有人知道答案，也无法找到答案，然而这些都是基本问题。

这些例子表明，这样的无知必然导致错误的行动。既然对于美元外流去购买欧洲企业和美元流入来买美国股票之间的关系不清楚，或是对于国外投资和出口的关系一无所知，欧洲、美国经济学家的反应，必定会伤害他们的国家和世界经济。

现在到了由世界经济决定机会的时候，有效的经济政策也应从世界经济中找到方向。这是以往20年间日本、瑞典等成长型经济体学习到的教训。然而，美国和西欧由于被经济理论中的宏观经济理论蒙蔽，而无法从这个教训中受益。

目前，对每个国家的主要经济威胁是来自世界经济的危机。这种情形从1873 年发生经济恐慌后，100 年来一直都是如此。1929 年的经济大萧条，确实是由美国国内股票市场的崩盘所引发的。但这是"一战"后草率建立起来的国际货币体系瓦解，尤其是英镑的贬值导致了奥地利一家银行的倒闭，把一个"正常的"不景气变为极可怕的经济和货币体系的整体瘫痪。假如1929 年的经济不景气主要是国内的，那么，胡佛总统的这句话便是对的：美国在1932 年应该顺利走上复苏之路。

同样地，1877 年、1896 年、1907 年和 1921 年的经济危机也大多是国际性的，而非任何一个国家的内部经济危机。

不过，经济学家只看到了因为国内物价、国内消费过度或不足、国内投资过度或不足所产生的危机。经济学家承诺以国内政策全力克服国内的经济危机，这是最不能令人相信的。由世界经济所产生的危机，例如世界范围的流动性不足，会因国内采取的措施而变得更糟。这一类措施不可避免是贸易保护主义论调，企图要把国内经济孤立起来。任何这一类的企图，正如早年有钱人逃到乡下躲避瘟疫一样，只能有一种结果，让瘟疫传播速度、传播距离和传播时间都翻倍，造成的伤害是原来的好几倍。

然而，经济学家和制定经济政策者即使没有适合的经济理论来解释世界经济问题，也不能依靠已成为古董的"国际经济"理论即亚当·斯密的国际贸易理论。这是一个极好的理论，但仅适用于前工业经济时代。

这一理论认为国际贸易是建立在"生产要素"的"差异优势"基础上的，其著名的例子是（19 世纪初由大卫·李嘉图首先使用）葡萄牙的酒与英国羊毛的交换，其中一个国家的气候有利于葡萄酒，而另一个国家的气候有利于养羊。其结论是尽管不同技术水平的国家和不同经济体之间存在着"生产要素"的差异，但互补贸易是最大的机会。

按照国际贸易理论，印度和美国"高度互补"，德国、瑞士和美国则是"互相竞争"。因此，美国与印度之间的贸易量应该最大。而在技术水平相同的国家之间，如美国和瑞士或德国之间，则应该没有贸易或仅有极少的贸易。

其实，事实恰恰相反。两国的经济结构、技术水平和要素成本越接近，两国之间的贸易就越密切。彼此之间的互补性越强，贸易却越少。一个多世纪以来，这一点已众所周知。当欧洲大陆第一次开始工业化，从而成为英国的"竞争对手"时，它与英国的贸易，从原来的极少开始迅速扩张。

经济学家有一个标准理由解释现实状况为何与国际贸易理论的预测不相合，那就是印度太穷了，买不起美国制造的高端产品。不过，印度缺乏购买力，并不能解释为什么美国与瑞士之间会有大量贸易，这是一个非常重要的现象。它不能说明为什么瑞士与美国间的贸易量增加越快，瑞士的技术水平和生活水平也越接近美国的水平。

国际贸易理论假设货物是移动的，但"生产要素"是固定的。然而，即便"生产要素"被定义为"土地、劳动力和资本"，这种假设也不正确。"土地"当然不会移动。但是，劳动力有时流动性很强，例如，在北美殖民地以及过去20年农村无产者从南欧（在那里他们是经济拖累）向中欧和北欧工业区（在那里他们变得富有生产力）的迁移。也就是说，这一种迁移不但能提高移民原住地的生产力，而且也能提高移民迁入地的生产力。对于资本而言，除非受到政府限制，否则资本原本就具有高流动性。

然而，更为重要的是，知识这个真正的"生产要素"几乎拥有无限的流动性。在欧洲创造生产力的不是美国公司的投资，而是这种投资会把资本背后的技术和管理知识从美国迁移到欧洲，这才是创造生产力的原因。知识是一种非常特殊的经济资源。知识从美国转移到欧洲时，对欧洲来说是一种净进口，也增加了欧洲的资本存量，但是美国的资本存量也不会减少。我们把知识让与别人，也得到了回报，但并没有把知识"出口"。事实上，我们丰富了知识资源，并让知识资源更富生产力，这是任何其他资源所做不到的。没有一种资源可以由一个人转到另一个人，从而实现双赢。在知识被转移时，贸易便产生了。很明显，在可具有相对等知识水平的两个区域之间，也就是在两个发展水平相同的国家之间，知识比较容易转移，而要把知识转移到没有太多人愿意接受的地区，便不十分容易。

这并不是否定比较成本的重要性，但让比较成本成为国际贸易的限制而非基础，至少在能利用知识的国家之间是如此。这也并不会使亚当·斯密的理论（国家间贸易额越大双方收益越大）过时。不过，关于该体系如何运作的简单结论，即19世纪自由贸易理论的实施可能需要加以修正。亚当·斯密特别强调货物自由贸易的重要性，然而，资本的自由流动和知识的自由流动也许更重要。

亚当·斯密的互补贸易并不会消失。当然，如今在英国已没有多少羊毛原料，葡萄牙却仍然产酒，但石油只在发现地生产。按照斯密的说法，"土地"是不能移动的，所以油田也无法移动，石油产品必须带到市场上作为能源进行贸易。但对于原子能，"互补性"贸易便没有那么重要了，虽然贸易规模不一定小。同样地，小麦只能在温带生长。假如热带地区的人要小麦，便必须要把小麦送到热带，等等。然而，今日的"互补性"贸易，仅仅是贸易中的一个组成部分，而且只是世界经济体系中的一种要素。

实际上，"竞争性"贸易在很大程度上才是国际贸易的推动力。制成品的世界贸易增速远超过自然物品的"互补性"贸易增速和制成品生产的增速之和。1816～1950年，人均贸易额增长了两倍，1950～1966年这一数字又翻了一番，年增长率为7.5%，也就是每10年增加1倍。自1870年开始有可靠统计后，这项增加的贸易大半是高度工业化国家之间的贸易，也就是互相竞争而非互补的贸易。当今大多数国际贸易都是竞争性贸易，也就是制成品的贸易："比较成本"源自知识应用，而不是掠夺自然的结果。然而，我们没有理论来证明这一点。事实上，按照现有理论，这种贸易是不可能发生在我们生活的经济世界中。

从英国的例子可以看出，这种不充分的理论有多么危险。在国际贸易谈判中，英国人仍遵循这一传统理论。因此，他们把贸易重点放在为英国的"互补性"贸易打开市场的产品上，包括威士忌酒、瓷器等。不过，他们却不大关注"竞争性"贸易，只看重自然资源或历史形成的有利条件，而不注重知识带来的优势。因此，他们把注意力集中在过去的机会上，并无视已取得的巨大知识成就。

斯密解释了他那个时代的**国际**经济，现在迫切需要一种新的经济理论，这一理论以**世界**经济为出发点，并把国内经济视为世界经济的一部分。我们不会像 19 世纪那样，把国内经济和世界经济分开，但我们必须更进一步，超越传统经济分析对国内经济的限制。

宏观经济和微观经济

经济学家认为他们的理论属于"宏观经济"理论，然而，他们的理论不仅无法涵盖真正的"宏观经济"，也就是世界经济，而且对产生实际成本和实际成果的经济领域，即生产者、消费者和市场的"微观经济"视而不见。

"宏观经济"视国家为一个整体，本质上这个理论涉及一国政府、国民收入及分配、国家信贷和货币流动以及所有价格水平。

现代经济理论之所以具有强大穿透力，主要在于把宏观经济作为重点。事实上，如果不对宏观经济给出约束条件，"经济分析"就无法发展起来。现代经济学是从放弃 1880 年奥地利学派关于个人和企业的经济理论开始，进而转向采用统计方法研究"宏观"经济，包括货币、信贷、就业和生产活动等。

这种现代方法背后的假设是合理的：一个经济体的各组成部分，不管是个人、消费者、企业、地方政府等，总的来说，都会像物理学家的"理想气体"中的粒子那样运动。每一个粒子都可能有其自身的运动，这是由内、外部因素作用产生的运动。不过，总体来看，集合体只有一种行为状态，由概率分布控制，并符合"平均值"。唯一真正的行动者，唯一能够指挥与控制个别粒子的行动力量，乃是外部力量，也就是制定财政政策和货币政策的政府。

然而，如果按这一假设来描述所发生的事情，则越来越不准确了。尽管政府有时似乎变得非常强大，但根据概率预测的总体行为与实际事件之间的差距变得越来越大，而不是越来越小。

经济学家承认这一点，但是他们总是解释说，这是"不应该发生"的现象。例如，他们会说这是垄断造成的后果。然而，理论的目的是要让有效的行动能够发生，而且要预测最可能发生的事情。已发生的事情是否应该发生，这不重要。如果"不应该发生"的现象已成为惯例而非例外，最好就换一个理论。越来越多的情形是："宏观经济"模型告诉我们，实际发生的事情与应该发生的事总是相反。

这里举几个最近的例子，1966 年美国联邦储备委员会这个被公认为见识广博、非常高效且不受政治压力摆布的经济政策机构，为了防止经济繁荣的景象失控，决定提高利率。不过，联邦储备委员会本意不想打乱住房建设计划，因为大家认为美国经济未来的发展主要依赖于家庭的形成，因为大批年轻人到了工作年龄并加入职场后，需要成家立业。不过，这样带来的后果却是房屋贷款毫无着落，而建造房屋的计划就完全宣告失败。与此同时，工业的繁荣却丝毫没有受到影响。企业界对于美联储措施的反应是，不但没有减少存货，反而是进一步增加了存货。

事后回想起来，很容易就看出究竟是哪里出了问题。不过，事后有先见之明是不难的。我们并不能绝对保证下一次遇到同样情形时，联邦储备委员会采取同样的措施会有更好的结果，尽管我们可以假设会有不同的结果，而且一两年之后的回顾会让我们看出其中的缘故。

"二战"后英国政府想要扩大出口，却屡屡失败，这是另一个例子。无论是工党还是保守党执政，英国政府的每一项措施都导致出口缩减，并没有达到扩大出口的目的。每一项措施都不利于高效先进产业的发展，而这些产业正是经济增长与出口的主要来源。在各执政党采取的措施中，唯一不同的是技术落后且低效的产业有时也会随着高效的现代产业受罚，有时则可以幸免。换句话说，这些措施有时对国内经济的伤害比其他措施更大，但没有一次能改善英国国际收支平衡，尽管这是政策的唯一目标。事实一再证明，企业的反应与经济学家的"预测"并不相同。

我们缺乏能解释宏观经济中各事件之间关系的经济理论，这些事件应该可以由经济理论来控制和预测。而微观经济中的事件，则是由企业、地方政府、工业实验室中的科学家或普通消费者控制。因此，在涉及企业、政府、消费者等的经济决策中，99% 的决策都没有理论支撑，甚至没有太多的合理指导。

各国政府机构的日常行为，包括地方政府的预算和税收、企业法规或消费政策，都会阻碍政府机构的宏观经济政策。这在所有领域都会发生，例如反垄断领域或交通管制方面。然而，我们对微观经济的了解还不足以预测这一点，充其量只是一个事后诸葛亮。我们所能提供的一切都是基于经验，而不是在经济理论或经济分析基础上提供意见。所有人都认为，"常识"使政府某个微观经济政策似乎与政府的宏观经济目标不完全一致。不过，不用说，这些意见不胜枚举，既没什么价值也令人难以信服。

从现代经济的定义看，政府政策与其他团体、个人的经济行为密切相关。不过，政府却没有多少能力制定经济政策。一方面，我们拥有一个漂亮优雅的宏观经济模型；另一方面，行动与政策又毫不相干，甚至各自为政、固执己见。从一个简洁优雅的经济分析模型中得出的货币和财政政策，在真实经济中产生的结果与其政策或主张根本无关。实际上，微观经济中一些难以预料的事件，会完全改变宏观经济的行为和结果。

这种事实只能得出这样一个结论：微观经济本身没有力量或行动，只是全凭宏观经济中的事件尤其是财政与货币事件的概率分布进行管控，这样的假设根本立不住脚。至少，微观经济可以对于同一宏观经济事件有不同的反应，使得同一宏观经济政策在同样情形下会有不同的结果。

假设 "粒子" 是 "有机体" 而非 "原子"，这一做法更明智。至少有时 "有机体" 更能决定自己的行为，而不是局限于对外界刺激的反应。一直以来的经验告诉我们，宏观经济虽然限制了微观经济中的有机体，但并不能控制它们。

我们需要什么

微观经济理论需要大量信息，而我们今天所掌握的信息最多只是零碎的。另外，微观经济理论还需要新的观念。

例如，我们了解很多市场信息，但这些信息是分散的，而且主要是"实际"工作的人知道，包括企业界人士、市场营销人员、广告人员和商人等。在许多情况下，这些人根本没想到，也没有考虑有多少所谓的"知识"是奇闻轶事或未经检验的观点，就简单应用到日常工作中。

举一个例子，没有人真正知道广告究竟有没有用，如果有的话，到底成效如何。在国外，有人相信广告是万能的，但曾经出现过这样的情况，即最奢侈的广告宣传一次又一次失效，并没有产生任何需求。福特汽车公司的Edsel 型汽车广告是汽车史上预算最高、计划最为周密的广告，结果却完全失败。还有另外一种看法，许多知识分子认为广告根本毫无效用，只是浪费钱而已，不过没有人拿得出证据来证明这一点。

广告是大众营销，如果有效的话，它应该是最经济和最便宜的营销方式。因为在广告上每花 1 美元，便可为产品上市省下一大笔钱。不过，没有人试图去研究广告到底是不是真正省钱的营销方式，或是广告的经济效益如何？据我所知，甚至于没有人知道如何确定一个假设来测量广告的经济效益。

传统的经济理论只知道"商品"，不知道"产品"。商品完全由物理特征来界定，因此竞争只限于明确界定的单位之间，彼此的差异只是价格。然而，产品就复杂得多，大多数不能只由物理特征来界定。它们通常在提供给买家的价值上有所区别——一套风格不同的房子，尽管其物理特征，如房间的数量和大小可能是相同的。在那里，传统的商品概念根本不适用。

即使按照经济学家的传统定义，"价格"是供应商的所得报酬，我们对于"价格"的了解也不够。例如按现有理论，从购买者观点来看，不可能出现价格过低的情况。换句话说，价格上涨不可能带来需求增加。但是在真正的经济体系中，这一类事每天都发生。经济学家碰到这种情况时，便会说这是"非理性顾客"。但这正像是医生遇到抗生素无法治理某种细菌时，就会说是"非理性感染"一样。事实上，正在发生的事情与理论不一致时，这个理论就应该改变。

我们也许应该从以生产成本为依据的价格理论，转向以购买者支付为基础的价格理论。我们的经济理论不应以生产者成本为主，而应以购买者的价值为主。这点似乎是很容易做到，但是美国国防部十年来一直在研究"生命周期成本"，根据武器和军需品在整个使用寿命内要花政府的钱（包括维护和维修成本，以及培训使用人员的成本）作为采购的基准。我们越深入研究，"价格"问题就越复杂。

要了解市场真实的一面，必须按现实情形研究，而不是与现实脱离。市场不是由宏观经济学家认定，而是由宏观经济力量决定。市场才是决定一切的力量，是提高资源配置效率的重要机制。

市场是一个自主力量，有自己的价值观、运行动力并进行自我决策。当然，市场可能会受到宏观经济的影响，但即使宏观经济完全管制了生产和分配方式，如苏联的五年计划那样，市场也没有受到抑制。市场可能被扭曲，却无可阻挡。只要消费者有机会选择时，市场便掌握大权，而不是计划者控制一切。

因此，新经济学只是一个开始。从穿透力、定义和概念、严密性等方面看，这的确是一个了不起的开端。不过，要让人们了解经济并制定政策，还需要更多东西。

除了现在唯一的均衡理论外，我们还需要一个经济动力学理论。我们需要从理论上理解技术创新是一个经济事件，并将其融入经济理论和经济政策中。我们需要一个世界经济模型，了解世界经济和国内经济之间的复杂关系。最后，我们需要一个有关微观经济行为，也就是经济行为主体（有机体）的理论，因为最终产生经济成果、商品和服务、就业和收入的是微观经济活动。

最理想的情况是，所有这些新的认知都应该成为一个统一的理论，我们应该能够将微观经济、宏观经济和世界经济整合到一个"经济领域"。当然，这个经济领域应该有相同的基本概念，例如，都把知识的概念当作生产力的核心要素。不过，我们会得到若干理论，虽然按同一种方式构建，但各不相同，而且彼此独立。当初，物理学在整个 19 世纪是一连串相对独立的领域。光学、热力学、电学和力学，彼此间只是松散联系在一起。直到 20 世纪，量子力学的出现，才让物理学又像牛顿时代一样统一起来。如今，在普朗克、玻尔和卢瑟福之后仅半个世纪，物理学又分裂成若干单独领域。然而，物理学是一门拥有共同方法、共同研究框架的学科。如果经济学有类似的发展，没有人会吹毛求疵。

无论属于哪一个派别，新经济学并不是经济理论，最多也不过是一种"解剖学"，即对重要但有限的部分做出静态、毫无生气、机械化的描述：一个没有世界，也没有企业家、工商业和消费者的国家经济体系。再继续拿医学做比喻，新经济学是骨骼。没有骨骼，就没有人可以了解或治疗身体，但只靠骨骼并不能解释身体，也不能让人诊断或治疗。新经济是一个必要的起点。不过，最危险的是各国假装新经济学**就是**答案，就是真正的**唯一**经济理论，这种理论作为经济哲学家的基石，可以帮助我们避免或至少治疗严重的经济病症，如不景气或萧条。

幸运的是，虽然有些晚，但大家已经开始了解。虽然对于新经济学，大家给了许多冠冕堂皇的赞誉，但严肃的经济学家已在开始做我们急需的工作。虽然学生的教科书重点讨论新经济学，但经济学家依然鼓励公众相信，今日经济学真正的争论点还是凯恩斯理论及其正确性。不过，美国的"热门"经济学，与那些主宰总统经济顾问委员会和公共报纸杂志的经济学截然不同。

最近几年，在年轻的美国经济学家中，最受人尊重的一直是芝加哥大学的米尔顿·弗里德曼，他最瞧不起这样的新经济学。

弗里德曼的理论关注增长，而非均衡。他认为一切财政政策如果不是有害的话，都是无关紧要的。他要求按照固定利率（如每年3%）有系统、有计划地持续扩大货币和信贷。按照他的看法，这样就不必依靠财政措施、税收政策、预算赤字或盈余、贴现等措施来管理国家的经济。自从斯密发出关税和补贴反而会削弱国家经济的观点，带来了18世纪以来经济学上的震惊后，这恐怕是经济学上最激进的建议。然而，弗里德曼却当选为美国经济协会主席。事实上，这位反传统人士，被认为是保守派的元老，在1966年竞选中担任参议员戈德沃特的经济顾问。弗里德曼确实是一位保守主义者。然而，一旦他把增长而非均衡放在货币理论的中心，就不可避免地得出这样激进的结论。

在收集货币的资料方面，没有一位美国经济学家可以胜过弗里德曼，也没有人在经济分析方面比得过他。换句话说，弗里德曼虽然是以保守闻名，但他并不回到新经济学以前的时代，而是在超越新经济学。

在如今的英国，在公众眼中，无论工党还是保守派，新兴的经济学明星都不是凯恩斯主义者，而是沙克尔。他在利物浦而不是牛津、剑桥或伦敦等政府经常聘请顾问的名校从事经济学研究。他是在剑桥大学出版社出版一本平装书的唯一英国经济学家。他的书实在不容易看，书名《研究经济学之乐》（*Economics for Pleasure*）是一个错误的名字，但看他书的人越来越多，尤其是年轻的英国经济学家。

沙克尔本人是一个非常现代的人。事实上，他是以指导凯恩斯派学者及后凯恩斯派学者而出名。他之所以能吸引年轻人，是因为在 100 年前，他和古典派经济学者一样，以个人在经济中的行为作为出发点，而且以个人是经济"活动部分"这一公理为出发点。他最早的贡献是尝试按企业家和工商界人士的期望建立一个综合的经济学理论，他从目标、未来和我们的意见开始，之后再回到现在的各种行为，他的理论是第一个具有动态目标的真正经济学——第一个基于技术动力的经济学。

如果问这个"超越新经济学"的新经济学是"保守"还是"自由"，这实在没有什么意义，其实两种类型我们都需要，而且未来的经济学，并不会否定新经济学。反而来自对新经济学的分析，会更加注重定量化，更加重视丰富的信息，而不只是观点。不过，未来的经济学在主题、关注点以及对经济活动的看法方面，都与和新经济学不相同。

3

第三部分

组织型社会

THE AGE OF
DISCONTINUITY

新多元主义

　　有一个现象，尽管我们自己似乎毫不在意，200 年后的历史学家可能会认为是 20 世纪最重要的事情，这就是组织型社会的出现。在这个社会中，每一项重要的社会任务都委托给一个大型机构。对于我们这些现代人而言，这些机构不论是政府还是大企业，不论是大学还是工会，每一个看起来都像是**唯一**的机构。然而，对于未来的历史学家来说，最令人印象深刻的可能是一种独特的新多元主义出现，即一个制度多样性和权力扩散的社会诞生。这些历史学家可能会认为，在 20 世纪的最后几十年涌现的社会和政治领域的创造性思潮，与 17 世纪的博丁、洛克和霍布斯等人提出的"现代社会理论"一样重要。

　　对现在大多数人来说，无论是赞赏还是谴责，中央政府的权力似乎没有受到挑战。今后的历史学家可能会把我们这个时代称为"中央政府的黄昏"。在 20 世纪最后几十年，政府最显著的特征可能是无能，而不是无所不能。关于国内外政府的结构、组织及局限性的新政治理论将来可能在历史学家的叙述中扮演重要角色。

60 年前，"一战"爆发前，世界各地的社会看起来很像堪萨斯草原：地平线上最大的事就是个人。大多数社会工作都是通过规模跟家庭差不多的单位完成的。即使政府无论看起来多么强大，都非常小巧玲珑。虽然德意志帝国政府俨然是同时代的巨人，但是中层官员仍可以亲自了解每个部门每一个人。

不过，从那时起，政府规模的扩张令人吃惊。当今世界，不管哪一个国家，新建的政府办公楼都很庞大，即使是最小的办公楼也可以容纳 1910 年的所有政府机构，并且有多余空间建歌剧院和溜冰场。

美国就是如此，目前丹佛或博伊西正在新建的任何一座政府大楼都可以容纳老罗斯福时期的所有政府机构，包括联邦政府、州政府和地方政府。日本也是如此，即使是日本最小的地区，也有一座全新的办公大楼，与 25 年前日本帝国与西方争夺世界领导权的东京内阁大楼相媲美。

"一战"前不久，瑞士苏黎世市民建立了新的市政厅。当时这座市政厅受到强烈批评，被认为过于夸张宏大，不符合市民需求。此后半个世纪苏黎世几乎没有增长，瑞士人为地方政府的简朴和谦虚而感到自豪。然而，苏黎世现在的发展已远超 1910 年的市政厅，大多数地方政府都分散在各地的摩天办公大楼中。

1967 年 6 月，以色列击败阿拉伯人动用的军力不到 1914 年德意志帝国对战法国和苏联所用军力的 1/10。然而，每 1 名以色列士兵拥有的火力大约是 1914 年普鲁士战士的 200 倍。事实上，参与越战的士兵是居无定所的"游击队员"，即便这样，他们拥有的火力是"二战"结束前最强大军队士兵的好几倍。

1914 年的医院是穷人等死的地方。在美国或任何其他西方国家，每百名婴儿中只有不到 3 个出生在医院。今天，每百名婴儿中只有 1 个或 2 个没有出生在医院，这些没出生在医院的婴儿大多数在救护车上出生。50 年前每百名患者医院有 30 名员工照顾，其中大部分是洗衣女工和厨师。现在，每百名患者有 300 名员工照顾，其中大部分是训练有素的"医疗保健专业人员"（如医疗和 X 射线技师、营养师、精神病患者和社会个案工作者、理疗师等）。1900 年，医生不用进入医院就可以执医。如果他在医院待很长一段时间，是因为出于善心要照顾病人。今天医生越来越依赖医院了，20 年后医生很可能在医院里拥有办公室，而且医院不只是医生办公室，而是迅速成为现代医疗保健中心。

1914 年之前，西方没有一所大学有超过 5000 名学生。即便如此，当时人数最多的柏林大学已大到难以管理的地步，德国人在"一战"前几年不得不将科学研究部门分离出来，并分别单设不同的研究机构。如今，有 20 000 名学生的大学都只能算"中等规模"。实验室也发展得很快，第一个德国早期的纯研究机构，拥有包括普朗克和爱因斯坦等伟大科学家，当时也只雇用 20 ～ 30 人。今天，堪萨斯州托皮卡市的曼宁格基金会设立的精神病和心理健康研究中心，还不算是规模大的研究中心，却也雇用了 900 名员工，其中 200 名是专业人员，包括精神科专家、心理学家、神经科学家等。

在"一战"前，唯一的"大"组织就是企业。不过，1910 年的"大企业"今天只能算条小鱼。让我们祖父母噩梦连连的"章鱼"——约翰·D. 洛克菲勒的标准石油信托基金，在 1911 年由最高法院裁决而分成 14 份。不到 30 年后，1940 年这些继承公司中的每一家都比原来的母公司大——在人员规模、销售额、投资额等方面都是如此。然而，这 14 家子公司中只有 3 家是"主要"的国际石油公司（Jersey Standard，Socony Mobil 和 Standard of

California）。其余公司按 1940 年的标准只能算是"小型"或"中型"，但在30 年后的今天这些公司都只是"小公司"了。

除非我们接受**所有**机构都将成为巨人的事实，否则无法理解我们这个社会。今天的企业比洛克菲勒时代最大的公司要大得多。不过，洛克菲勒的另一个创造——大学相对来说还要大得多：他在世纪之交创立的芝加哥大学，也许是美国第一所现代大学。医院也相对较大，而且比其他任何机构都要复杂得多。

自愿服务机构或慈善协会甚至也成了巨人。美国青年基督教协会（YMCA）现在的预算超过了 2000 万美元，甚至比"一战"前美国大州的预算还多。青年基督教协会雇用了数千人，并拥有自己专门负责管理和组织的员工。

卡内基公司是最古老的慈善基金会，几十年前就是名副其实的巨头。但新的巨人福特基金会在最近 1 年（1966 年）花的钱比卡内基的 25 倍还多。事实上，福特基金会当年的支出高达 3.5 亿美元，比卡耐基公司的总资产还要多。福特基金会的工作人员数量如此庞大，以至于其不仅在纽约市拥有大型办公楼，而且在世界各地的许多首都都有办公地点，从某种程度来看，福特基金会的使命比某些大国都要大。

权力"集中"的问题不再是经济特有的问题。过去 60 年左右，企业集中度没有增加，"小"企业（其规模也比过去通常认为的大得多）比过去多得多，要在市场上站稳脚跟也没什么困难。然而，3~4 个最大的工会比 10个、20 个或 30 个最大的企业拥有更多的权力。在一些大型大学里，我们拥有"集中的脑力",这在社会生活的任何其他领域都从未见过,也不可能被社会容忍。美国绝大多数的博士学位是由大约 20 所大学授予的,占全国高等学府的 1/10。自从公元 1 世纪罗马帝国首次到达权力顶峰以来,国际社会从未出现军事力量集中在"超级大国"(美国和苏联)军工厂的类似情况。

不过,规模和预算的扩大并不是最重要的变化。真正不同的是,我们所有的主要社会职能今天都是由这些有组织的大型机构来履行。每一项影响重大的社会任务——国防和教育、政府和商品生产销售、医疗保健和知识搜索,都越来越多地委托给永久性的机构,由这些机构的"管理者""行政人员"或"主管"等专业人士管理。

政府看起来是这些机构中最强大的一个——当然也是花费最多的一个。然而,其他每个机构都履行了一项对社会至关重要的职能,都有自己独立的管理权限。每个机构都有自己的工作要做,都有自己的目标、价值观及存在理由。如果政府仍然是"主人",这些机构就不能再是"主人",政府越来越像一个"协调者""主席",或者至多是"领导者",无论政府的理论或法律如何都是一样。然而,矛盾的是,政府正承受着做太多事情的压力和痛苦。政府要想有效和强大,可能必须学会把事情"分给"其他机构,只有**做得**少一点,才能**获得**更大成就。

半个世纪以来出现的是一种**新的多元主义**。17 世纪的政治理论所宣扬的社会结构几乎没有留下什么,那时政府是唯一有组织的权力中心。然而,仅仅看到这些新机构中的一个企业、工会或大学,并宣布其为新机构**是完全不够的**⊖。社会理论要富有意义,就必须从机构多元化现实出发,就像拥有一大

⊖ 我非常后悔 20 多年前做了一件事。在《公司的概念》(纽约:John Day,1946 年)中,我把大企业称为我们时代的"决定性"机构。不过,其他机构那时几乎看不见;我们社会的水晶体结构还不明显。然而,今天过于简单认识这个问题几乎没有什么借口,比如约翰·肯尼斯·加尔布雷思的最新著作《新工业国》(*The New Industrial State*,波士顿:Houghton Mifflin,1967 年),该书没有注意到除企业以外的任何机构。

堆太阳的银河系，不只有一个大中心被只有反射光的卫星包围着。

昨天，多元主义权力中心——公爵、伯爵、修道院院长甚至是王室卫士，只是在头衔和收入上有所不同。一个是另一个的上级，可以管制另一个。每个中心人物的领地是有限的，但都自成体系，包括各种有组织的社会活动和政治生活。每个中心都关心同样的基本活动，最重要的是依靠土地维持生计。美国联邦制仍采用这种传统的多元主义。联邦政府、州政府和市政府都有其特定的地理限制，每一个的功能本质上相同，只是彼此地位高低不一。每一个都拥有治安权、税收权，负责传统的政府工作，包括国防、司法和公共秩序等。

对于新的机构来说，这根本完全不一样。每个机构都是一个拥有特定目的的机构。医院的存在是为了医疗保健，企业是为了生产商品和服务，大学为了增进和传授知识，军队是为了国防，等等。其中任何一个都不能被认为是"高级"或"低级"的，因为只有傻瓜才会认为知识进步优于医疗保健或提供商品和服务。但同时，这些机构没有一个是区域性的。换句话说，每一个机构都是"世界性的"，这是所有过去的机构（除了中世纪的教堂）所没有的特性。然而，每一个这些机构都专注于人类生存的一小部分，局限于人类社会的一个方面。

这类新多元主义问题与我们过去的多元主义问题不同，也与我们政治理论和宪法意义上的单一社会的问题有很大不同。在早期的多元社会中，从农民到最有权势的国王，社会中每个成员都准确理解等级中其他成员的位置、任务和问题。事实上，每个人都有完全相同的任务和问题，只是程度不同而已。在新的多元社会中，每个机构都有不同的任务，所认同的事情也不相同。当一家大企业的副总裁、政府机构的部门主管、大学的系主任的工作量差不多，遇到的管理问题也类似，但不容易理解彼此的角色、任务和决策。早期多元主义社会的成员永远担心其地位高低以及在这个等级体系中的彼此关系。在如今的多元主义社会中，这不是一个关注点。医院管理者并不特别关心是否与公司总裁、工会领袖或空军上将处于同一阶层。不过，他们都担心彼此的"沟通交流"。在多元主义社会中，需要大量经验——或者至少要很多想象力，才能知道其他人在做什么以及为什么这么做。

这些组织必须一起生活，一起工作，彼此之间相互依存，没有一个可以单独存在。它们中间没有一个具有独立生存能力，更不用说形成一个完整社区了，就像早期多元社会的组成部分一样。

组织型社会理论必须建立在组织相互依赖的基础上。现代军队完全依靠政府的民用机构，也同样依赖经济机构。最重要的是，他们是否依赖大学？艾森豪威尔总统 1961 年曾警告，要关注由一个强大而永久的军事机构和一个强大而永久的国防工业共同构成的"军事工业综合体"。然而，事实上即使在越南战争最激烈的时候，美国经济也没有特别依赖国防工业。如果国防工业全部一笔勾销，除了南加州等几个地方，不会有太大的危机。然而，大学却越来越依赖军队，反过来，军队也依赖大学，如果说这是"军校结合"，也是很有道理的。政府依赖于企业的经济成果以及其产生的税收，工会依赖管理，也依赖政府部门。事实上，在所有主要机构中，工会几乎是衍生出来的。工会既要求企业管理层创造经济效益，以维持工会运行，也要求政府提供政治支持。如果没有政治支持，工会的行动就不会持久。

我们从来没有见过像如今组织型社会这样的情形，我们还没有学会理解这个多元社会，并为此制定政策。我们要对这个社会的结构有一个清晰认识，认识到每一项重大任务都已组织化。我们将不得不处理这些问题，这是我们社会的普遍问题，也是常态化问题。

这是一个认知上的巨大变化。第一个改变的是嬉皮士。就在自由派和保守派仍然把这个或那个机构称为社会的"恶棍"或"英雄"时，过去十年，嬉皮士清楚看到，所有社会都是一个组织。虽然很少年轻人是嬉皮士，但是现已成年的整整一代人都认同将社会视为组织的看法。这是最明显的"代沟"特征，年轻人对大学的疏远程度与其对军队或政府机构的疏远程度一样。

我们不会让嬉皮士拥有拒绝所有组织的奢望，这是一种只有年轻人才能享受得起的奢望，因为大家认为一切都应由成年人负责。尽管嬉皮士想要摆脱组织型社会，不过成年人将不得不面对这样一个现实。

组织的共生

组织的"相互依赖"不同于我们以前对于这个名词的解释。当然，这并不是一个新概念，因为一个社会里没有人可以自成一体。所有人包括隐士在内只能按自己的方式生活，这也并不新鲜，因为我们想当然地认为，有许多人会为我们做他们的工作。

当人们提到"相互依赖"时，通常会想到物质上的相互依赖，当然这种传统的相互依赖变得更加明显，尤其是大城市，更是一个各类服务相互作用、相互依赖的世界，每一项服务对整个社会的功能以及每个社会成员的生存都是绝对必需的。

然而，组织间新的相互依赖并不完全是物质的，越来越多的组织彼此互相承包，执行他们各自的功能。每个团体组织都越来越多利用别的组织作为代理完成自己的任务，这种相互交织的功能是我们前所未见的，这些角色可以随时迅速转换，我们期待今天这一个组织做的事，明天可能有另一个组织来做。

在"二战"以前，美国国防生产是由国有军工厂和造船厂承担的，发生重要战争时例外。这几乎是美国政府的一条公理：国防生产必定由政府垄断，仅在极端罕见和紧急之时才向外购买。不过，自"二战"后，国防武器主要都是从外部私人企业承包商购买。事实上，我们已关闭了政府的造船厂，把海军的造船集中在私人造船厂，以前这被认为是罕见的紧急措施，如今已司空见惯。

更为惊讶的是，军事技术的工作也被外包出去了。企业和大学越来越多地从事国防研究。可以肯定的是，联邦政府已成为美国研究经费的主要来源，特别是在国防、航天、医药和社会科学方面。与此同时，政府开展的国防研究比上一代政府要少得多，这是不言而喻的。

国防也许不是一个好的例子。我们并非生活在"和平时期"，而是生活在战争与和平之间的永恒黄昏。可以说，一切有关国防的事，包括生产、采购和研究，都可以说是一种新的混合体。

不过，那些与国防无关的地区也可以找到相同的混合体。那些以不保守出名的政治家，如已故的罗伯特·肯尼迪，一直建议把都市住宅计划交给私人企业。这场反贫困战争中唯一不曾陷入混乱和分裂状态的工作队，便多半是由私人公司立顿、国际电话电报和西屋公司等来负责。在加州，更有私人企业研究州内的重大政策问题，而且相当成功，例如犯罪率的上升。

美国历史上第一次出现一个士兵福利计划——越南士兵保险计划完全转让给私人保险公司（保诚公司作为主承包商）的情况。蓝十字和其他私人保险公司正在为政府办理医疗保险，通过医疗保险和医疗补助，我们可以想象退伍军人医院，这个美国最早的"社会化"医药体系会逐渐消失，而这份工作将由志愿服务和非政府的社区医院作为政府代理人接管。

大型大学如麻省理工学院、加州理工学院、哈佛大学和哥伦比亚大学已成为最大的新兴私营企业培育基地。过去几十年来的"科学工业"多半是由专门的大学实验室产生的，尤其是理论物理学家已表现出作为新公司的企业家和推动者的非凡能力。

波士顿的 ITEK 公司就是一个很好的例子，它是太空光学领域的领头羊，也是过去几年的"魅力"股之一。该公司开始时只是"二战"时的波士顿大学物理学实验室。

还有一个例子便是企业开始进入教育，这反映了一代人过去泾渭分明的"公共"和"私人"领域现在开始界限模糊了。

一个接一个的大公司，例如 IBM、GE、《时代》、西屋电气、利顿、RCA 和雷神等公司认为教育是最有希望的商业领域。例如，利顿与密歇根州奥克兰县签订了合同，设计并管理一个大型社区学院，该学院使用各种新的学习技术和工具进行实验。西屋电气和 IBM 正忙于建设加州帕洛阿尔托的学校系统。即使是像 Revel 这样一家业余爱好工具包的制造商，也在科罗拉多州的一所高中里进行一项教育实验。

如今，假如听到有人说明日的医院或学校，可能会由企业设计、建造并替学校董事会管理时，你不会觉得震惊。如今听到纽约市的市长建议把公立医院改为民营，人家已不觉得奇怪。私人医院越来越多把其行政部门移交给具有"系统"经验的大公司管理。令许多人欢呼的是，GE 等几家大公司提议，在大城市区域的合理通勤距离内开发整个城市，这是第一次有希望解决城市糟糕的住房状况。另一家大公司——美国石膏公司，正在开发适合穷人居住的新型住房，通过使用新材料、新工艺，以相当低的成本将贫民窟住房改造成体面的住房，而不以"贫民窟清理"的名义"铲除"穷人。

　　美国政府已大规模转向工业和医药方面的研究，却放弃了一个过去垄断的领域：农业。教科书上说美国政府和州政府开展了大部分农业方面的研究工作。其实并非如此，今日大部分的农业实验研究都是由私人企业完成，例如种子公司、农具制造公司和肥料厂，等等。30 年前，政府推广服务是将新的技术（包括种子、饲料、肥料、种植方法和工具）从试验地运到农场。今天，这项工作主要由私营公司的销售和服务部门完成，政府越来越集中在测试私人开发的新农业技术是否实用。

　　过去，组织间的关系很简单，主要机构间没有多少关联，更难得有接触，现在它们却成为越来越复杂、混乱、散漫而拥挤的状态。这种关系杂乱无章、在不断发展中，而且一点也不清楚明白。政治科学家们不会谈论政府的"网络"。不过，我们现在所拥有的只能被描述为一种"感觉"，在这种"感觉"中，各种各样的毛线毫无秩序地交织在一起。

　　一家相当大的美国公司（还不能算是巨头）的老板最近在一天之内接待了 5 位政府特使。第一次是约翰逊总统邀请他参加商标法的委员会。第二次是由司法部反托拉斯司送来一份起诉书，指控这家公司有利用商标阻止别人竞争的企图。接着是国防部，紧急要求该公司在反垄断指控的同一领域接受一份研究合同。接着市长请求这家公司主持训练计划，让学识不足的人能够快速掌握工艺技能。还有一个欧洲国家政府想讨论一项提议，希望该公司能接管一家境况不好的国有工厂。总经理说："我经常被这些政府人员打断，以致无法完成今天的日程安排，因为我们正在考虑将自己实验室的大量应用研究外包给一个新研究中心，该中心由中南部的一些大学或组织合作建立。"

难怪我们的传统规章制度和习俗都无法处理这种近乎乱伦的爱恨交织关系。例如，美国的国防采购法都是基于这样一个假设，即外部购买是"临时紧急情况"，而且也假定政府购买的是制服等普通的民用品，特殊的国防材料仍由政府生产。法律不允许私营企业设计和生产导弹系统，这并不令人惊讶。令人惊讶的是根据现有国防采购条例，我们居然还能有东西设计并制造成功。

几年前，我参加了一个有关专利法的小组讨论会，小组的同事都是专利律师，他们关心技术变革。然而，当我听到他们的谈话时，我这个局外人清楚地意识到，技术性问题并不是专利法应讨论的问题。支持这种法律的假设已经改变，而法律没有随之改变。现行专利法的制订者一致认为，机械、工业领域的研究和发明是由个体完成的，他要么为自己工作，要么为私人企业工作。法律并不知道今日用在研究和发明上75%的资金都是联邦资金。

如今专利法律暂时至少还可以立得住，因为到目前为止，政府只知道如何在研究上花钱，不知道如何发明创造。在所有可申请专利的发明中，75%以上甚至接近90%的发明仍是私人创新活动的结果，政府资助的研究工作到目前为止非常无效。然而，即便如此，专利法也不再符合现实，这便是目前立法的困境所在。只去修补技术细节，并不能解决问题。然而，到目前为止，还没有人能够充分理解新的现实是什么，将是什么，或者应该是什么，从而制订出一部符合现实的专利法。

这些真是**危险的关系**和困难的关系。事实上，只要略有结果，便会牵涉更多麻烦。例如，假如美国政府在国防计划中坚持其私人承包商要适应政府的逻辑和理由，就会用繁文缛节、规章制度和官僚主义的限制来扼杀承包商。结果，由于承包商不生产，政府非常恼火。但是，如果政府接受承包商的理由和运作方式，也就是说商业逻辑，那么来之不易的公共资金问责原则便会被完全忽视。

在公众账目中，通常情况下结果是无法明确测量的，因此重要的是把成本小心翼翼地记录下来，成本是看得见的，结果是假定的。不过，在企业的逻辑中，成本是按结果来算的，只要能有结果，花钱越少，成本控制越好。公务员根本不明白这一点，但商人同样不理解政府官员的逻辑。每个人之间既彼此产生摩擦，又试图一起工作，每个人都不满意对方，并对此深表怀疑，但每个人都依赖对方。

美国政府和医药界的合作情形也是一样。医务人员看到的是个人，事实上，我们谁也不愿意一个医术"非常一般"的医生来诊治，但是没有一个政府的安排可以不以大众为目的或者不按通常标准来办事。大学与企业间的关系，大学与政府间的关系，大学与军队间的关系也都是互不理解、互相猜忌、时常产生摩擦。然而，我们还会继续看到更多此类的关系，要达到社会所期望的结果，这是必需的。

不管政府、大企业、大医院还是大学，官僚主义至少都有共同的模式。不过，由于组织社会的共生关系，立法机构受到了阻碍和深深的扰乱。这些关系不受预算控制，他们逃避立法机关的控制，不管立法机关是议会还是国会。结果，立法机关觉得他们不再理解，更不用说控制了。结果，各大组织越紧密合作，立法机关就越感到恼火和不安。

我举的例子都是美国的事，但这种现象非常普遍。无论是机构彼此间的互相依赖，还是其所造成的冲突都不断增加。其中可证明这两件事的最好例子，就是几年前在英国登上头条的费朗蒂（Ferranti）事件，一家大型电子公司费朗蒂与英国国防部签订了一份设计合同，合同执行得非常出色，令人震惊的是，该公司从中获利颇丰。不过，问题在英国卫生部门和英国教学医院间的关系也同样如此，彼此互相需要，医院越来越成为卫生部门的代理人和分包商，但彼此间的摩擦也越来越大。

理论的需要

现代社会的多元结构大体上是独立的，不依赖政治的法律和管制，不依赖于社会或者经济学理论，因此必须建立一个属于自己的政治和社会理论。

每一个单独的团体组织也是如此，这些组织也是新建的。当然，有些大型组织已经有几百年历史。金字塔是由组织严密的群众建造的，军队往往也规模庞大，组织严密。但昨天的这些组织，刘易斯·芒福德称之为"巨型机器"[⊖]——与今天的机构有根本不同。

伟大的建筑师设计了大金字塔，他们的名字被记录下来，而且受到神一般的尊重。不过，除了少数艺术家兼几何学家之外，其余的只是拉着绳子搬动大石头的毫无技能的劳工和村中的农民。亨利·福特的红河工厂制造 T 型车也是同样的组织方式，少数主管知道做什么？如何发号施令？如何进行决

　　⊖　见 Lewis Mumford 的 *The Myth of the Machine*（波士顿：Houghton Mifflin，1967）。

策？其他都是无技能的体力劳动者做着重复工作，金字塔的建造者和福特工厂的装配线工人的基本区别是，这项工作的"科学管理"，使汽车工人可以得到很高的薪水，但是这些工作及其组织是一样的。亨利·福特也意识到这一点，坚持认为他是福特汽车公司唯一的"经理"。

然而，今日的组织（包括现在的福特汽车公司），主要是一个知识型组织，其存在的目的是要产生成百上千种的专门知识。医院就是如此，如今已有 30 多种保健专业，都有各自的课程、文凭、专业法规和标准。今日的工商企业、政府机构甚至是军队也都是如此情形。在每一个团体组织中，大多数工作人员是应聘来做知识工作，而不是做体力劳动。埃及的农夫听到胡夫金字塔的工头喊出命令便拉绳子，不必动任何脑筋，也没有任何主动性。在如今的大公司里，一般工作人员都会用自己的头脑做决策，并能把知识负责任地应用到工作中去。

但也许更重要的一点是，今日的知识组织被设计成永久性机构，以往一切大型组织都不能持久，他们是为了某一个特定的工作聚集在一起，等工作完成后便解散了，这些组织是暂时的。

如今显然也是例外。早期社会的绝大多数人没有受到影响。今天，绝大多数人的生计、机会和工作都依赖于组织。大型组织成为现代社会人的生存环境。

这些组织也是今日社会机遇的来源，正是因为有了这些机构，我们才能为受过教育的人提供工作。没有这些组织，我们只能与以往一样，从事一些没有受过教育的人、熟练或不熟练的手工业者做的工作。知识工作的存在仅仅是因为永久性的知识组织已经成为惯例。

  同时，现代组织也产生了一些新问题，尤其是人员管理的问题。因为必须要有权威才能完成工作，应该是什么？什么才是合法的呢？有些什么限制呢？还有每个组织的目的、任务和效率也存在问题，还有管理的问题。对组织本身来说，就像每个集体一样，是法律上的假设。组织中的个人都会做出决定并采取行动，这些行动都属于该机构，无论是"美国""通用电气公司"，还是"米塞里科迪亚医院"，都一样。同时，还存在着秩序问题和道德问题，存在着效率问题和关系问题。因为没有一个传统能给我们提供很多指导。

  将各种知识汇集在一起以取得成果的永久性常设机构是新东西。团体组织成为惯例，而不是例外，这也是新现象。一个组织型的社会是最新的事物。

  因此，我们最迫切需要的是关于组织的理论。

迈向组织理论

1968 年的春天，有一本妙趣横生的书曾经风靡一时，书名叫作《管理与马基雅维里》(*Management & Machiavelli*) [⊖]。马基雅维里是意大利的政治家及著述家。书中认为每一个企业都是一个政治机构，因此马基雅维里给王子和统治者定的准则都能充分应用到公司主管人员行为上。

当然，这也算不得什么新见解。100 多年前英国小说家安东尼·特罗洛普，便把马基雅维里的政治学应用到英国教区，写了一本伟大的维多利亚时代经典之作《巴彻斯特教堂尖塔》(*Barchester Towers*)。英国小说家斯洛在《院长》(*The Masters*) 一书中通过大学展现权力制衡。不过，把公司看作一个政治机构、一个社区、一个经济机构的观点，已经是老生常谈了[⊖]。

《管理与马基雅维里》主要是面向住在郊区的太太小姐们，她们很可能

⊖ Antony Jay（纽约：Holt，Rinehart & Winston，1968）。
⊖ 例如，在我的两本书中，《公司的概念》（纽约：John Day，1946）和《新社会》（纽约：Harper & Row，1950）。

知道，桥牌俱乐部和家长会不能从大企业或马基雅维里学到什么新的政治活动，每一个机构都必须对权力进行组织，因此必须有政治活动，这不是什么新鲜的事，也并不令人吃惊。

但在过去 20 年间，政府、军队、大学、医院都开始接受企业管理的理念和方法，这实在是十分新鲜的事，也令人非常吃惊。

加拿大军队在 1968 年春天统一编制时，各军种将官第一次开会就以"目标管理"作为主题。政府在"行政学院"一个接一个为高级公务员开设"管理原理"课程。美国 9000 位高中校长在 1968 年那紧张的一年聚会时（当时既有种族问题，又要改变现有课程），他们便选择了"高效率行政人员"作为主要课程，并且请了一位企业管理专家主讲。

英国公务员机构原来是"古典文学学位"人士的城堡，如今也有了管理部门、管理学院以及各种管理课程，非商业机构对"管理顾问"的需求远比企业多得多。

一个新的观点是：一切机构都是"团体组织"，因此具有共同的管理维度。这些团体组织都是复杂而多方面的，至少需要在三个方面进行思考和理解，即功能性或操作性、道德性和政治性。对于团体组织社会的一般性理论与以往我们习惯的社会理论十分不同，既不看重洛克（英国哲学家）、卢梭（法国哲学家与作家），也不看重约翰·斯图尔特·穆勒（英国哲学家）和卡尔·马克思（德国哲学家）。

让组织有效运转

组织如何运转？如何工作？除非我们首先知道组织存在的目的是什么，否则关心组织的任何其他问题都没有多大意义。

组织的职能和运营层面本身包括三个主要部分，分别与组织的目标、管理方式和个人绩效联系，每个部分又各自成为一门内容丰富的学科。

（1）组织不是为自身而存在。它们是一种工具，是完成某项社会任务的机构。组织不像生物种群，生存不足以成为其目的。组织是以对个人和社会的特殊贡献为目的，因此对于其绩效的衡量，不像生物有机体，总是从外部寻找。

因此，我们第一个需要回答的组织理论就是组织目标理论。如何确立组织的目标？如何激发组织的精气神？如何衡量组织绩效？

除非一个人首先决定要完成什么，否则不可能富有成效。换句话说，我们如果事先没有一个目标，也不可能有效管理。除非我们知道一个组织要做些什么，并且如何去衡量所做工作，否则也不可能设计其组织结构。

任何一个曾试图回答"我们的生意是什么？"这一问题的人，会发现这是一个非常困难、备受争议、难以捉摸的任务。"我们做鞋子"这个回答可能看起来很明显，也很简单，但这是一个无用的答案。因为这不会告诉任何人该做什么，也不能告诉任何人不该做什么。我们主要应关心将皮革转化为消费者愿意购买的商品呢？还是应关注皮鞋质量？还是在做时装生意？实际上，"鞋子"只是一种简单工具。我们所做的工作与其说取决于这个工具所带来的满足感，还不如说取决于企业期望得到的回报。

一家生产和销售厨房电器（如电灶）的公司是做食品生意？还是做家政

服务？还是做消费金融呢？对于特定公司，每个答案在某一时期可能都是正确的。但每一个回答都会引向一个不同的结论，就看公司是在哪一方面努力并寻求回报。

如果答案是"食品生意"，那么公司便可能从事制作并销售只需热一下便可上桌食用的食品。但是，如果答案是"消费金融"，那么公司可能完全放弃制造，而改为销售各种高价消费品，从结婚钻戒到活动房屋。不过，这些消费项目只是承载公司实际"产品"的工具，也就是利用消费者的信用。

在这些定义中，不同的经济因素被视为动态的，对结果也具有决定性影响。换句话说，每个定义都需要不同的能力，对于"市场"和"成功"也有不同界定。

同样地，对于医院来说，"病人护理"似乎是一个明确简单的答案。然而，医院管理人员发现难以区分"病患护理"或"健康护理"。

这些问题如此困难，一个主要原因是人们对社会需求的判断不同。大家会设定不同的优先顺序，有些人想做得更好，有些人想做不同的事情，两者之间总是存在着冲突。

事实上，永远不可能对"我们的业务是什么"这个问题给出"最终"的答案。不管如何回答，短时间内都会过时。这是一个需要不断深思的问题。

但是，如果找不到答案，就无法制定出明确的目标，现有资源也会被分散并浪费掉。再者，也没有任何方法衡量结果。一个组织如果不能明确目标，就不能确定它能发挥多大作用，也不能评估目标是否已实现。

罗伯特·麦克纳马拉在肯尼迪总统委任他担任美国国防部部长期间，就把成本/效益的观念引入军队管理，试图让军队接受目标管理的思想。从"每件事都需要稀缺资源，所以有成本"这个众所周知的观点出发，麦克纳马拉要求成本与结果关联。这就立即透露出军队并不清楚预期结果，因为没有想清楚某个策略、某个命令（例如空军战略部队）或者某种武器的目标是什么？目标是赢得战争吗？还是要防止战争？是哪类战争？发生在什么地方？这些都是成本与效益公式提出的问题。这让海陆空军高级将领和文职官员一同深入思考，解决问题。成本与效益并不能作为政治决策的依据，却可以让政策和目标的混乱变得公开化，这也表现出目标决策是多么重要，而且多么困难和有风险。

　　我们没有"科学"方法来为一个组织设定目标，这的确涉及价值问题，也就是真正的政治问题。其中一个原因是，关于组织目标的决策是在高度不确定的环境中进行的，这些决策关注的是未来，但我们没有把握未来的"事实"，因此，在这一点上不同方案的冲突和政治价值的冲突永远存在。

　　然而，20世纪政治学家放弃对价值观、政治纲领和意识形态的关注，而专注于决策过程时，这并非完全不负责任的做法。关于组织目标决策中最困难、最重要的并不是要做什么，而是在于以下两方面：一是放弃哪些已经不值得做的事，二是应该把哪些作为优先重点，应专注哪些方面？一般来说，这些决策并不取决于意识形态。这些决策当然需要判断力，应该是在信息充分的条件下做出判断，不过这些判断不应当凭意见和情绪，应该是对多种替代方案的慎重选择。

关于放弃什么的决策是迄今为止最重要也是最容易被忽视的。

大型组织不是万能的。一个大型组织之所以有效，是因为它规模庞大，而并非身手敏捷。跳蚤可以跳得比自己高很多倍，但大象则不能。大的规模可以让一个组织利用许多知识和技能，这方面远超过任何个人或小团体结合起来的优势。然而，规模也有其限制，无论有多么远大的抱负，一个组织在一个时期能做的工作也是屈指可数的，不论多优秀的组织，还是"有效的沟通"都无济于事。毕竟，专注是一个组织成长的法则。

组织还有一个固有特点：做决策的人和执行的人是完全分开的。

例如，士兵在特洛伊的城墙上单独作战，或者剑客在进行关键性对决时，他们都是自己的战略家。不过，一个军事组织尽管规模不大，但在前线作战的人必须接受一位后方将领的命令，也就是说军事组织是"有计划的"，会为实现计划而做准备，也打算在必要时改变计划。如果计划改变得很快或是没有准备，便会造成混乱，有些在前线的人依然按照原计划行事，而不免妨碍那些已按新计划行事的人。组织越大，改变方向所需时间越长，维持原有行程也更加重要。

然而，现代组织必须要能改变，事实上还必须主动变革，也就是能创新。现代组织必须把稀有而昂贵的知识资源，从生产率低、无效果的领域转移到能创造成就和贡献的机会上。组织是最大化利用资源的工具，现代组织是最大化利用人力资源和知识这个独特资源的工具。然而，这需要有能力停止一切浪费资源的行为，而不只是最大化利用资源。

因此，无论组织的目标是什么，一个组织都必须能够摆脱过去的工作，从而为新的、更具生产力的任务释放出精力和资源。如果能够找到好的机会，组织必须能够抛弃效率不高的事，不生产过时的产品。

凡是一个组织能有目的、系统地放弃生产力低的工作，是绝不会缺乏机会的。实际上，各种想法总是不缺的，就组织需要且有用的想法来说，这的确如此。也就是说，有利于提高绩效的想法到处都是，这些想法目标明确、定义清晰、也让人容易接受。按艺术家的说法，这些想法并非原创，而是为推广应用做好了准备，已通过了想象力的考验，现在只等待实际应用的考验。

因此，组织的问题并不是缺乏"创造力"，而是组织惰性。这个惰性总是推动我们继续做原来的事情。当然，我们知道或者自以为知道自己在做什么。不过，一个组织总是面临着被昨天的任务压倒和扼杀的危险。

如果一个学科已经过时，大学教授就会把它列为必修课，这样暂时可以"解决问题"。医院的行政人员多年来一直知道许多人的大病房是最不经济的。事实上，数据清楚显示，一个人住一个房间是最经济的方式。道理很简单，男女病人都可以同在一层楼，这样便可以有一层的病房，而不必有两层半满的病房，每层都需要充足的医护人员。况且，他们也知道大病房是有损尊严，不适于医疗和迅速康复。然而，他们仍在为现有的医院，甚至是全新的医院增建新的病房。虽然每一所医学院都在现有学科中增加了新的医学专业，但据我所知，原本聘用的教授，没有一个被解职。

其中，犯这一类错误最多的还是政府。事实上，不能废止任何工作是政府退化的表现。这也是今天政府弊病丛生的一个主要原因。

几年前，加拿大政府皇家委员会对所有加拿大政府机构进行了盘点，发现新斯科舍州仍有一个"哈利法克斯灾难委员会"，正忙于抄写 40 年来的救济金记录。这笔救济金是在第一次世界大战结束时，支付给 1917 年哈利法克斯港一艘弹药船爆炸的受害者的。加拿大政府一直非常小气、管控严密，因为国内 10 个省份，都非常不愿意把税收用到本省以外的地区。

在摆脱以往的困境方面，医院和大学只比政府稍微好一点，企业界的人士在这方面做得相当不错。许多企业家和政府官员一样，对昨日总是恋恋不舍，非常不愿意丢弃任何东西，也会因一个产品或一个计划失败时，反而增加投资。不过，幸亏他们不能随便纵容自己的偏好。因为他们是受到客观约束，即市场的约束。他们有一个客观的外在衡量标准，就是利润。于是，他们不得不放弃那些不成功且不具有生产力的项目。

我们需要把市场测试和利润标准提供给其他组织，就像把观念和测量标准提供给企业一样。这些测试和标准当然是非常不同的，经济效果是企业的决定因素，但是对于其他的组织只是限制和约束。因为利润是用来衡量经济绩效，这也是一个经济组织，也就是企业的唯一目的。对于其他组织，比如政府、医院、军队等，经济只是一种约束条件。这些机构需要一种以利润标准相当的非经济指标来衡量，也需要一个能代替市场的客观力量。

一切机构都需要一种纪律来让其面对现实，需要认清任何活动和计划失败的可能性总比成功的可能性大，要达成预期目标更是难上加难。如果不修改原来的方案或重新设计方案，则不可能长期执行，终将难逃被淘汰的命运。

与目标同样重要的是，确立做事的优先顺序事项的决策。

如果研究 100 年的政治过程，就能得到一个可靠的发现，那就是行动的决策很少以意识形态为基础。关键问题是："什么是第一位的？"而不是"应该做什么？"关于应该做什么经常有实质性的一致意见，但是对于应该先做什么总是存在分歧。

正常的人类反应是每一件事做一点，来逃避优先事项的决策。恐怕这就是约翰逊总统所谓的"意见一致"，可以断定这样做结果将一事无成，最后的冲突和争执也胜过对优先顺序的讨论。

（2）尽管大型组织的目标各不相同，服务的社会需求也千差万别，但在管理方面，各组织之间都基本相似。

既然所有组织都需要大量的人才团结在一起共同做一件事，那么会面临一个问题：如何使组织目标与个人需求之间保持平衡。每一个组织一方面要保持秩序，另一方面又为个人留有一定的弹性和空间。每个组织都需要一个组织结构，这个结构一方面取决于任务和需求，另一方面也取决于一般性的"组织原则"，也就是组织的基本规则。除非每个组织承认"情境逻辑"与个人知识本身存在权威关系，否则便不可能有绩效。除非每个组织拥有决策权，否则就难以进行决策。这两类不同的结构各有自己的逻辑，但又必须保持动态平衡，方能共存于同一组织中。

在过去半个世纪中，我们就是在这样的管理领域中做了很多工作，因为对于组织和领导大型知识型组织这样的任务，我们没有任何经验，必须快速学习。即使是非常了解这个领域的人，也不会认为知道很多。实际上，在这个争论激烈的领域中，有一点大家都同意，便是认为明天的组织必然和今日大不相同。然而，管理工作在今天已经不是拓荒性的工作。在我们的大学中，管理方面的教学 90% 是老生常谈，剩下 10% 讲的是程序而不是管理。不过，来自管理方面的主要挑战，还是众所周知的。

例如，我们知道必须要衡量绩效，也知道除了企业之外，不知道如何去衡量其他大多数组织的绩效。

一家精神病医院的绩效通过病床（这是一个稀有贵重的东西）的使用情况来衡量，这听起来似乎很合理。然而，在研究美国退伍管理局办的精神病医院时，发现这一标准会导致病人留在医院的时间变长。从治疗角度看，这对于病人是最为不利的。然而，很明显利用率不高，也就是床位空着，也不是适合的标准。那么，在我们对精神病了解十分有限的情况下，究竟应该如何衡量精神病院的工作是否令人满意呢？

我们又应该如何衡量大学的工作是否做得好呢？凭它的学生在毕业 20 年后的职位和薪水呢？还是凭那不可捉摸的这一位或那一位教授的"声望"呢（其实所谓的声望通常是自吹自擂的学术宣传）？凭校友们得到的博士学位或科学奖金的人数？或是凭他们对于母校捐赠金额？每一个这类的标准便代表了大学的追求，这一种价值判断，非常狭隘。即使追求的目标都正确，这些衡量绩效的标准也和按病床使用情况来衡量精神病院的绩效一样不可靠。

高层管理者是任何组织的关键，在这方面也有没有解决的问题。我们真是不知道在出任最高职位之前，应接受什么样的训练、选择和考验。然而，这一决策在公布之后几乎便无法挽回，无论这组织的法律结构如何，要在短期内收回此类的成命也是不适合的。高层管理者不稳定和高层管理者的无能是一样糟糕的。戴高乐将军说得对，法国国会随时可以推翻任何内阁，这是法兰西共和国的致命伤。不过，长寿的戴高乐将军也亲眼看到，一个组织不能摆脱一个不胜任的高层人物，也是一样的严重和危险。

　　没有人可以找到解决的方法，事实上我们有理由相信，这个方法并不存在。高管的位置需要做决策和发号施令，这些能力只有担任高管时才有机会进行检验。无论做什么样的训练和考验，可能都无济于事。无论是一个国家的领袖还是童子军的领队，在位期间必须要解决问题，这也是他被选来担任这个职位的原因。关于高管职务，有一点我们应该知道，就是高管所遇到的挑战与其任职时预想的挑战是完全不同的。

　　但是还有一些基本哲学问题的争论，已经有好些年了。组织结构也就是组织章程是否应该一成不变并根据组织原则制订？还是应该注重特定目标和策略，也就是根据需要和形势来调整呢？管理效率和管理效益两者间是否平衡？显而易见，这两者并不相同，但两者是否能彼此相容呢？

　　具体一点来说，如今强调行政效率（以政府行政人员和会计人员为代表）和强调效益（也就是注重结果）之间存在强烈的冲突。效率的观点认为，只要一切事情都做得对，自然会有成效，因此对一切不按程序的情况都表示怀疑。效益的观点则指出，对于任何社会工作，80% 的成效来自 20% 的努力，而 80% 的努力仅得到 20% 的效果。尤其是任何社会活动为最后 5% 的成效付出的努力，相当于取得以前的 95% 的成效所付出的努力。

第一个观点把努力作为重点，第二个观点把结果作为重点。第一个观点认为秩序是良好管理的标志，第二个观点认为活力是良好管理的体现。效率的观点认为行政管理非常必要，而且是组织的优势；效果的观点则认为行政管理只是支持性的工作，应将其限制在为避免失败所需的最小范围。效率的观点希望能力平庸之人能够不断产生预期成效，这是基于个人和组织成员间的实际看法。效益的观点则强调释放创造力，这也是基于个人的实际看法。

简而言之，无论我们是偏向哪一边（我本人是偏向效益面的），两种观点我们都需要。如果我们像政府一样让效率占主导地位，程序的重要性便会超过结果的重要性。在美国，没有一个国防事务承包商曾经因为雇用了太多员工或填了太多表格，而受到会计总署或国会的批评。不过，如果让效益主导，我们就有被轻微的常规绊倒的危险。不是因为马匹钉了马蹄铁，战斗中就能取得胜利。正如年轻会计师的儿歌所提醒我们的那样，"为了一个钉子，失去整个国家"。[⊖]

我们不真正了解如何管理知识来做富有成效的工作，也不真正了解如何把掌握各种知识和技术的人凝聚在一起，让这些人为同一个事业付出心血，为共同成效而努力。知识工作者让现代组织得以存在，而现代组织的出现则为知识工作者创造了工作机会，只是我们还不知道如何让知识富有生产力，以往取得的一点成就完全是偶然或凭直觉。

⊖　意指无关紧要的事，也会带来重大变化。——译者注

换句话说，关于管理我们还有很多东西要学习。事实上，管理成为一门学科的伟大时代尚未来临。然而，这一学科建立的"英雄时代"却已过去，那是第二次世界大战前 25 年前发生的事。那时，法国人法约尔、英国人伊恩·汉密尔顿和厄威克以及通用汽车公司的美国人阿尔弗雷德·斯隆（这里只列举了一些先驱）提出了管理的基本思想。他们让"二战"的参战国表现出强大的组织力量。从那时候起，不论企业界、政府或军方都一样，我们只是把在 20 世纪二三十年代所学知识、40 年代初首次应用的管理知识不断改进而已。

（3）关于组织运作层面，最后一个想讨论的也许是组织间差异最小的地方，就是组织内个人绩效问题。

组织是法律上的虚拟单位，本身并不能做什么，不能决定什么，也不能计划什么。个人才是进行决策和计划的主体。最重要的是，组织能"做"多少事取决于我们称之为"主管"的人。毕竟，他们的决策影响到组织的绩效。

正如我在之前写的一本书⊖中指出，在知识型组织中，每一个知识工作者都是"主管"。因此，对于提升现代组织绩效的员工人数众多，而且迅速增长。我们整个社会的福利越来越依赖于这些大量的知识工作者，在一个真正组织中发挥的重要作用，以及在很大程度上，知识工作者的成就和满意度也是如此。

不过，执行的效果不仅是组织所需，也不是流行传说中"组织人"的常态，主要还是个人所需。因为组织必须是"个人"的工具，同时也产生了社

⊖ 见《卓有成效的管理者》（纽约：Harper & Row，1967）。

会所需的成果。

执行效果也不会自动产生。执行效果谈的不是"如何不必努力就轻松成功"，甚至不是"如何全力以赴追求成功"。组织是一个全新而不同的环境，对主管有新的不同的要求。不过，也给了他新的不同机会。组织需要的是理解，而不是标新立异的行动。

归根结底，组织会要求个人做出完成工作的正确决策。这个要求不是对传统环境中的人来说的，农民可从传统中学习做什么以及如何做，工匠可以通过工会来规定工作步骤和标准。但是组织的主管却不能从环境中得到什么信息，他必须自己做决策，假如不做决策，就不能取得成果。他必然是不成功，无法实现预期绩效。

到目前为止，管理理论都没有探讨过这方面的问题。管理人员应该具备什么样的能力、知识，接受什么样的训练，学者们讨论得很多，但对于执行效能却讲得很少。执行效能正是管理者需要发挥作用的地方。当然，我们对执行效能的意义都了解得太少，只知道管理者发挥的效能还不到其能力和知识的1/10。

行政效果在机构的理论上所占的地位，迟早会和对于统治者教育的讨论（这是马基雅维里所属的传统，虽然答案不同）在政治理论历史上所占的地位一样。宪法专家早期倡导的正是我们现在称之为"管理"东西。这些专家问：一个政体需要什么结构？研究"统治者教育"的思想家和作家却问："统治者必须是什么样特质的人，他必须做什么？"（思考这个问题的第一个伟人就是柏拉图，相关论述见其写的《理想国》和《第七封信》。）在我们谈到"行政效果"时，又重新提出了这个问题，只是我们现在不再提到"君王"，也就是独居高位的人。在知识型组织中我们提到许多人，因为几乎每个人在传统意义上都占据"很高的位置"。

前面谈了三个方面问题，包括政策目标、绩效衡量、管理和执行效力，这些问题虽然内涵完全不同。但它们都属于同一个领域和同一个组织维度的问题，即组织的运作问题。

组织和生活质量

企业的"社会责任"已成为新闻记者、企业领袖、政治家和商学院热议的话题。组织的道德确实是我们这个时代十分关心的事，不过谈起"企业社会责任"时，大家认为负责与不负责都只是企业的问题。很明显，责任是每个组织的中心问题，每个组织都拥有权力并运用权力，因此都需要对其行为负责。

当今世界，我们的主要机构中最不负责任的不是企业，而是大学。在所有机构中，大学也许具有最大的社会影响力，因为大学的独占地位是其他机构所没有。年轻人只要在大学毕业后，便拥有许多职业选择的机会。不过，在毕业之前教育控制了他及一切选择机会：企业、政府、专业机构和医院等。然而。大学并不知道自己拥有这种权力，甚至于不知道自己有影响力。因而，大学也有责任的问题，"新左派"对于这一点看得很清楚，这些人对企业也许并没兴趣，但对于大学及其权力却十分痛恨。

无论如何，只强调"责任"的观点太狭隘，可能造成误导。正如每一位宪法专家都知道，政治辞典中没有单独列出"责任"这个词，而是"责任与权力"。无论谁负起"责任",便可以有"权力"。反之,凡是对某种事件有权力,便有责任。在没有权力的范围内去负责任变成了僭越权力。

因此,问题不在于组织的"社会责任"是什么,而在于什么是正当的权力,组织因其功能而有什么影响?

(1)任何组织若要实现其使命,必须影响社会。同样,一个组织必定是在某一个地方,对当地的社区和自然环境都有影响。此外,每一个组织都雇用员工,并对员工拥有影响力。这样的影响力是必要的,否则我们无法从企业得到商品和服务,从学校获得教育,从实验室获得新知识,或者是让当地政府进行交通管制。不过,这些并非组织的目的,只是意外的收获。

这些影响真正是少不了的麻烦。

如果我们知道如何在不需要这些权力的情况下便可实现维持一个机构的任务,我们就不会让机构拥有对人的控制权。事实上,每一位有头脑的经理都很乐意在不求人的情况下把工作做好,因为管理这些人实在麻烦。他不想成为一个"政府",因为这只会妨碍他的工作。对于昨天的公爵或男爵,人是其"管辖对象",代表着权力和财富。对于如今的医院、政府或企业来说,人都是"雇员",代表着"成本"。这一点越来越适用于现代军队,因为在军队里,火力和机动性比人数更重要。

因此,第1条"社会责任"的法则就是尽量限制对人的影响,其他方面的影响也是如此。各种对社会与社区的影响都是干扰,只有在按狭义定义和严格解释的情况下才使人可以忍受。尤其是要求员工"忠诚"是不允许和不合法的,双方的关系是基于雇佣合同的,应该比任何其他依法订立的合同还要更窄。这并不是说在组织与受雇用的人之间不可以有感情、友谊、互相尊重以及信任,这些都是有价值的,但这些都是意外之物,当然也要靠努力才能获得。

第2条法则也许更重要,就是预见潜在影响的责任,一个组织应该要看得远，并深入思考哪些影响会成为社会问题。然后，组织应有这个责任来防止不良的副作用。

这也符合组织自身的利益，一旦组织本身不能阻止不良影响时，必然会自食其果，会引起监管、惩罚性法律及外界的干扰，最后令人烦扰或破坏性的影响会引发"丑闻"。凡是因"丑闻"而订立的法律必然是糟糕的，法律为了清除 1 个败类要惩罚 99 个无辜的人。惩罚好行为却很少防止坏行为，这显然是情感而非理智在主导。

相反，每当一个机构的领导人预见到某种影响，并思考需要做些什么来防止或被接受时，公众和政治家就会注意听取他的意见。这对于企业更是如此，无论何时，只要企业领导者已经预见到企业的影响，并且想清楚应如何防止和处置，他的建议便会为人所接受。每当他们等到出现"丑闻"，遭到公众强烈抗议时，便会受到惩罚性监管，而这往往会加重问题的严重性。

这样的例子很多，例如美国汽车工业并非缺乏安全意识，反之在安全驾驶指导和安全公路设计方面开了先河。这极大地降低了事故发生的频率，并取得了相当大的成功。然而，今天所受到的惩罚是，没有让意外事故的危险性降低。不过，当制造商试图引进安全功能汽车（就像福特 20 世纪 50 年代初那样），大家都不愿意买。汽车制造商苦不堪言，被指责汽车不安全，不仅要受到法律约束，而且会遭到公众的蔑视。

同样，电力公司对被指责造成空气污染而感到不满。多年来，主要公用事业一直试图说服各种监管机构允许它们用更清洁的燃料，尽管价格较贵，而且要安装空气清洁设备。然而，监管机构只关心电力成本，从未给予必要的许可。

未来，学者会抱怨，他们因为大家认为博士学位制度有害于社会和教育而受到指责。他们便会指出是社会逼着实行这种制度，尤其公众都要求税收支持的公立学校必须聘请有博士学位的教师。

不过，没有人会对汽车工业、电力工业或学者表示同情。对于汽车不安全、空气污染或是博士学位制度的弊病，确实不是他们造成的。然而，他们却有一个更大的责任：没有尽领导者之责，领导者的工作是预见未来，只指出公众走错路是不够的，而是要带领公众走上正确的道路。

当福特公司发现美国公众并不购买安全功能汽车，而是转向购买其他没有安全功能的汽车品牌时，也只得生产公众愿意购买的产品。同样，如果大学地位和学术声誉未受到严重损害，大学通常也不会放弃博士学位制度。因此，我们更有理由去设计正确的公共政策，并让大家接受。

任何事情只要人人都是参与者，就需要法律来约束。"自愿的努力"，即让每个人做一些短时期内有风险且不受欢迎的事，这从来不会成功。通常至少有一个成员愚蠢、贪婪、目光短浅。如果每个人都在等待"自愿行动"，就永远不会行动。因此，一个组织预见问题时有责任去做一些不受欢迎的事情，包括深入思考问题；制定解决方案；游说议员采取正确的政策，尽管其他成员公开反对。凡是承担得起这个责任的人，也从来未曾失败过，也不会因此受苦。不过，如果一个机构退缩了，恳求"公众或行业不要让它承担责任"，最终要付出沉重代价。因为公众肯原谅失察，不会原谅没有尽自己最大的努力，因为这被认为是懦弱的行为。

（2）最理想的情况是，一个组织能把满足社会需求和愿望（包括自身影响产生的需求和愿望），转化为实现绩效的机会。在多元社会中，每一个组织都应该是传统意义上的企业家，也就是一个将资源从低生产力就业转移到高生产力就业的机构。每个组织都根据自己的绩效领域来定义"生产力"。因此，各自对结果衡量用的方法不同，但都有相同的任务。

这尤其意味着，将盈利业务转变为满足社会需求的业务是一种商业道德要求。

世界第二大银行纽约大通曼哈顿银行董事长乔治·钱皮恩在《哈佛商业评论》⊖中呼吁一种创造性的企业家精神，以满足城市贫民区穷人的需要和愿望。他认为，教育或住房方面的需求既能产生新的高盈利企业，又能解决城市病问题。乔治·钱皮恩并不是一个真正的自由主义者，不过他提出的商业解决方案比那些民权自由主义者要激进得多。

社会的需要和愿望应该是每一个机构的机会，医疗费用的上涨是医院的重大机会，这要求医院管理人员需要创新和企业家领导力，因为这毕竟是医院的报酬。现代社会对教育提出了卓越和能力的需求，为学校提供了一个重大创业的挑战和机遇。

"组织的社会责任"，即预见社会需求并将其转化为绩效和成果的机会，也许在我们面临的不连续时代中会特别重要。在过去 50 年这种机会并不常见，对一切机构来说，最大的挑战在于如何把正在做的事完成得更好。无论是商业、医疗保健还是学校教育方面，处理新事物和不同事物的机会非常少。

但情况并非总是如此。100 年前，伟大的创业机会和今天一样，都是为了满足社会的需要和愿望。把教育变成一个有利可图的大产业，或者把城市住房变成这样一个产业，对今天的商人及其批评者来说都是相当奇怪的。不过，这些机会与现代电力工业、电话、大城市报纸和出版商、百货公司或者城市轨道交通的机会没有什么区别。所有这些都是社会 100 年前想要的。他们都需要远见和创业的勇气，都需要大量的新技术以及大规模的社会创新。

⊖ "Creative Competition", May-June, 1967.

这些都是个人的需求，只有大量供应才能让大家满足。

这些需要没有得到满足，是因为我们将其视为"负担"，也就是"责任"。这些需要得以满足，是因为我们视其为机会。换句话说，寻找机会是团体组织的道德。

总而言之，团体组织在超出它们的能力和行动的领域，关心"社会问题"时，并不是"对社会负责"。当它们能集中去做好自己特定的工作来满足社会需要时，它们的行动便是"对社会负责"，当它们把公众需求转化为自己的成就时，它们的行为是最负责任的。

社会意识是组织的自我利益。社会的需要如果没有得到满足，就会变成社会通病。无论是商业机构、医院、大学还是政府机构，都不可能在一个病态的社会中繁荣兴旺。

社会意识也是现代组织领导者的责任。担任这些机构的领导者，意味着成为多元社会中的领袖之一。个别机构可能是"私人的"，但大学、医院、政府机构、企业的负责人都是"公共的"。在组织型社会中，领导力并非表明其社会地位，而是在各类多元化组织中的地位。

反过来，社会有权期待主要机构的管理者预见重大社会问题并努力解决问题，也可以期待这些人承担起领导责任。因为这些机构的高管已经取代了过去的社会精英，包括以前的贵族和百万富翁。他们不是**贵族**，因而不能承担**贵族的义务**。他们的领导地位归功于在社会事业中已经证明的实力。因此，对于社会来说，期待这些人认真思考并解决严重的社会问题和社会需求来考虑问题是很自然的。

对企业及其领导者来说，最好的方法是让满足社会需求变成有利可图的新商业机会。学校的正确方法就是让满足社会需要成为更好的教学和学习机会；医院的正确方法是将社会需要转化为更好和更有效的医疗保健机会，等等。如果我们永远不必使用"社会责任"这个词，就表明这些机构及其领导者最好地履行了他们的责任。

一个伟大的新现实是，在组织型社会中，每一个机构及其管理者不仅要对产品、治疗或学位获得者的数量负责，而且要对生活质量负责。最重要的是，这是组织及其高管的新机会，是衡量绩效和成果的新维度，也是相当可怕的新挑战。

组织的合法性

绝大多数人尤其是我们社会中绝大多数受过教育的人，都是大型组织的雇员。因此，组织当然对这些人拥有相当大的权力。事实上，对大部分人来说，这是最直接的权力。还有大学、学生以及其他公众，都不可避免地接受一个或多个机构的指导和控制。因此，无论是政府、医院、大学还是企业，组织权力和管理的合法性都是一个问题，这是组织型社会的政治问题。

然而，我们多元社会的组织并不是也不可能成为真正的社区，真正社区的目的总是要满足自己的需求，但是今日的组织本身是没有目的，正如本身没有结果一样，它唯一有的就是成本⊖。

因此，无论是在企业、大学、政府机构还是在医院，将管理与真正的"政府"进行比较，这在《管理与马基雅维里》一书中是非常有趣的，当然也是半真半假的。现代社会机构（包括一些政府机构，例如邮局）的管理不是"政府工作"，是履行业务职能而不是政治责任。它们所拥有的权力和权威，是为了满足社会的一部分需要而行使的。与早期的多元主义权力不同，权力范围不是社会和社区的总需求，也不是社会和社区的总资源。它们服务

⊖ 乍一看，这似乎不适用于大学。它自豪地称自己为"学者群体"，并声称它本身就是一个终结。当然，这就是今天的学生反对传统大学的原因。他们要求大学满足外部需求，即学生的学习需要。在一个以知识为中心资源的"受教育社会"中，传统的"文人共同体"如果真的存在，就不再成立。

的是一个特定的社会需求，控制的是分配的尽管重要但是特定任务的资源。无论这些机构拥有何种能力，都要靠专业能力集中精力完成一项有限的任务，将资源投入有限的项目上。

最重要的是，这意味着他们的领导人，这些组织的首脑，不能把他们的地位、权力和权威建立在任何传统的合法性原则上。例如，他们不能把权威建立在"被统治者的承诺"上，不是也不能像在一个真正的政治社会中，成为"政府"的受益者和服务目标。

大公司的存在不是为了员工。这些公司的影响是外部的，只是表面上要得到员工的批准、同意和态度的影响。同样，医院的"支持者"也不是医院工作人员，而是病人。这对多元社会中的每一个机构都适用，包括政府机构也是如此。比如，财政政策是否符合员工的最佳利益对于财政部的员工并不是很重要。

组织的成员，无论员工还是学生，都应该尽最大的责任来管理其机构的社区生活。管理层目前所做的很多工作都与绩效和职能无关。例如，为什么管理层应该管理工厂食堂，或者关心维持学生纪律，理由还不是很清楚。还有许多其他领域，可以而且应该由社区的自治机构管理。

总之，一个明智的管理者不会说"管理特权"，甚至不会想到这些特权。只将自身局限在与其中心任务直接相关的领域，其他工作都试图推出去。因为这些事即使出现严重故障也不会危及组织目标的实现，学生纪律就是一个例子，明智的管理者通常会说，"这是你的工作"[⊖]。

将这些组织的"成员"尽可能地纳入决策过程也是一个办法，否则他们就无法了解机构的实际情况。例如，那些被选为德国钢铁公司董事会成员的工人发现，在他们业绩最好的时候，利润也只是薪水的一部分，价格是由竞争决定的，而不是由管理决定的，而工作则取决于公司的投资能力，这是

⊖　参见我的书《新社会》（纽约：Harper & Row，1950），特别是第八部分。

一个相当大的打击。同样地，学生和教师、管理人员一起参加课程委员会时，才震惊地发现看似简单的教育政策总是那么死板和复杂。正因为组织是复杂的，局外人很少理解"楼上"到底发生了什么。没有这样的理解，组织总是处于危险之中。我们知道，参与实际的决策过程是获得初步了解的唯一途径。

为了自身利益，组织需要赋予其员工最大的责任。

不过，在直接影响组织的标准、性能和结果的领域，不能由组织内的员工管理。在那里，标准、性能和结果是用来控制这些员工的。做什么以及如何做在很大程度上取决于外界的需要和意愿，在很大程度上取决于"专业领域"，无论是科学还是市场方面都是如此。通用汽车工人对一项新汽车设计的投票完全无关紧要，重要的是消费者是否购买。

当然，过去"左派"对此的反应是要求这些机构"合法化"，由"政治主权"即国家接管，其管理者将由合法的政治权威任命，并从真正的统治者那里获得权力。经验表明这是非常幼稚的诡辩。真正发生的是，同样的损失，以前被认为是管理不善的可怕例子，现在变成了对社会福利极为可取的贡献。政府所有制或政府任命的管理者不会改变机构的职能。当组织开始履行其职能时，就不再受政府的控制。事实上，组织必须由功能来控制，并由绩效来衡量，只有这样才能有所作为。

最具启发意义的教训当然是南斯拉夫。在那里，为了使经济运行，政府把企业控制权还给了企业，特别是工厂选出的工人委员会。但工人们很快发现，如果工厂要生产商品和创造就业机会，就必须把管理权交给受过培训的、具有自主管理能力的合格管理人员。在南斯拉夫，无论是什么产业，绩效好的都是按职能和技术来管理，而不是靠政府或工厂内"被管理者的同意"进行管理。毕竟，工作绩效决定一切。

适用于"被管理者的同意"的情形，也适用于所有其他已知的政治合法性原则。当然，如果一个机构的成员完全反对，这个机构是无法运行的。该机构必须使其成员有可能实现自己的目的。我们早就知道，现代组织必须赋予其成员地位和职能[○]，但成员也必须服务和完成机构的目的，而这永远不可能是他们自己的目的。社会的多元组织面临考验的首要任务肯定不会是满足其成员的目的，而是必须满足外部的人，必须服务于外部目的，必须完成外部成果。充其量，可以将成员的目的、价值观和愿望与工作要求有机结合、协调一致。不过，任务是排在第一位的，是事先决定的，是客观的，而不是个人的。同时，这些任务是特定的、有限的，并且只针对社会、社区和个人的众多需求之一。

正是这种对一个有限目标的专注才让我们的现代组织更富有成效。

显然，我们的组织及其管理者必须有一个基础，即绩效。这是我们拥有它们的唯一原因，也是我们能够容忍他们行使权力和要求权威的唯一原因。

具体来说，这意味着我们需要知道"绩效"对这个或那个机构意味着什么。我们需要能够衡量或至少判断一个机构对其责任的履行情况及其管理能力。我们需要让一个机构及其管理层集中精力完成特定任务，而这些任务的绩效可以证明其存在和权力，否则一切都是越权。

在多元社会中，专注于特定任务是组织的力量、绩效和合法性的关键。

　　○ 关于更全面的讨论，请参阅我的书《公司的概念》（纽约：John Day，1946）和《新社会》（纽约：Harper & Row，1950）。

对于某一特定任务的具体情况，可以也应该有不同意见。组织的定义将随着环境、社会需求、社区价值观和技术的变化而改变。事实上，同一类型的不同机构，例如一个国家内的不同大学，可能会对其目标给出非常不同的定义。同一个行业内的不同企业，甚至不同的医院也是如此。不过，每一个机构把目标定义得越清晰会变得越强大，衡量绩效的尺度和指标越具体就越有效。每一个机构更严格地将其权力建立在履行义务的正当理由之上，就越具有合法性。

"仅看工作成果，你就可以了解它们"，这很可能是新多元主义社会的基本宪法原则。

政府之弊

现在，政府已经无处不在。但政府真的很强健吗？还是只是庞大而已？

越来越多的证据表明，政府不是强健，而是庞大；政府不是强健，而是臃肿、松弛；政府花费巨大，但收效甚微。越来越多的证据表明，公民越来越不信任政府，对政府越来越不抱幻想。的确，在我们需要一个强大、健康和充满活力的政府之时，政府却一身弊病。

年轻人对政府的尊重肯定微乎其微，对政府的热爱更是少之又少。但是，成年人、纳税人对政府也越来越不抱希望。他们的确仍然希望政府提供更多的服务，但是越来越不愿意为一个大而无效的政府买单。尽管对于政府的承诺，他们仍有所期待。

这种对政府不抱幻想的心态，已经跨越国界和意识形态。不论是白人国家还是非白人国家，这种心态都一样普遍。这样的幻灭很可能是这个世界最深刻的不连续性之一，这标志着这一代人和他们的前辈在情绪和态度上发生了巨大变化。从 19 世纪 90 年代到 20 世纪 60 年代的 70 多年，全世界特别是发达国家的人们对政府迷恋不已，以至于对政府能力或善意的局限性视而不见。没有人会比 1918~1960 年的一代人更愿意与政府谈一场如此热烈的政治恋爱。在这段时间里，任何人觉得需要做的任何事情都应该交给政府，每个人似乎都相信，任何工作只要交给政府，就可以确保完成。

1900 年之前，英国的费边社社员或德国社会民主党人就开始迷恋政府。"一战"时这种现象已非常普遍，政府利用税收和印刷机调动社会资源的能力，远远超出了人们早先的想象。德国的战时经济、美国的战时生产委员会和美国的宣传机器令当代人眼花缭乱，让人们相信政府可以做任何事情。

10 年后，当大萧条来临时，所有人都立刻向政府求救。回顾一下 30 年代末盛行的这种天真想法，真是很可悲。比如，英国工党经济学家芭芭拉·伍顿在大萧条时期的畅销书《计划还是不要计划》（*To Plan or Not to Plan*）宣扬的就是这样的想法。这本书的作者被英国政府授予女伯爵称号，至今仍然健在，而且还非常活跃。但她写给政府的这封狂热情书，表现出以救世主自居的无知，对于今天的人们来说非常遥远，也毫无吸引力。该书的每一页上都写道："乌托邦就在这里——所需要的就是远离邪恶和私利，并将一切交给政府。"

"二战"强化了这种信念，政府再次证明自己在战时组织动员社会能量的惊人效力。

如今我们的态度正在转变，对政府的怀疑和不信任迅速加深，一些年轻人甚至开始有叛逆之心。我们现在只是出于习惯，仍然会把社会任务交给政府，仍然一遍又一遍地修改不成功的计划，并认为计划修改一下或交给一个"全能的行政团队"就能顺利完成。不过，当第三次修改一个拙劣的计划时，我们就不再相信这些承诺。例如，谁又会相信美国或联合国的对外援助方案只要改变一下管理方式，就能真正迅速促进全球发展？谁真的相信反贫困战争会消除城市中的贫困？

　　我们仍然重复着昨天的口号，事实上我们也仍按照这些口号做事，但不再相信也不再期待政府能有所作为。于是，人民和政府之间长期以来的缠绵悱恻，如今已经变成两个中年人的彼此厌倦，只是因为不知道如何分手，只好一拖再拖，让彼此关系变得更糟。

　　如何解释这种对政府的失望？

　　由于我们太期待奇迹了，可能导致希望越大，失望也越大。人们普遍认为（尽管只是下意识的）政府会不花钱地做事情，把成本视为谁做某件事情的函数，而不是在做什么事的函数。

　　例如，毫无疑问，英国人采用了"免费医疗服务制度"，因为他们认为医疗保健不会花任何钱，所有的医疗服务都理所当然是"预付费"的。护士、医生、医院、药品等必须有人支付，但是每个人都希望"这个人"是别人。至少，每个人都希望在"免费"医疗制度下，富人的纳税可以为穷人的医疗保健买单。

　　当然，绝不会有那么多富人支付一般医疗费用。真正的事实是，无论是英国健康服务制度，还是美国社保制度（以及这一类的服务），富人的医疗费用竟然是由工人和中低阶层的人来补贴。对于这样的医疗服务，有一个规则就是每个人根据税收缴付情况获得相应服务。根据财富和收入的比例，富人付的费用要少于中低收入群体。为全国性服务筹集经费，就是经济学家称为"递减性税收"的一个典型例子，即负担与收入成反比。

　　这并非反对这些服务。要为每个人都应享受的服务筹款的唯一方法就是群众基础。这种服务也未必是低效的，但并非"免费"，而且成本必然比较高，因为必须为每个人支付意外的费用和救济金，即使只有少数人可能需要这种救济。当今最经济、最有效的医疗服务不是"免费的"英国医疗制度，也不是美国的医疗保险制度，而是早得多的德国健康保险制度，这绝非偶然。在德国这个制度下，每个人都必须签字加入预付款的医疗治疗，但人们对于公共和私人医疗计划有很大程度的自由选择权。

实际上，所有这些计划都是一种税收和强制储蓄，即迫使个人付钱来得到无论他想要还是不想要的东西，这就是他们的全部理由。尽管这看起来显而易见，但在过去半个世纪里，大家普遍还有一种幻想，即政府可以以某种方式让成本消失，无偿提供大量产品。况且，那些关于分配的谬论——政府分配财富可以解决生产力不足导致的经济问题，至今还未消弭（如前面在第6 章中所述）。

实际上，这种想法只是受过教育的人尤其是知识分子特别容易相信的普遍幻象之一：认为把任务交给政府，就不会出现冲突和需要决策的事项。一旦"邪恶的私人利益"消除了，正确的行动路线将从"事实"中显现，决策将是理性和自然的。既没有自私，也没有政治狂热。因此，对政府的信赖在很大程度上是一种对政治和责任的浪漫逃避。

这种说法的一个根源是对商业利润，尤其是对财富的仇恨。另一个更危险的根源是拒绝承担责任和做出决策，这一点在法西斯主义和纳粹主义兴起，以及吸引如此多理智的人民参与方面发挥了重要作用。埃里克·弗罗姆在 1940 年出版的第一本书中称之为"逃避自由"。

除了追求金钱利益，还有其他利己动机；除了财务价值，还有其他价值也可能导致冲突；这对于 20 世纪 30 年代的人来说是不可想象的。在他们的世界里，经济因素似乎是实现千年目标的唯一障碍。权力从来没有出现在他们的视野中，虽然这种盲目观念在希特勒时代很难想象，更不用说理解了。

C. P. 斯诺在《院长》（1951）一书中对剑桥或牛津大学"无我""无私"的小社区内权力冲突的描述深深震撼了一代人的情感，他们长大后认为，冲突总是由经济因素引起的，而且可以通过消除收益，即通过经济国有化来避免。

　　人们不必赞成自由企业，更不必成为财富的朋友，就能看出这一论点的谬误，但相信政府所有权是灵丹妙药与理智无关。争论其实很简单："私营企业和利润都是不好的——政府所有制必定是好的。"我们也许仍然相信这个前提，但不再接受政府所有制。

　　1967 年，英国工党政府决定让钢铁工业重新国有化（具有讽刺意味的是，当时该行业正处于长期衰退的边缘，因此政府接管过来意味着股东可能获得最大利益）。但是又立即宣布，这个行业必须以盈利为目的，并让最纯粹的大资本家梅尔切特勋爵担任首席执行官，梅尔切特勋爵是世界最大工业财富之一的继承人（他的祖父和父亲创建了帝国化学工业公司），是爵位的世袭者，是一个顶级投资银行家，而且还是一个终身保守党！相比之下，差不多 20 年前，当早期的工党政府在英国首次将钢铁国有化时，却选择了一位"纯粹的"工会中坚分子任首席执行官。

　　对政治责任的抵制和对决策负担的怨恨依然存在。的确，如今的年轻人希望彻底退出政治——这是一个令人恐惧的憎恨责任的复活，不愿承担责任使得 40 年前的年轻一代如此乐于接受极权主义的承诺和口号。

　　不过，没有一个人尤其是年轻人，还相信通过把事情交给政府，冲突、决策和问题就会迎刃而解。相反，在年轻人看来，政府本身已成为邪恶的"既得利益者"之一，甚至老一辈人很少再期望政府的管制能带来太平盛世。

在西方，没有人再相信通过国有化这个或那个行业，或者通过把这个或那个社会任务交给政府，可以免除决策，中止冲突。没有人会再被 C. P. 斯诺书中的情节所震惊，或者对纳粹各派在团结的表象背后为每个决定激烈斗争而感到骇然。

事实上，我们今天大多数人认识到，把一个地区交给不称职的政府去管反而会造成冲突，产生既得利益者和自私自利者，并使决策更加复杂化。1968 年冬天，当纽约市垃圾清理工举行罢工时，许多自由主义者就严肃地提议把垃圾收集工作交给"自由企业"来"缓解紧张局势"。换言之，我们意识到，政府无法替代我们做决策，也不会以理性决策代替利益冲突。

然而，对政府失望的最大原因是政府的表现确实不怎么样。过去三四十年的记录一直是令人沮丧的。政府证明自己能够以极高效率做的事只有两件：一是发动战争；二是引发通货膨胀，其他事情承诺得多完成得少。在东欧卫星国家和英国的国有工业中担任管理者的表现一直都不理想。私营企业是否会做得更糟，那是另一回事。因为我们期望政府在扮演产业管理者角色上表现得非常完美，结果却往往低于平均水平。

政府作为一个计划者的角色也没好到哪里。

然而，最令人失望的是福利国家的惨败。富裕的现代工业社会带来许多社会福利，大多数人不愿意失去。但福利国家承诺的不仅是提供社会服务，而且承诺要创造一个新的幸福社会，包括释放创造力，消除丑陋、嫉妒和冲突。不管福利国家做得多好（实际上某些国家在一些领域做得的确不错），充其量也不过是另一家大型保险公司，还不如真正的保险公司那样令人兴奋、富有创造力和鼓舞人心。因为从来没有人为了保险单而牺牲自己的生活。

这就解释了为什么约翰逊总统在执行新政未完成的福利工作时表现出色，却难以成为公众心目中的英雄。这也解释了为什么他的前任肯尼迪总统未能说服国会采取同样措施，却对他没有任何政治伤害，甚至工会中新政的忠实信徒也未受波及。

我们从福利国家的政府中得到的最好东西就是平庸的效能。实际上政府没有做到这些，人们看到的往往是无能的政府，甚至连保险公司也不如。在大多数国家，政府管理的领域很多都没有绩效，有的只是徒增成本。不仅在治理大城市问题方面是如此（美国、英国、日本或苏联政府都无法处理大城市问题），在教育方面、交通方面也是如此。而且随着福利国家的规模越大，政府原本已经平庸的能力会表现得更差。

我不知道美国人在公共管理方面是否特别有天赋，也无法断言他们在公共管理方面是否特别无能。也许我们经历的官僚主义比其他人少，因而对其无能和傲慢比其他人更敏感。然而，无论其他国家的官僚制度有多糟，都很难想象有什么地方能比美国大使馆更混乱，即使在一个小国的美国大使馆，也编制庞大、笨拙、无组织，完全无管理又过度行政化。

在过去30年，联邦政府对大城市支付的费用几乎是其他所有各类项目费用的100倍。不过，令人难以置信的是，投入巨额资金产生的结果无法让人留下什么印象。令人印象深刻的是行政无能。现在，处理城市问题的政府机构是1939年的10倍。解决城市问题前要填写的报告和文件数量则大约是以前的1000倍。

纽约市的社会工作者大约花 70% 或 80% 的时间填写来自华盛顿的联邦政府、奥尔巴尼的州政府和纽约市政府的各类文件，每天只有不到 20% 或 30% 的时间，即大约一个半小时为客户（穷人）服务。正如詹姆斯·赖斯顿在《纽约时报》（1966 年 11 月 23 日）上报道的那样，当时有 170 个不同的联邦援助计划，由 400 多个独立拨款资助，21 个联邦部门和机构管理，150 个华盛顿局和 400 多个区域办事处协助。仅一次国会会议就通过了 20 个新健保计划、17 个新教育计划、15 个新经济发展计划、12 个新城市计划、17 个新资源开发计划和 4 个新人力培训计划，每个计划都有专门的管理机制。

　　这也许不是一个反映美国行政系统无能的恰当例子。每当我们面临一个种族问题，也就是良心问题时，就会提到"城市危机"，这倒是一个具有说服力的解释。即使是最坚定的福利国家倡导者，也从未期望为了社会政策和有效的管理而放弃良心这个根本问题（尽管他可能会争辩说，没有"良心问题"，一切都是"社会问题"，最重要的是花钱的问题）。

　　但在其他地区，福利国家的表现也好不到哪里。行政混乱也不是美国的特有现象。英国、德国、日本、法国、斯堪的纳维亚等地区的报纸也报道了同样的行政混乱和无能，同样的机构、计划和表格也越来越多，同样地只重会计规则而不重结果。各机构之间无处不在的钩心斗角已取代了对结果和责任的关注。

　　现代政府已变得难以管理。如今，没有一个政府能够声称可以掌控下属官僚机构和各种机构。政府机构变得独立，各自为政，指挥它们的是权力欲望、自我主张、狭隘视野，而不是国家政策，也不是它们的顶头上司——中央政府。

这种现象对政府的基本领导能力是一个威胁。政策越来越支离破碎，政策方向与执行越来越脱节。行政管理依靠的是庞大官僚帝国的惯性而不是政策。官僚们继续按程序行事，他们倾向于认为对机构最有利的事情就是对的，对行政方便就是有效能的，这也是人之常情。结果便是福利国家无法确定优先事项，不能集中利用资源，因而一事无成。

崛起于 17 世纪和 18 世纪的现代国家取得的巨大成就是政策控制权的统一，过去 300 年伟大宪政斗争的焦点就是在一个统一国家中央政府的控制权。不过，如今这个政治机关不管如何产生，都不再拥有这种控制权。

美国总统可能仍然是最有权势的统治者，比依靠议会多数票产生的议会制首相，或那些在极权国家中强大派系发动阴谋便被推翻的独裁者更有权势。然而，即使是美国总统也不能左右国家政策，因为各个官僚机构都想按自己的主张各行其是。

例如，美国司法部反托拉斯司在过去 20 年里一直是自己制定政策，奉行自己的方针，根本不在乎现任总统的看法或命令。自哈里·杜鲁门之后，没有一个美国总统同意反托拉斯部门对反托拉斯法的解释。土壤保护局和填海局、林业局和气象局、联邦贸易委员会和陆军工程师也都各自"独立"，而不是"自治"。

英国首相哈罗德·威尔逊或者他的保守派前任，也无法实施更有效的政策控制。显然，苏联和戴高乐治理下的法国也同样如此。

　　不久前，政府机构的政策控制权被视为理所应当。当然，正如首相有
"强势"和"弱势"之分，总统也有"强势"和"弱势"之别。比如，富兰
克林·罗斯福或温斯顿·丘吉尔可以做成许多软弱统治者无法做的事情。但
人们普遍认为，这并非是因为他们知道如何让官僚机构执行命令，而是因为
他们拥有过人的胆识和坚定的信念，能够制定大胆而有效的政策，并激发公
众的想象力。

　　然而，今天所谓的"强势"总统或首相不是一个有强势政策主张的人，
而是知道如何让官僚机构听命于他的人。约翰·肯尼迪拥有坚定的信念和勇
气，能抓住人们尤其是年轻人的想象力，但对官僚体制没有任何影响。虽然
他是传统意义上的"强势"总统，却是一个非常无能的总统。

　　他同时代的赫鲁晓夫在苏联也同样没有发挥作用，尽管表面上很有魄
力，也深受民众欢迎。相比之下，一些没有强烈政策主张，也没有领袖特质
的官僚们在管理上反而富有成效。他们知道如何依靠繁文缛节按其意志行
事。当然，他们就是用繁文缛节来做唯一能做的事，就是包装昨天的东西。

　　这种表面上有权与实际上失控之间的巨大反差，可能是政府面临的最大
危机。我们非常擅长成立新的行政机构，但这些机构一旦成立，就会从本位
主义出发，成为"既得利益者"，既有国库的拨款、又有纳税人源源不断的
支持，在政治上更是不受约束。换句话说，它们一成立就违背了公众意愿和
公共政策。

　　与政府作为国际上一个有效机构的危机相比，政府面临的国内危机简直
是小巫见大巫。在国际舞台上，政府的职能几乎被瓦解了。"主权国家"不
再是执行政治任务的有效机关。正如自由主义者认为的那样，这种状况并没
有因为全球超越了国家狭小边界成为政治共同体而改变。相反，无论是法属

加拿大还是独立的佛兰德斯、西非的比夫拉还是苏格兰的民族主义，世界各国正面临瓦解成狭隘教区的危险。

对我们的祖父母而言，1900 年前后在一个大的政府部门工作是大势所趋。他们也非常清楚，就是政府成立的机构可以促进国际社会的有效合作，这是 19 世纪给我们的历史教训。事实上，19 世纪是以"统一"结束的，当然这个"统一"具有强迫性：英国占领了南非的布尔共和国，并将其并入大英帝国。

从那时起，世界许多国家经历了一个不断分裂的过程。最早的巴尔干战争，目的是建立一个更大的统一国家，最终却产生了更多小国家。之后这一进程还在加速，即使是捷克斯洛伐克，这个在"一战"中建立起来的最成功国家，也难以实现统一高效运行，最后，竟因来自德国、匈牙利和斯洛伐克等的少数民族拒绝"统一"而导致分裂。

自"二战"以来，没有一个新的国家能像 19 世纪结束时那样建立起统一的国家。相反，许多部落分支以国家自居，受嫉妒、怨恨和骄傲驱使，把国家的一切成本强加给他们的公民，但不能成为国内政府或国际社会的一个有效机构。我们的世界分裂成越来越多的侏儒政府，与公民相比，每一个政府都被赋予了巨大权力，每一个都完全有能力进行专制统治，却没有治理能力。

1900 年，全世界只有 50 多个主权国家，20 个在欧洲，20 个在美洲，其他地区只有不到 12 个。"一战"期间主权国家增加到大约 60 个，如今这个数字超过了 160，几乎每个月都有新的"迷你国"诞生。只有在美洲大陆，没有发生主权国家分裂，1900 年的 20 多个主权国家今天都还在（除了迅速分裂的加勒比地区）。一些新成立的主权国家规模巨大，如印度、巴基斯坦、印度尼西亚。但大多数都比中美洲国家要小，由于太小，无法履行主权国家的最起码责任，上一代人轻蔑地称之为"香蕉共和国"。今天，有几十个"独立国家"的人口远远低于 100 万。事实上，有些国家的人口还没有一个大村庄多。

另一个极端是所谓的"超级大国"。这些国家规模巨大、实力超强，反而难以推行国家政策。它们什么都关心，到处参与，无论多么遥远或微不足道的政治事件都会让它们受到影响。然而，政策是一种挑选和抉择。如果一个国家不能有所取舍，就难以实行政策。然而，实际上美国和苏联都不能说："我们不感兴趣。"这些"超级大国"是福利国家的国际版本，既不能确定事情的优先顺序，也难以有所成就。

超级大国的力量实在太大了，反而难以发挥作用。这就好比一个人手里只有 100 吨重的落锤，如果用来打苍蝇，就会变得毫无反制之力。因此，超级大国总是反应过度，就像苏联对待其附属国，美国对待刚果、圣多明哥，甚至对待越南那样。然而，它们的表现并不理想。这些超级大国的力量，虽然足以摧毁彼此以及其他国家，但对于完成政治任务而言却大而无当。这些国家太强大了，没有盟友，只有附庸。

这意味着，国际事务再不能通过有条不紊和系统的方式做出决定，也不能通过谈判、协商和协议做出任何决定，只能通过命令或相互消耗达成目标。因此，尽管武力在国际体系中变得越来越重要，但其决定性作用变得越来越弱（除非是可能毁灭人类的终极力量：核战争）。

在这种情况下，决策不再有效，也不能指望被贯彻执行。国内存在的政策与执行脱节的情况同样出现在国际事务中。政府越来越多，但只会增加成本，因为每一个主权国家都必须有自己的外交和武装力量等。随着政府机构增多、成本上升，运行效率不断下降。

现在大多数的政府，无论其领土是横跨大陆还是小于一个城市街区，都不能再履行政府的首要职责：保护人民，防御来自外部的攻击。事实上，大多数新的"迷你国"在政治上非常荒谬，因为这些国家根本无法抵御被瞬间消灭的威胁。然而，在这个核"过度杀伤"的时代，"超级大国"也是如此。由于核武器易于制造，而且实际上对最小和最弱的国家来说是可用的，因此无法"防御"。只有通过报复性威胁来"威慑"，其实这也有问题。然而，如果政府不能保卫人民，那么政府存在的第一个条件就不复存在了。

这也许会被认为是言过其实。当然，上一代人的看法并非如此，却越来越成为现实，这是我们对于局势的回应。年轻人不像我们这一代深受记忆中热爱政府的影响，而是看到政府的畸形、无组织、无政绩、无能力，丝毫没有目前仍用于课堂作为教材的那种对政府热爱的幻想。

政府不能做到的事

然而，在这个危机四伏的世界上，在这个多元主义的组织型社会中，在如今的全球经济形势下，我们比任何时候都需要一个强大、有效、尽责的政府。

我们需要一个这样的政府：它是组织型社会的中心机构，能够表达社会共同的意志和愿景，能够让每个组织为社会和公民做出最大贡献，并传递共同的信念和价值观。在国际事务上，我们也需要一个强大有效的政府，为世界社会经济发展建立超国家机构，即使让渡主权也在所不惜。

面对多样性，正确的做法不是要求千篇一律，而是追求和而不同。社会的多样性不应被压制，每个多元化机构都是必需的，都承担一定的经济职责。我们不能压制这些机构的自主性。因为，这种自主性源于它们所承担的任务，无论在政治上是否被承认。因此，我们必须要有一个促进合作的核心力量，这只能靠一个强大有效的政府来推动。

这一点在发展中国家、贫穷国家比在欧洲、北美和亚洲发达国家表现得更为突出。一个有效的政府是经济社会发展的重要前提。

我们不能等到有了新的政治理论，或者完全理解这个多元社会时才采取行动。我们不会再创建一个"白马王子"式的政府，也不会让大家认为政府是芭芭拉·伍顿出版的《计划还是不要计划》中睿智的经济学家之王。我们应该能够让政府成为一个称职的中年专业人士，让他从上午9点到下午5点好好工作，尽管不那么浪漫，但至少是一个恪尽职守的"养家糊口者"。在这个过程中，政府要摆脱盲目自大的情绪，学会如何专注于现实目标，如何根据能力做出承诺。

就某些事情而言，对政府来说天生就力所难及。政府本来就是按防护性机构来设计的，创新并非其擅长之事。实际上，政府不能真正抛弃任何东西：无论什么事，一旦政府采取行动，就会变得根深蒂固，再好的行政团队也难以撼动。政府不具备创新能力，根本原因是政府存在的合法性和必要性在于政府是一个保护和维持社会秩序的机构。

政府开展的一项活动、建立的一个设施、雇用的一批人员往往都会立刻纳入政治进程中。无论对于英国国有煤矿，还是欧洲和日本的国有铁路都是如此。

政府无法放弃任何事情，并不只限于经济领域。例如，十几年来，大家都知道美国在全面战争时非常有效的征兵制度，在"冷战"或"有限战争"时期却不适合了。这个制度不仅违反道德，而且令士气低落。没有人特别捍卫目前的制度，我们就年复一年沿用。许多政府资助的研究计划也是无法放弃的，政府资助艺术的情况也是如此。政府计划的每一个受益者马上会变成"选民"，自己组织起来采取有效的政治行动，给决策者施加压力。

正如第 9 章所说，所有机构都难以放弃以往工作，不再从事无生产力的事。人本来就有习惯，只要是由人组成的机构都习惯做原来的事。大家难以接受以往的事不再需要或不再富有成效这个事实。不过，政府又比其他任何机构承担了更多的压力，必须紧抓过去不放。事实上，政府对某项活动失败的典型反应就是将预算和工作人员增加一倍。

举例来说，世上没有任何事情可以和美国政府在福利政策和农场政策上的失误相提并论。这两项政策要为原本应解决但延迟至今的弊病负责。不过，早在"二战"前，我们就知道农业计划有问题，自 1950 年起也知道福利方案不妥当，政府却没有解决。

城市贫民无疑是一个大问题，"二战"后美国城市发生的庞大人口涌入现象，在全球没有其他城市可以比拟。以往发生这种大批人口涌入城市的情况，造成家庭、社区和当地政府的瓦解。比如，18 世纪末爱尔兰人大批涌入英国城市，1840 年 12 月涌入北美地区城市，后来涌入了欧洲城市。接着19 世纪最后几年，捷克人开始大举前往维也纳。相比之下，不到 15 年的时间内，就有将近 200 万黑人和波多黎各人进入纽约，人数超过早期的人口迁移规模，这在城市发展史上是史无前例的。

如果当初我们什么也不做，情况当然也不会糟糕到哪去。实际上，在19 世纪没采取任何行动的城市，情况反而好些。过去 20 年来巴西圣保罗市的情况就是一个例子。刚从农奴制中恢复过来的农村黑人文盲大批涌入圣保罗市，但相关的政府机构并未采取任何措施，现在的情况反而比纽约好一些。

我们的福利政策不是为了解决这些问题而设计的，对因经济大萧条之类灾难而失业的人来说，福利政策是一项很有效的措施，可为这些有能力的失业者暂时缓解困难。20 世纪 30 年代中期开始生效的救济政策，基本上 1940 年时就已形成。不过，政府无法放弃任何方案，况且规模如此庞大的官僚机构都已在这些方案和口号中投入如此多的情感，也使这一切变成"新政"的"象征"。

因此，50 年代出现截然不同的问题时，也就是当农村黑人大量涌入中心城市时，美国还想利用这些方案解决问题也就不足为奇了。然而，这些方案无法见效，反而让问题更加恶化，增加大批黑人的无助、依赖和绝望，这也不足为奇。因为这些乡下的移民就算有了一个岗位，也没有能力工作。他们没有接受过训练，也没有在城里安家立业。

不过，当救济方案无法见效时，我们能做的就是把预算翻一番，把填表格的人数翻一番。我们还是应用以前的方案，根本没有扪心自问：问题出在哪儿？需要做些什么？

农场计划的情况也是一样，当初美国政府在 20 世纪 30 年代设计农场计划，目的是要拯救农民，让农民在经济和社会上获得保障，但是政府却资助农民的竞争对手，就是资金雄厚、生产力高的"工业农场"。就农场计划的成效看，工业农场或许是比较理想，但就农场计划的目标来说，这简直是极其失败。然而，令人心痛的是，就算政府继续增加预算，也只会加速家庭农场的消失。

为了避免让大家认为这是对美国政府的批评，我补充说明一下，这些经历并没有种族、信仰或国籍的区别。

英国对贫困地区采取的政策可追溯至 20 世纪 20 年代。当时，这项政策并未让任何一个"贫困地区"重新恢复到经济健康状态，反而是惩罚了那些转移到更富生产力、更高薪资、更好的工作地区的劳工，这样就延缓了经济健康地区的增长。与此同时，英国政府发现哪个"贫困地区"的经济持续恶化，就会增加当地的预算。瑞典也面临类似问题，他们通过补贴劳动力，鼓励其转移出去，借以摆脱"贫困"，而不像英国那样让劳动力向低效产业转移，这在英国众所周知，却没有给英国政府和社会大众留下什么印象。

同样，在"一战"后，德国为了救援东德的贫困地主（年轻的布鲁斯贵族），设计了一项援助计划——调高援助预算，以此帮助他们成为富有生产力的农民。事实上却适得其反，让农民的处境更糟，同时还惩罚了德国西部富有生产力的农民，让东西两边的农民转而支持希特勒。然而，在政治上所能做的一切，都是为援助计划筹集资金。

这不是说政府的施政计划一定错误、无效甚至有害，完全不是这个意思。不过，即使是最好的施政计划，最后也会失去效用。遇到这种情况，政府的反应往往是："让我们花更多的钱，做更多的事。"

　　然而，政府的确管理不善。首先，程序一定要遵守；其次，政府必然庞大笨重。此外，政府也很清楚一件事，政府管理的是公共资金，必须为每一分钱负责。所以政府除了表现出"官僚作风"，别无选择。

　　当然，政府是"法治"还是"人治"仍存在争议。但就定义来看，每一个政府都是"形式"政府，这意味着成本必然很高。因为花在"控制"方面的最后 10% 的费用，往往比前面的 90% 更多。如果每件事政府都必须给个交代，成本一定非常庞大，但我们更希望政府把每件事都交代得清清楚楚。

　　不仅是因为"官僚作风"和"繁文缛节"，还有一个更为重要的原因。即使是"小小的贪污腐败"，对政府来说也是一项可怕的传染病，会很快蔓延到整个政府。然而，贪污的诱惑力巨大，毕竟有机会经手巨额公款的公务员，待遇不太好，又领固定工资。实际上，即使职位不高的公务员，也有权决定要不要把诸如营建工程、电台频道、航空路线、土地区划和建筑法规等至关重要的契约和特权奉送某人，因此担心政府腐败并非不合理的猜测。

　　不过，这也意味着政府的"官僚作风"以及由此引发的高昂成本是不可能消除的。毕竟在非"形式主义政府"的统治下，社会一定会迅速堕落成一个相互掠取、你争我夺的社会。

　　三四十年前热爱政府的一代人深信，政府是具有经济效益的。人们认为，消除"利润动机"是为了降低成本。首先，这是最糟糕的经济状况。如果存在竞争，利润就能保证以最低成本完成任务，是实现资源最经济配置的度量指标。从成本和效果看，利润也是最优的指标。

　　三四十年前经济学家当然知道这一点。不过，在一个均衡经济理论中，而不是动态增长的经济理论中，利润（如第 7 章所解释的）可能被忽略，而且政府固有的浪费也没有公之于世。

　　政治家不会把 90% 的金钱和努力投入到既有项目和活动中，而会关注与自己有关的热点事情。政治主要关注的是"新计划",关注的是政治"热点",关注的是危机和问题,不专注于做好某项工作。政治跟管理型组织的性质不同,政府的管理绩效也微乎其微。

我们已精心设计了保障措施来保护政府内部的行政结构免受政治演变的影响,这是每个公务员的目的。不过,保护现行机关不用承受政治扭曲和压力的做法,却也同时保护了机关现有工作人员,让他们不必讲究绩效。我们当然应该维护杰出公务员的职位,但如果必须选择的话,或许会认为公务员的平庸是一种比政治略小的罪恶。司法机构最先实现了"独立性",这一点的确是事实。不过,这用在行政机关上究竟有多少正确性,则存在争议。现在许多人开始相信,即使在公务员队伍里,也需要实施绩效奖惩。

不过,政府里受奖赏的人是在现有机关中不"兴风作浪者",也就是不创新、不主动的人,只要按照以往的程序做事,就会得到奖赏。在政治过程中,除非"丑闻"发生,否则没有人会注意持续进行的日常工作。结果政府日常管理工作就一直被忽视,或被认为只要遵照"程序"、填写表格就可以。杰出的管理者无法单凭才干爬上政治高位,还必须拥有自己的政治机构、政治追随者和党派。

我们可以也必须提高政府效率。

举例来说,现在坚持"100% 审计"已没多大意义,以概率数学为基础的现代抽样方法,让我们只需审核少数事项,就能更有效地管控政府。我们甚至希望日后能获立法机关批准,让社会大众了解政府这么庞大的体制,不可能也不应该有 100% 的效率。92% 的绩效目标比较符合实际,也能以更低的成本实现。今天政府机关或军事机构在 500 亿美元预算上超支 5 万美元,会被认为是散漫的例子，并可能立即导致再雇用一百多名记账员。不过，大家最终将了解这根本是芝麻小事，甚至可采用例外管理原则，只审计成效与期望出现大幅偏差的地方。不过，老练的政府官员可能会以微笑迎接这种乌托邦式的天真。

现在更迫切需要的是，清晰界定政策预期成效，并根据这些预期严格审查成效。要在初期就承认美国政府的救济计划和农场计划，并未产生预期成效。要这样做，就必须详细说明预期成效，而不是满足于承诺与声明。

19 世纪，审计总署成为各国政府的重要机构。我们知道，我们需要一个独立机关掌控政府的日常流程，并确保政府经费按计划使用，且没有被贪污。现在我们可能必须设立一个独立的政府机构，负责评估政策的期望。这个机构不受行政部门和立法机关的压力，可直接向大众报告任何无法履行期望的计划。罗伯特·麦克纳马拉在美国军队开展的计划和政策的"成本效益评价"，可能是建立这样一个新机构的第一步。约翰逊总统把成本效益评价引进美国政府机关，或许是美国行政史上重大事件之一。

我们甚至可能走得更远，可以将自动放弃流程纳入政府，尽管今天只有一个乐观主义者会期待这一点。我们不应一开始就假设任何计划、任何机构和任何活动是永恒的，而应从相反假设出发，假设各计划、机构和活动都是暂时的。我们可能从一开始就这样认为，除非因特别重要的因素而将之延续，否则各计划、机构或活动将在 5 年或 10 年内结束。我们可以自我约束，除非达到预期成效，否则不重订期限。我们希望，最终可以建立政府评估结果的能力，并系统放弃昨天的工作方式。

然而，这些措施仍不会使政府转变为"行动者"。它们不会改变过去 50 年的主要教训：**政府不是"行动者"。**

政府是什么样子

政府的目的是有效做出重大决策，集中社会的政治力量，把具有争议的重大问题公之于众，并提出基本决策选项。

换句话说，政府的目的就是治理国家。

然而，治理和"做事"是冲突的，这一点已从其他机构身上看到。任何试图将治理与"做事"结合的尝试，一定会使决策能力瘫痪。任何试图让决策机构真正"做事"的尝试，也意味着"做事"的结果不会太好。因为"做事"不是决策机构的工作重点，这些机构既没有做事的准备和能力，基本上也不关心这一点。

现在，很多军人、公务员和医院行政管理人员开始向企业学习管理的概念、原则和实践，这不是没有道理的。现代政府如今面临的问题："治理"和"做事"之间的冲突，企业在过去 30 年已经遇到过了。企业的管理层已经知道，这两者必须分开，而且在实际运作方面，企业最高层也就是决策者，绝不能插手具体事务，否则将无法做出决策，而该做的事最后也无法完成。

上述说法在企业界被称为"分权"。其实，这个词会造成误导，因为它暗示应削弱企业中心也就是最高管理层的权力。事实上，分权是企业组织结构的设计原则，其目的是要让企业最高管理层变得更加强大，并有能力承担最核心的管理任务。这样最高管理层就能够专注于决策和指导，将"行动"留给经营管理层，每个经营管理层都有自己的使命和目标，并有自己的任务范围和自主权。

如果将这一经验用于政府，其他机构就顺理成章成为"做事者"。政府的"分权"不仅是"联邦主义"的另一种形式，即由地方政府而不是中央政府履行"做事者"的职能。这更是一项系统的政策，即利用社会上其他非政府机构来做实际的事情，也就是注重绩效、运营和执行。

这样的政策可称为再私有化。如此一来，过去一个世纪社会原有的私人机构，即家庭无法完成的任务，被移交给了新的非政府机构，这些非政府机构在过去六七十年如雨后春笋般涌现。

政府首先要问这些机构如何运作？它们能够做什么？接下来再问如何规划安排政治目标和社会目标，使之成为这些机构创造绩效的机会？下一个问题是，这些机构的能力有多大机会能让政府达成政治目标？

如此一来，政府的角色将与传统政治学所描述的大不相同，传统政治学中政府是唯一的机构，然而一旦实施"再私有化"，政府虽然还是最高中央机构，但不会是**唯一**机构。

再私有化会带给我们一个与现有社会理论假设完全不同的社会。在现有社会理论中政府并不存在，而是处于社会之外。不过，实施再私有化之后，政府将成为最主要的社会机构。

在过去 250 年，政治理论和社会理论一直是分开的。如果我们把过去 50 年来在组织经营方面的知识应用到政府和社会中，政治理论与社会理论将再度合流。即使像大学、企业和医院等非政府机构将被视为任务的完成者，而政府则会被视为重大目标的决策者和多元化社会的"指挥家"。

我特意用了"指挥家"这个词，把今天的情况与 200 年前的音乐做比较，也许并不太离奇。18 世纪早期的主要音乐人物是伟大的管风琴演奏家，北方新教徒尤其如此。在管风琴音乐中，当演奏巴克斯特哈德或巴赫的曲目时，整首乐曲都是由一位演奏家完成。如此一来，要成为一名音乐家就需要高人一等的技艺。

到 18 世纪末，风琴大师已经消失，取而代之的是现代管弦乐队。各种乐器只演奏一部分，一个指挥家在前面把所有不同的乐器调和成一个乐谱。结果以往认为的音乐绝对限制突然消失，即使是海顿的小型管弦乐队的演奏也远超过前一代风琴大师的水平。

指挥家本人不演奏乐器，甚至不需要知道如何演奏乐器。他的工作是了解每种乐器的容量，并将每种乐器激发出最佳效果。指挥家不是"表演者"，而是指挥别人，他不是"做事"，而是发挥领导作用。

因此，把"做事"这项社会工作再私有化，可能是政治学的下一个重要发展，也让这个中年失败者——老旧不堪、过度松散、软弱无能的政府再度发挥作用。这样做并不表示"再回到私人所有制"。取而代之的是自主经营企业，这些企业通过市场销售商品、供应劳动力和资金。当然，"所有权"掌握在政府手中，是法律事实，却非经济事实。

换句话说，重点还在于机构是由政府经营还是自行管理。例如，在英美国家，合作社虽然不是由政府而是由"私人"经营管理，却不被视为"资本主义机构"。"私人"医院和"私立"大学的情况也一样。相反，传统上，德国大学即使是公立大学，也一直被认为是跟美国"私立"大学一样的自治机构。

因此，虽然各国和各个机构在所有权方面的法律不同，但是再私有化可能会创造出相当类似的社会结构，其共同点是绩效原则而非权力原则。在这些国家和机构中，为完成一项重要社会工作而建立的自治机构就是"做事者"，政府逐渐成为决策者，成为愿景制定者，成为一个政治机关。政府要设法弄清如何设立一个政治目标，吸引自治机构参与。换句话说，政府就是一个"指挥家"，设法搞懂每种乐器的最佳用途。正如我们赞赏作曲家能撰写"可演奏的"乐曲，恰如其分表现出法国号、小提琴和长笛等乐器的风格。我们也可以赞赏立法者，有能力设计特定的工作，让多元化社会中的这个或那个自治机构去执行。

在这种结构中，企业可能是唯一且相当重要的机构，至于归资本家也就是投资人所有，还是归合作社或政府所有，这是次要问题。因为即使是国有，也必须独立于政府之外。

企业之所以特别适合再私有化，主要因为在所有社会机构中，企业是重要的创新机构，是唯一因明确目的设立、善于管理变革的机构。所有其他机构最初都是为防止或至少是为推迟变革而设立的，只有在必要和最不情愿的情况下才成为创新者。

具体来说，企业有两个特别的优势，这正是政府的弱点。首先，企业可以放弃某一项活动。事实上，假如企业是在市场上活动，便不得不如此。尤其是当靠市场来获得资金时，即使最倔强的企业家，无论多么有钱，在某种程度上也无法和市场抗争。其实，即使老福特也不得不放弃 T 型福特车，因为再也卖不出去了，甚至他的孙子也不得不放弃 Edsel 车。

更为重要的是，在所有机构中，企业是唯一一个社会肯让其消失的机构。

如果要让一所大学或一所医院消失，无论这些大学或医院多么多余和无益，都需要一场大灾难、一场战争或一场伟大的革命。例如，美国天主教会一次又一次试图关闭已经不再有用的医院，几乎每一次社区守旧势力都迫使近乎专制的天主教会收回成命。

只有一个外国人——加拿大人，能说服英国耶稣会会员放弃不合时宜的寄宿学校，结果这个外国人只得尽快撤离英国，回到加拿大。20 世纪 40 年代末苏联试图合并一些省级大学时，也有类似经历。

不过，当美国最有名的飞机制造商——道格拉斯公司，也是 DC3 飞机（军方和欧洲人称之为达科他）的设计者与制造者，在 1967 年遇到困难时，美国民众和政府并不是那么急于救援。假如没有一家竞争者并购这家公司，人们便会接受道格拉斯的消亡。当然这会很可惜，人们也会说许多怀旧之辞，但是也会觉得，毕竟是他们自己的错。

正因为企业可以盈利，所以**必须**承担亏损的风险。

这种冒险来自企业的第二个优势：在所有机构中，只有企业才有工作绩效的考验。无论盈利多么少，都是一个考验。有人可能会争辩说，这个或那个过时的医院是社区真正需要的，或者将来有一天会需要。可以说，即使是最穷的大学也总比没有好。校友或社区总是有"道义上的责任"来拯救"亲爱的老物件"。

然而，消费者确实不是感性的，不轻易动心。假如有人说，他应该买某一家公司的产品，因为这种产品已经历史悠久。消费者总会问：这种产品对我有什么好处？假如回答是没有好处，他对于厂家的消失丝毫也不会感到可惜，投资者的态度也是如此。

这就是企业作为一个机构的优势，是维持企业私有化的最好理由。一般流行的观点认为，资本家不应该有利润，但是资本家扮演的是真正可以牺牲的角色，其职责是承担风险、接受损失。这个角色由私人投资者来做，要比公共投资者适合。我们之所以想要私人企业，是因为需要能够破产、可以消失的机构。我们希望至少有一个机构，能够从一开始便适应变化，能屡次经得起考验，这正是企业所准备要做的，因为其产生就是为了引发并管理变革。

因此，假如想要一个真正强有力的政府，就应该要有非政府所有的企业。希望私人投资者的企业在自身利益的激励下，基于自己的最佳判断做出决策，承担失败的风险。支持"私人企业"的最有力论据并非创造利润的功能，而是承担损失的功能。因为企业是一个最有适应能力、最具灵活性的机构，是一个具有明确绩效考验和衡量标准的机构。

因此，企业是最好的管理机构，因为如果有衡量结果的标准，便可以判定努力的效率和程度。我们可以说某个企业利润最高是在控制 95% 的成本，而不是 99% 的成本的时候，因为控制并审计最后 4%～5% 的成本超过了所能赚的利润。对于医院病人的护理，不能这样说；对于大学的教学，也不能这样说；对于任何政府机构，都不能这么说。在这些机构中，必须要通过猜测来发表意见，在企业中结果是可以衡量的。因此，企业是一切机构中最容易管理的，最可能找到结果和努力之间的适当平衡。企业也是唯一不必控制情感和道德问题的机构，在谈到"控制"时，讨论的是"价值"而不是"伦理价值"。

再私有化仍然是异端邪说，但已经不是异端的做法。再私有化并非"百万富翁的信条"，黑人权利的倡导者主张把贫民区的教育交给私人企业来做，彼此之间可以"竞争"。各企业教黑人区儿童时，可以按工作绩效获得税收。

美国城市黑人聚集区是一个非常特殊的问题，这的确是现代政府的不足。不过，如果再私有化能解决这么严重的问题，那么在情况没那么严重时应该取得更好的成效。

在国际上，一个再私有化的例子就是世界银行。虽然世界银行是由各国政府建立，却是自主的，可通过在资本市场出售证券直接为自己筹资。国际货币基金组织也是再私有化的。事实上，如果为了世界经济开发货币和信贷系统，可以将货币、信贷的创造与管理再私有化，这将被认为是对主权的重大贡献。

在国际范围内，企业具备成为"实干家"的条件。例如，跨国公司便是我们最好的机构，可以通过与人、资本进行"契约式生产"，实现经济社会快速发展。通信卫星公司（COMSAT）是一家经营全球性通信业务的跨国公司（以往通信也是国有垄断业务）。一个社会党的政府——英国劳工党，便通过再私有化，让英国获得便宜的能源，当时英国就是与跨国石油公司签订合同，勘探和开发北大西洋下的天然气田。

有些地方已经分裂为种族碎片单元，比如非洲赤道区的迷你国家，根本无法让政府产生效能，跨国公司可能是唯一能够有所作为的机构。

不过，国内和国际的企业都只是一个机构，也只承担一项工作，即经济工作。事实上，要让企业和其他机构都各司其职，这一点非常重要（在第9章已讨论过）。因此，再私有化也需要其他非政府机构，如医院和大学去做其他非经济的工作。事实上，按照再私有化重新设计非政府机构来实现社会绩效，可以作为未来政治家的一项重要工作。

世界性大学的序幕已经拉开，起因也许是最近几十年伦敦大学以"校外认证"为基础，在英国到处设立新机构。如今，美国的大学也增加了许多新机构。拉丁美洲还有一些新商学院，其中 9 个不同的国家中有 9 所不同学校，这些学校联合起来成为一个机构，拥有相同的目标、共同的师资，也有交换计划和学生。事实上，跨国大学可能是我们阻止人才外流的最好方式。

我们不需要一个"逐渐萎缩的政府"，相反需要一个精力充沛、强健且充满活力的政府。不过，我们却面临一个选择：是要一个大而无能的政府，还是要一个强健的政府，这个政府只管决策和指挥，把"做事"交给别人。我们不会再"回归放任主义"，任凭经济自由发展。经济的活动范围在政府管理权之内，但是对于经济的决策（包括其他方面也一样），政府将不会完全漠视，或者完全控制。

在这个多元化社会中，我们在所有重要领域都有了新的选择：机构多样，各尽所长。在这个社会中，每一个领域都"影响公共利益"，每一个部门都有一个特定机构由自己管理，专心做自己的工作，兼具行动力和绩效。

这是一个既困难又复杂的结构。只有各机构专注于自己的领域，并严格尊重其他机构的完整性时，这种机构之间的共生关系才能发挥作用。以管弦乐队为例，各机构必须把自己的部分演奏好。这对政府来说是最困难的，尤其是在过去 50 年，政府一直坚信 18 世纪全能政府的理念，认为政府可以也应该扮演好相应的角色。不过，现在每个机构都要吸取同样的教训。

再私有化不会使政府软弱，事实上它的主要目的是让不健全且无能的政府恢复力量，有所作为。我们不能让政府在过去 50 年的路上走得太远。如果继续下去，政府只会变得更官僚，且没有工作绩效。我们可以让人民交纳更多的税，但不能使人民倾心支持和信任。政府可以更庞大臃肿，却无法获得力量和智慧。假如继续走过去的路，只能让政府病得更重，也让人们对政府失去信心，这样做无异于引发暴政，让政府与社会直接对抗。

这种事可能会发生，在人类历史上也经常出现。不过，在多元的组织型社会中，这种情况不会持续太久。

我们迟早会需要新的政治理论，也许还要有新的宪法，需要新的观念和新的社会理论。当然，现在我们无法知道这些新观念和理论是否会出现，也不知道内容是什么。不过，至少知道一件事，因为政府绩效太差，我们已对政府失望。可以说，在多元主义社会中，我们需要一个有治理能力的政府，不是一个执行机构，不是一个行政机构，而是一个治理机构。

第 11 章 | CHAPTER 11

个体如何生存

学生运动并非新鲜事。然而，当今社会最有特权的人——年轻大学生，与社会的疏远程度的确非常罕见。

早期学生运动只是地区性的，针对的只是单个国家或社会的特定机构，以往出现在西方国家的几个主要学生运动就是如此。比如，拿破仑战争之后欧洲大陆学生反对专制政府的运动，在俄国、德国和意大利引发了长期的激烈抗争，但在莱茵河以西的地区只是掀起了小小波澜，英国则完全不受任何影响。

然而，如今发生的是真正的"国际学生运动"。当然，这样的学生运动没有指挥中心，也无共同的信念，不过面对的是共同的敌人——组织。如今的学生"运动"主要是反对以任何形式存在的组织和权威，特别是以往在组织、大学和政府中的所谓"好人"。年轻的传教士、天主教的信徒也同样反对罗马教廷的组织和权威。

越南战争和黑人贫民区的种族问题也许可以解释美国年轻人的反叛行为。然而，我们却无法解释为什么意大利学生袭击大学校舍，波兰和南斯拉夫学生与政府、警察发生冲突，也无法解释印度和印度尼西亚的学生暴动。很显然，这些因素只是"促发"了反叛，但不是"直接导致"反叛的根本原因。

年轻人认为，当今社会已成为一个组织型社会，这与我们教科书上所写、政治话语中所说、惯例习俗所约定的社会刚好相反，这其实是一个非常正确又务实的洞见。然而，他们这种认知徒劳无用。目前，没有迹象表明，我们的社会已决定放弃组织提供的服务。我们不愿放弃国防和教育，不愿放弃商品和服务，不愿放弃医疗保障，提供这些服务的组织不会消失。拒绝组织并不会使之消失，甚至不会削弱其力量。

事实上，蔑视权力只会让权力更具压迫性。权力必须被使用，这是现实。如果正直的人和理想主义者随意丢弃权力，就会被流浪汉捡走。如果有能力的贤达之士拒绝负责任地行使权力，不负责任的无能之辈就会接掌大位。如果权力的使用不是基于社会用途，就会被个人用于牟取私利。最糟糕的是被野心家掌控，让其内心的怯懦变成武断、专制和官僚。

无政府主义是一个正确的哲学立场，也许是唯一"纯粹"的政治理论，可惜就是完全行不通。在实行过程中，无政府主义必定会引起压制，而这些哲学上的无政府主义者就首当其冲地成为受害者。

然而，如今年轻人反抗组织面临更大危险——容易受错误领导的伤害。年轻人拒绝领导，这并非事实。实际上，年轻人寻求领导，也需要领导。如果他们不能在当权派中找到领导，甚至在"忠诚的反对派"中也不找到领导，就很容易成为煽动者的牺牲品。如果大家"不能相信 30 岁以上的人"，到最后一定会相信行动幼稚者，因为总要有人可以相信。

如今的"学运分子"打着"理想主义"和"真诚"的旗号，与"一战"前后德国青年运动极其相似，甚至连外表都很像，包括留长发、唱民歌，以及诸如"要做爱，不要战争"之类的口号。然而，德国青年运动中讲究理想主义、反权威主义的"流浪者"不相信"任何 30 岁以上的人"。他们很快就变成纳粹的狂热信徒，盲目崇拜希特勒。年轻人也需要信仰，而"真诚"是煽动家最擅长的拿手好戏。

"学运分子"只是时下年轻人的一小部分，"激进派""嬉皮士""披头士"是更小的一部分。今天绝大多数学生就跟他们的前辈一样，很快就墨守成规了。他们顺利度过了"激情燃烧的青春岁月"，到了中年也一样安分守己。他们可能会继续抱怨"组织"，不过，年轻的工程师、科学家，尤其是那些非常想被孩子们"接受"的年轻大学教授，就会逼着组织循规蹈矩，没有人比这些"传统上的非传统者"更墨守成规了。

学生总是最焦躁不安的。突然间，各地学生人数急剧增加。目前学生运动只是"教育爆炸"的表现之一，因为学校里的年轻学生大增，以往这个年纪的年轻人都已经开始工作了。

今天大部分大学生都来自教育程度不高的家庭，这正是学生运动的一个主要原因。从这个方面看，目前的学生运动可以看作美国第二代移民对父母移民背景的反抗。正如那些来自爱尔兰、瑞典、犹太或意大利家庭的叛逆分子，很快成为美国中产阶级社会的成员，今天的学生也有望很快成为有教养的中产阶级成员。

代沟是当前一大问题，从全社会平均年龄来看，目前社会比以往年轻得多。不过，由于人的寿命特别是工作寿命大幅延长，更多老年人活得更长，担任领导职务和掌权的时间也更久。从现代史来看，以往没有这么多年轻知识分子，也没有年龄这么大的领导层。目前每一个机构及国家的领导职务，大多数还在“一战”前已掌权的那一代人手上，直到最近 10 年才交给 20 世纪出生的这一代人。

“一战”后即 20 世纪 20 年代出生并经历经济大萧条的那一代人，跟“二战”结束时还在孩童时期、目前 30 多岁的这一代人，可以算是史上代沟最大的两代人。对“二战”后出生的一代来说，他们根本无法想象祖父辈的世界，即 20 世纪 30 年代到 40 年代初的世界。也就是说，按以往经验，对老一辈来说理所当然的行为，对于年轻一代而言似乎那么不理性、没有意义，也无关紧要。

因此，年轻人的疏远可能只是一小部分人，仅仅是这些人追求时髦的一种伤感，是青少年时期常见但不会致命的短暂悲观厌世的症状，或者是一种很快可以排除的人口统计学上的意外事件。不过，我们必须认真对待年轻人的疏远症状，因为这背后的认知是，组织型社会给个人带来许多问题，当前的社会和政治理论没有察觉到这些问题，更别说回答了。

“学运分子”当然无法解答，这个多元的组织型社会对个人的命运和角色甚至根本不关心，但学生的反叛却凸显这个问题的重要性，必须加以解决。

决策的重担

埃里希·弗洛姆的第一本书《逃避自由》（*Escape from Freedom*，1940 年）

是在"一战"前写的，试图解释极权主义（右派或左派）在"一战"期间如何受年轻人欢迎。如今，有一本类似的书试图解释年轻人的疏远，或许可以命名为《逃避决策》。

最重要的是，因为现在的年轻人发现，组织型社会强加给他们的决策重担令人恐惧，因而起身反抗。突然间，有机会选择职业，过去大多数人生下来就决定要从事哪个行业；突然间，可以有机会决定自己的方向和目的；突然间，必须制定新的经济政策，可以不再相信亚当·斯密主张的"互补贸易"；突然间，获得足够的医学知识，必须做出决定——比如做心脏移植还是人工肾脏手术，比如关于谁能活下来、谁将死去。

年轻人言辞尖刻地抱怨被"操纵"，但其行为清楚表明，是决策的负担让他们感到害怕。他们想"退出"，这样就没有决策，没有选择，没有责任。

但规避决策也是一个决策，而且年轻人日后会发现，这可能是最不正确的决策。例如，为规避决策，留在研究所或加入和平工作团的学生，几年后发现他们的确做出错误决策，如果幸运的话，损失的只是时间。

年轻人的回应虽然徒劳无功，却再次反映出真正的洞察力。组织型社会要求个人对相关事项做决策，乍一看，这一决策显然只跟职业生涯和生计有关，"我该怎么办"是通常提出问题的形式。但事实上，这反映出个人必须为社会及所属机构负责，其背后隐含的是"我要为什么而工作"这个问题的根本原因，是要求个人为自己负责。年轻人面对许多选择时，真正该问的问题是："我自己该怎么办？"，而不是"我该做什么？"组织型社会迫使每个人扪心自问："我是谁？""我想成为怎样的人？""我想把什么投入到生活中，想从中得到什么？"

这些都是存在主义的问题，因为它们都是以世俗的形式提出，比如如何选择政府、企业或大学教学等工作。这些问题几个世纪以来几乎没人问过，至少西方世界没人这么做。400 年前的宗教改革提出这些问题让每个人回答。

中世纪的天主教给出了"自动"救赎方式——遵守教义。宗教改革时期，要求每个人自问："为了被救赎，我应成为怎么样的人？"

自 17 世纪中叶笛卡尔将人的精神存在置之不理以来，西方就一直关注着人的本性和社会之外的事情。在 19 世纪的所有重要思想家中，只有索伦·克尔凯郭尔问："人类的存在是如何可能的？"对其他思想家来说，这是一个既无意义又过时的问题，这些思想家问的是："社会何以可能？"卢梭、黑格尔和古典经济学家都问过这样的问题，自由新教以一种方式回答这个问题。最近两个世纪西方世界关注的就是社会，包括社会的权利、社会的功能和社会的绩效。[⊖]

如今，我们第一次面对个人意义、个人目的和个人自由这个古老问题，麻醉药和拒绝并非解决之道。至少，目前遍及全世界的年轻人的疏远，可以确保这些问题必须被关注。由于组织型社会提供了选择，因而把决策的重担交到个人手上。组织型社会要求个人付出自由的代价，那就是责任。

自由的领域

极权主义不同于以往所有的专制独裁，前者的目标是完全控制社会，而后者只控制政府。从这一点看，极权主义就相当危险。在一个社会中，每一项任务都是通过一个庞大的组织来完成，完全控制似乎既有吸引力又有可能。

然而，在这样的社会中，以往传统的、纯粹的政治专制危险不太可能出现。只要争取成为一个多元主义社会，就可以保证任何一个集团都不受支配。正如约翰·肯尼斯·加尔布雷思 20 年前指出的那样："多元主义社会是一个权力制衡的组织。"[⊜]事实上，历史告诉我们，多元主义社会的危险不在于

　　⊖ 这段话来自我的文章："不受欢迎的克尔凯郭尔"，见 1949 年秋 *Sewanee Review*。

　　⊜ 在他的书 *American Capitalism*（波士顿：Houghton Mifflin，1952）。

被哪一个利益集团控制，而在于瓦解为无所适从的制衡力量相互竞争的僵局。

　　然而，即使强大的机构在僵局中相互争斗，个人仍然可能受到压迫。加尔布雷思承诺在权力的夹缝中仍能获得自由的机会，但这是一种不安定的生活。童话故事中的小黑人桑波◯之所以能活下来，是因为"老虎们彼此自相残杀"。但我怀疑小黑人桑波真的很享受这段经历或者希望重温这段经历，更不用说在张牙舞爪中生活了。

　　已故的新左派社会学家赖特·米尔斯基于企业、军队、工会、大型大学等的管理者之间的阴谋展开了关于"权力精英"的讨论，这实在是没有什么根据。其实阴谋本来就很少，成功的阴谋非常罕见。这个特别的阴谋是米尔斯虚构的。然而，事实上，新左派竟然相信这一点，这应该引起我们注意。即使这些"精英"看到自己和别人之间发生了激烈竞争，在别人看来，就好像小黑人桑波看老虎。不能保证他们在任何时候不会联合起来打击个人。10分钟后，他们将再次厮杀，但这对被他们吞食的人来说，没有一丁点儿安慰。

　　在这样的多元主义社会中，对自由唯一的保障是将每个机构限制在自己的工作与使命范围内。要求每个机构专心做好自己的工作，就是在管理要求、社会要求上，再增加一项政治要求。任何机构稍有企图，声称要为超过自身范围的事"负责"，就应该被视为侵权。雄心壮志或许不错，短期来说

　　◯ Little Black Sambo，出自《小黑人桑波》，讲述了一个叫桑波的黑人男孩在树林中碰到 4 只老虎，他如何利用自己的智慧脱险的故事。——译者注

可能符合社会利益，这可能确实是唯一能让紧急任务完成并做好的方法。但这与自由社会不相容，是对自由的威胁。

政府机构需要特别强调这一点，政府机构并不属于主权国家的一部分，不是社会决策、治理和发号施令的一部分。政府机构是履行特定部分工作的社会机构，其所有权属于社会大众，管理权由政治权威任命，两者并无关系。事实上，让政府机构成为"主权"的一部分，便是霸占权力。

社会公众都知道这一点，大家认为"政府机构"和"政府"之间应划清界限。当法官罢工时，公众如果不感到愤怒，也会感到不安。然而，当地铁工人罢工时大家却认为，这只是一场劳工与管理部门之间的冲突，虽然这类冲突造成不便，而且相比起法官罢工，地铁工人罢工所带来的影响与民众的生活更息息相关。但在公众的心中，司法判断是主权的一部分，交通运输虽然重要，却只是一个"行业"，将经济斗争列为主权的职能并不恰当，也会触犯众怒。不过，将经济斗争用在一个行业上，虽然很麻烦，却很合适。1968 年 5 月法国总罢工的第一个罢工者和最后一个复工者是国有行业的人员，尤其是汽车和飞机制造厂的员工纷纷参与。

换句话说，原本我们是以是否正式合法来区分各种罢工活动，但现在即将面临的却是实质问题，政府机构参与与否都已无关紧要，必须把某些领域视为现代社会生存和运行的关键。这类服务的中断会对社会公众造成威胁，这些服务是否应该允许中断？在什么样情况下服务可以继续，这是众说纷纭的一个难题。不过，无论这类服务是否由政府提供，解决办法都一样，况且把服务"国有化"也不是个解决办法。

然而，这种不同与政治理论和公众法律坚持的立场并不相容。这两者仍遵循约翰·奥斯汀 19 世纪的"正式主权"学说。两者都认为任何事物都是"主权"的一种行为或领域，可以通过正式的逻辑分析追溯到某个有效的"主权"法案、法律、法令或裁决。

在多元的组织型社会中，不论是组织的合法地位还是所有权，都是有特殊用途的工具。组织只有为履行其特殊职能而采取必要的行动才具有正当性，否则在法律上就无效力，决定组织在法律上是否具有正当性的是功能而非形式。

不过，这也意味着不论法律形式如何，执行不同任务的组织必须是自治机构。在多元主义社会中，个人要有自由，机构就必须拥有自主性。

实践可能会朝着这个方向进一步发展，而不是往我们目前的理论或言辞所指之处前进。把邮局变成一个"上市公司"，或许无法像倡导者所言，使效率得到大幅提升。罗马时期以来，邮局一直被视为"主权的象征"，但我们可以认真讨论这个行动，就是表明已考虑功能而非形式。事实上，没有人（除了邮政工人工会）会再为邮政服务最终可能"重新振兴"的想法感到震惊。几乎没有人会对 20 年后我们可能完全放弃邮政哨所的建议感到惊讶，因为它再也无法与新的不同形式的电子通信竞争了，不管曾经具有多么根深蒂固的"主权属性"。

传统上，欧洲法理学自查士丁尼时代起就将法律分为"公法"与"私法"。现在我们可能必须增加第三类：组织法。即使组织是政府所有，并由政府运营，仍可能属于"私法"；即使组织完全由私人投资者所有，并由其指派代表经营，却可能属于"公法"。每个组织因为社会成员提供特定服务，因此属于私法。然而，由于每个组织在其所在领域都有权力，因此，用美国律师的优雅辞令来说，这会"影响公众利益"。

要让组织发挥作用，并保障个人自由，就必须拥抱这个新观点，即所有组织都是自治机构且权力受限。

对于组织内部，可能必须审慎思考类似方法来管控"成员"的权力。"成员"一词一般情况下是不容许用的。就组织对个人的权力而言，只有"雇员"。"成员"意味着这个机构是在实行管制，成员与机构的关系难以分割，好比手臂与身体分离，手臂就无法维持生命。不过，雇用是一种特殊的有限合同，在这种合同中双方都保留了自己的身份和自由，而且合同也可以随时终止。这看起来似乎有点像在语义上吹毛求疵，但 200 年前卢梭就教导我们，个人自由的最终保障就是人们拥有流动的权利。

　　我们需要防止雇主任意取消劳动合同。法律有责任保护合同关系中的弱者，并限制强者滥用其优势。因此，限制任意终止雇用权利是合法的，虽然让社会适应这样的改变可能有危险，但限制员工变换工作就不合法。如果组织的多元主义社会要拥有一个有意义的个人自由领域，就决不能允许这样做。

　　对社会核心雇员——知识工作者而言，这一点特别重要，在目前这个自由缺席的地方，我们已看到知识工作者正大声疾呼。

　　举例来说，如果日本企业家放弃"终身雇佣"这项传统，可能会让日本年轻知识分子极为不满，他们强烈反对企业主有权解雇高层管理者以外的员工，却日渐要求自己有权离开公司，另谋他职，即使这么做违反传统。日本电子公司索尼在吸引优秀人才方面做得非常成功。索尼公司的管理者发现，公司能一直成功招募到优秀人才，主要是因为愿意提供高层职务给曾经服务其他公司的有能力者，也帮助想离开的员工找到更好的工作，这两件事情都打破日本惯例。同时，每位索尼员工都享有"终身雇佣"的"权利"，就职后如果想工作到退休就能到退休。

现在，日本其他雇主还在担心人才流动，担心像工程师、会计师或电脑专家这类知识工作者离职。然而，毕竟任何社会中流动的人都只占少数[⊖]。最重要的是保持人才出口畅通。这样，员工可以另谋高就，劳资双方都不必付出过高的法律或经济代价。若担心人才流失，最好的做法就是尊重人才。

限制人员流动最危险的做法，不是强制禁闭，而是员工福利。目前组织里人员流动的最大阻碍是"金枷锁"，如养老金计划、股票期权计划、延迟薪酬计划等。我们利用这些福利约束经理人、专业人士和技术人才，让他们只为一个雇主效命。这类福利经过审慎检视，员工迫切渴望这项福利，同时也可作为避税工具。政府和税务机关如果不给予补贴，也会给予优待。这类福利违反社会秩序，违反者不是企业和大学，而是政府。政府通过提供税收优惠，让这些福利令人无法抗拒，进而表明这是公共政策的希望所在。

中世纪欧洲的农奴制最初是农民热切追求的"雇员福利"。这项制度让弱势群体受到有权势主人尤其是修道院中信仰虔诚者的保障，也让穷人拥有一小块土地，不必纳税，也不必进贡。不过，在一个世纪内，这些制度就演变成让农民丧失自由并受控制，这意味着被私利奴役，这是最糟糕的束缚，

⊖　日本人和欧洲人都过于夸大了美国工业中"跳槽"的实际情况。在最初 5 年之后，美国绝大多数的知识工作者和欧洲人一样愿意安定下来，几乎和日本人一样不流动。

必须特别小心。

　　除了通过法律保障我们不受强权压迫，还需要行政保障，以免受压迫性统治。在一个组织中，小人物有很大权力。一个邮局支局柜台的办事员，在邮局里是无名小卒，在家里可能无足轻重，但除非自我克制，否则大可作威作福、辱骂大众，让大家苦苦等候。如果可以通过提醒让这种人知道领薪水，就要好好服务大众，就有助于改善服务，那么法国或奥地利的邮局办事员，可能是最体贴、最友善的公务员，而非专横的暴君。相比之下，美国邮局办事员常被认为既体贴又乐于助人，这是邮政监察制度实施取得的效果。在美国，邮政工作人员的行为受到秘密监视，如有类似官僚自大态度和贿赂行为，就会给予惩戒。

　　组织是社会普遍存在的现实，可以保护个人不受行政怠惰、傲慢和狭隘暴政的侵害，是个人不可或缺的基本保障。

　　这就是瑞典发明监察专员背后的想法，监察专员的职责是保护公民免受官僚主义的侵害。监察专员（或邮政检查员）的所作所为远不如他的存在那么重要。知道有这些人存在，知道这些人是中立的，如果被他们发现自己玩忽职守就是有罪，这是一种强有力的威慑。监察专员无法避免独裁制度破坏自由，却能遏制疏忽怠惰、粗心大意和傲慢自大对自由的侵害。监察专员也促使公务人员在无情地把个人当作"案件"处理之前，多想一想，尽管这可能无法让粗鲁野蛮者有礼貌，却能让粗心大意的人更慎重一点。

监察专员最需帮助个人保护的权利，就是隐私权，因为这是所有组织都垂涎的权利。事实上，这类权利以往不曾有过。在过去的社会中，部落、村落和小镇都没听说过隐私权这件事，只有住在洞穴的隐士曾拥有过隐私。其他人的所有行为和处境都是公开的，至多只有思想是私密的。即使早期的伟人也没有隐私。事实上，与忍受私生活完全暴露在阳光下的路易十四相比，现代统治者暴露在媒体的镁光灯下，还算拥有较多隐私。

隐私是工业革命和中产阶级社会的一个恩赐，真正想要隐私的人可能不多。不过，在强势组织的世界里，隐私是自由的必要保障。保障公民隐私是我们需要的重要政治创新之一。我们应时常问：有必要了解个人的信息吗？如果答案是"不"，那么即使个人愿意提供，也应该拒绝。隐私并非个人特权，而是社会需求。因此，我们应该想办法停止收集个人信息，除非社会需求显示有必要才进行。

我们可以把所有关于个人的信息和错误信息放到计算机存储器中，这不是我们担心隐私泄露的原因。计算机存储器只是组织信息的机器表达。组织依靠信息运作，因此总是设法尽可能搜集更多的信息。组织所需信息必须"以公众利益为依据"，而公民隐私是个人自由不可或缺之物，所以我们必须在两者间划定界限，并一再确保没有越界。

在多元主义社会中，组织里既没有"好人"，也没有"坏人"，所有人都是必要的。不过，所有人都会退化，都有染上官僚疾病的危险。他们重视官僚体制的程序、刚性和便利，关注满足个人需求或渴望。因此，所有组织都需要监察专员，需要通过监察专员保护个人，对抗企业管理。政府机关和大学里都需要监察专员。因为他们就是组织的护卫和保健医生，至少可以看作组织的"牙刷"。

很多理论、论述都已表明，包括政府机构在内的每个组织必须执行特定任务，必须维持其权力和责任，而且一切都在狭义和严格限制的任务范畴。因为在一个多元主义社会，严格坚守特定目的和狭隘界限，就是自由的第一法则。

企业应坚持提供商品和服务，以获得经济报酬。大学应该坚守知识研究与教学，让知识发挥作用。军队应该坚守国防职责。让企业承担"社会责任"当然令人动心，受邀承担社会责任的企业家当然也深感荣幸。让国防部运用其绝佳采购能力来改革教育（正如麦克纳马拉先生在担任国防部部长期间提出的建议）。当然，更有意思的是，让大学扮演满足各社区需求的角色。然而，不论这些想法的出发点有多好，这样做就是不负责任，就是侵权，既超出机构现有权限，也超出机构的履职范围。

因为权力机构之间的互相竞争，多元主义社会不会因机构的权力欲望堕落成暴政。查理曼大帝时的欧洲日渐堕落，就是因为暴力邪恶社会中的圣人、修道院院长和主教，承担起"社会责任"，接管了司法行政，但这根本与他们无关。这意味着当强大且邪恶的权势者通过强权向修道院院长取得司法特权时，不会招致任何反对。

长久以来，历史学家一致认为，英国强盛的主要原因是王权掌控司法，利用征服权统治英国。金雀花王朝的国王们就是美德和效率的典范，他们绝不允许别人去管司法行政。英国与欧陆国家的差异，不在于大主教对司法自治的主张，而在于托马斯·贝克特对"社会责任"的正义主张遭到了残忍、怯懦、暗杀式的但非常有效的压制。英国国王知道在多元主义社会中，权力不能只授予某个强势团体，而不授予其他人。把权力授予大主教，就等于让贵族们以"社会责任"为借口来分享权力大饼。

我们必须再次认识到，把权力授予一个多元主义社会的机构，例如政府机构，最终也会被其他机构强取。如果不希望这种情况发生，最好拒绝给他们任何一个人权力，包括政府机构、大学或任何其他政治上的"好人"。我们必须认识到，所有组织都是社会的工具，各组织只适用于特定用途，超越特定用途就会带来危险。

组织是个人的机会

到目前为止，我们一直在讨论的德国人过去称之为"勒支斯塔特"——政治社会。在这个社会中，个人受到保护，不受权力滥用的影响。我们一直在讨论为个人提供一个不会被组织穷追猛打的保护区，这是一个组织之外的"国家公园"。也就是说，在那里个人将生活在"自然栖息地"，可以不受干扰。

然而，对自由社会来说，只是避免权力滥用而获得**自由**还不够，自由社会还要有赖于作出负责任的决定来获得**自由**。

现代组织把个人从狭小而严格限制的部落、村庄和小镇环境中解放出来。正是现代组织为知识分子创造了机遇，让他们可以把知识运用到工作中，并获得报酬，而且是相当高的报酬。不过，这些好处给个人带来了决策负担，要求每个人为所做的工作和履行的职务负起责任来。

这些福利也让个人为组织应该如何做、应该做什么负责。那么个人应该对组织有何要求？为了让组织满足各类目的，个人必须做什么？我们必须学会让组织赋予个人相应的地位与功能[⊖]，但对我们而言，必须学会如何利用组

⊖ 这方面请参看我的书《新社会》(纽约：Harper & Row，1950 年)。

织，把组织作为成就自我的机会。

年轻人起身反抗，避免个人被组织当成工具，这样做是对的。但若因此责怪组织，那就大错特错，他们从没有问过自己，该怎么做才能让组织满足**自我**的目的和需求呢？我该如何做，才能让**我**有所作为、有所贡献呢？

年轻人反对个人被"输入"电脑，这是可以理解的，但是年轻人打扮成电脑打孔卡片，举着"别折叠、别毁坏、别卷曲"的口号牌游行，这种行为根本不得要领，因为打孔卡片的用途就是如此。我们如何应用电脑和卡片作为实现个人目的的工具呢？要这样做，必须对电脑有粗浅的了解，至少知道把插头拔掉，让电脑停止运作。这是电脑接管世界这类突发奇想时所忽略的事。那么，大家马上就会发现，对了解电脑的人来说，电脑是对个体的解放，电脑的目的是要让我们不必把时间花在"操纵装置"上，而把时间花在需要理解力、想象力、人际关系和创造力的工作上，也就是年轻的反抗者表示相信的工作。

这只是一个例子。现代组织要求个人学习之前从未做过的事情——有智慧、有目的、有计划、负责任地利用组织。如果个人逃避这项任务和决策，组织将真正成为主人。如果个人承担这项责任，个人就享有自由和掌控权。

现在组织对此还不甚了解，然而，今天我们越来越多谈论"自由形式"的组织，因为这类组织单独适用于商业、军事、大学和政府部门的知识工作。这类组织形式将整齐划一的团队转向与众不同的个体工作任务，职务高低并非掌权的主要因素。

为了让组织型社会成为一个自由社会，个人必须接受责任，尤其是要有所贡献，对自己有所贡献，也对组织有贡献。这实在令人恐惧，不是只有年轻人才畏惧。不过，这不是什么新鲜事，我们一直都知道自由是责任，而非为所欲为。

组织型社会中的年轻人，需要系统的信息，需要了解如何让组织为自己的目的、价值观和意愿服务。现在的年轻人要学习如何组织，如同祖先学习耕种一样。一个成熟的人会问："我要从生活中获得什么？"他们知道一分耕耘一分收获。日后，一个自由的人会问："我要从组织中获得什么？"他会知道付出什么就会得到什么。

要让我们的社会健全运作，就必须知道如何管理，即如何通过个人工作实现组织绩效。为让我们的社会成为自由社会，个人就必须学会管理组织，让组织及个人在组织内的工作为个人目的、价值观和愿望服务。

一个社会需要能够让个人选择退出并过上"私人生活"，但这不是自由，而是冷漠。在自由社会中，人民必须要负责，尤其要为所属的社会机构负责。在组织型社会中，也就是我们目前的多元主义社会，这个任务与18世纪截然不同，事实上，18世纪的政权传统是以洛克学说为主，现在显然已经走到了尽头。不过，与早期社会相比，组织型社会可为有意义、有效、负责任的自由提供更大机会。至于这些机会是否会实现取决于**我们**做什么，而不是取决于机构做什么。

我们面临一个艰难时期，这一时期关于社会政治结构、个人地位及作用涌现了许多新思潮。到目前为止，我们所拥有的是一个新的多元主义，一个新的组织型社会；我们所需要的是一种新的个人主义、一种新的责任。

4

第四部分

知识社会

知识经济

"知识产业"[一]生产、分配的是观念与信息，而不是商品与服务。1955 年知识产业占美国国民生产总值的 1/4，是 1900 年美国国民生产总值中"知识部门"所占比例的 3 倍。但是 10 年后，也就是 1965 年，知识部门占国民生产总值的比例已高达 1/3。到了 20 世纪 70 年代，知识部门占国民生产总值的比例将达到 1/2。在美国经济体系中，每赚到和花费 2 美元，就有 1 美元是从生产、销售观念和信息赚来，并花费在购买观念和信息上。

一直到"二战"时，美国还是商品经济，现在则已从商品经济转变为知识经济。

光看数字就相当惊人：在世的科学家和技术专家占人类历史上所有专家

[一] 这个术语是由普林斯顿经济学家 Fritz Machlup 在他的书 *Production and Distribution of Knowledge in the United States* 中创造的（普林斯顿：Princeton University Press，1962）。

总数的 90%，而且如今都还在工作。自从古登堡（德国活版印刷发明人）发明活字印刷起的 500 年内，即 1450～1950 年，大约有 3000 多万本印刷书籍面世。然而，仅仅在过去的 25 年间，世界上就有同样多的书籍面世。30 年前，也就是第二次世界大战前夕，半熟练的机器操作工、流水线上的工人是美国劳动人口的主力军。如今，知识工作者成为劳动人口的主力。无论男性还是女性，都是利用思想、观念和信息从事生产性工作，而不是依靠手工技能或体力。我们现在最大的个人职业是教育，这一职业就是系统地供应知识，并系统训练如何应用知识。

1900 年，美国最大的单一群体是靠农场谋生的乡下人，实际上这也是美国人口的大多数。从 1940 年到目前为止，最大的单一群体是产业工人，尤其是半熟练（事实上，基本不熟练）的机器操作工。到 1960 年，最大的单一群体是人口普查所称的"专业、管理和技术人员"，即知识工作者。到 1975 年或者最迟 1980 年，这个群体将包括大多数在文职劳动大军中工作的美国人。

与手工劳动者相比，知识工作者往往待遇更好，而且职业保障条件高得多，因此知识成为美国经济的主要成本。同样，知识生产力也成为一个国家生产力、竞争实力和经济成就的关键。

然而，统计数字虽然令人印象深刻，却没有揭示重点。这个重点就是，在发达经济体中知识已成为"核心生产要素"。

经济学家仍倾向于将"知识产业"划分到"服务业"中，因此经常把"知识产业"与给人们提供自然产品的"第一产业"——农业、矿业、林业、渔业，以及"第二产业"即制造业进行比较。但是，知识产业实际上已成为

"第一产业"，它可以向经济体系提供基本的、核心的生产资源。发达国家近百年的经济史称得上是一部"从农业到知识"的进化史。在一两个世纪前，农场主是任何一个经济体的支柱，不仅体现在雇用人数上，而且反映在其重要性和价值上。如今，知识才是发达经济体的主要成本、主要投资、主要产品，也是最多数人群的生计所需。

日益增长的知识已成为决定一个国家全球经济竞争力的关键因素。我们越来越多地听到"人才流失"的讨论，许多受过教育的人从知识程度较低国家转移到知识程度较高国家。

最著名的例子是从英国到美国的人才流动，这与英国在主要工业国家中人口受教育程度最低的事实密切关联。英国 80% 的人口在 15 岁时就离开了学校，大多数人通过学徒制即通过经验而非知识获得良好生计。

但是对于欠发达国家而言，人才流失的问题更加严重。这些国家的受教育人口都想去发达工业国工作，特别是去英国和美国（到法国的就少一些），而不是待在自己国家。

同样地，过去几年越来越多的人认为美国和西欧之间的"技术差距"会扩大，甚至美国在欧洲的朋友也越来越担心欧洲在技术上会屈从于美国。前面讨论跨国企业时曾提到作家兼记者塞尔旺 – 施莱伯写的畅销书《美国的挑战》，从这本书中就能看出欧洲人的忧心忡忡。

1910 年，钢铁业仍是经济的度量标准，这一产业完全基于技能而非知识。如果 1900 年就算一个国家所有知识工作者突然被带走，对经济也几乎没什么影响。从经济意义上看，那时知识只是装饰而非功能。如今，知识成为经济潜力、经济实力的基础和衡量标准。

"知识"而不是"科学"已成为现代经济的基础，这已在第一部分提到过，但有必要再次强调。可以肯定的是，科学和科学家突然跻身政治、军事和经济舞台的中心，不过实际上其他知识工作者也是如此。不仅化学家、物理学家和工程师在咨询任务上非常饱满，在大学以外的咨询工作中所获得的收入也远超过内部教学科研的收入，而且地理学家、地质学家、数学家、经济学家、语言学家、心理学家、人类学家和营销人员都忙于为政府、工业界、援外计划等提供咨询。在这个多元社会中，几乎很少知识领域是组织不需要的。我承认，不太有人愿意去请古典文学教授担任顾问⊖，但对于神学家的需求比一般人想象的多。整体上看，如今只有神学与商业界和工业界、政府和军队、医院和国际关系等领域没有紧密联系，可以说是个例外。

这种需求反过来反映了一个基本事实，即知识变得富有生产力。系统地、有目的地获取信息以及系统应用知识，已取代"科学"或"技术"，成为世界范围内开展工作、提升生产力和获得成就的新基础。

美国在这方面走得最远，但也如其他许多方面一样，只是比别的国家提前几年开始行动罢了。在每一个发达工业国家，这种趋势都是一样的。当今世界，一国的经济增长和竞争能力与其超过 15 岁在校学生数的增长率密切相关，美国、日本、以色列和苏联排在最前面，英国在发达工业国家中垫底。当欧洲人抱怨人才流失和技术差距时，他们只是断言欧洲经济体系将缺乏足够的"知识基础"支撑经济运行，实现经济增长和竞争力提升。

对于知识工作者的需求似乎难以满足。除了 100 万名计算机程序员外，

⊖　尽管以色列和阿拉伯的军队都很重视研究《圣经》的学者，向他们请教有关地形、隐藏的水资源等问题。

美国信息产业在未来 15 年还需要 50 万名系统工程师、系统设计师和信息专家，也许还需要 200 万名医护人员，包括护士、营养师、医疗和 X 射线方面的技术专家、社会学和精神病学方面的工作者、物理治疗师，等等。这些人都受过良好训练，受过中学以上教育且技术非常精湛。他们和经过多年学徒的机械师或木匠一样技术熟练，但他们的技能不是凭经验，而是从知识中获得。

从现在到 1980 年，大飞机和喷气式运输机可能成为人和货物的主要运输工具，而维护这一未来空中飞行舰队，将需要比现在所有铁路员工更多的工作人员。这些人都具有很高技能，与传统铁路技工大不相同。首先，他们能够从事全部维修工作。不像他们的前辈一样，只是在一个特定技能如钣金工作或电子学方面接受训练。不过，他们都能竭尽所能，即保持飞机安全运行。其次，他们的技能将主要依靠理论知识和正规学校教育，而不是某一个技艺方面的学徒。尽管他们也用自己的双手工作，但应用的是知识而非技能。手册、图表和文本对他们而言，就如传统手工工具对工匠而言，是一样重要的。

这些例子揭示了知识经济的一些基本原理。

（1）知识性工作不会导致"工作的消失"，知名的博士们今天告诉我们，在工业发达国家，如美国、西欧或日本，工作即将消失。实际上，趋势恰好相反。发达国家的典型"工人"，即知识工作者的工作越来越多，对知识工作者的需求也越来越大。过去的典型工人，即体力劳动者，可能会有更多闲暇时间。这些人晚上 5 点可以回家，但是各地的知识工作者工作时间将越来越长。年轻的工程师、会计师、医疗技术专家和老师离开办公室时都带工作回家做。知识性工作和一切生产性工作一样都在创造出需求，而且需求显然是无限的。

（2）知识不能消除技能。相反，知识正迅速成为技能的基础。我们越来越多地使用知识，让人们能够快速、成功地获得一种非常高级的技能。没有技能的知识是无生产力的。只有当知识被作为技能的基础时，才成为生产力。知识能够让我们以较少的时间和努力获得以往多年学徒学习才能学会的技能，可以使我们获得新技能，如计算机编程，这项技能只通过学徒学习是很难获得的。知识即信息和观念的系统组织，这让学徒制过时了。在知识的帮助下，系统的学习替代经验的熏陶。

我们了解到，"二战"期间，通过有组织、有系统的学习可以把几年学徒时间压缩成几星期，或者至多几个月。一旦我们把一个手艺的经验转化成一个系统的"程序"，没有很高天赋或智力的人，也就是普通人，在很短时间内就可以成为熟练工匠，并享受这一学习过程。英国在敦刻尔克事件之后率先出现这样的情况，美国随即在 1942～1944 年大范围涌现。我们在焊接铆接等五金业、造船业、各种工程和建筑业方面都表现出这样的情况。军队更是利用系统和程序作为各种技能如文书、监督和医疗类技能的基础。有了这样的经验，向知识工作和知识产业转变实际上已经开始了。

曾经通过知识获得技能的人，无论男人还是女人，都已经学会了学习。他能迅速获得新的不同技能。学徒制是为学习一种特定的工艺，教人如何使用一种具有特定用途的一套工具，知识基础的学习却不同，可以让人们能够忘掉已学习的东西并重新学习新东西。换句话说，知识能帮助他们成为"技术专家"，可以把知识、技能和工具运用到工作中，而不像"手艺人"，只知道如何以一种特定方式完成一项特定任务。

　　将知识应用到工作中已有很悠久的历史，数千年前，牧师根据尼罗河潮水涨退的常识，组织埃及的农业生产乃至整个政治和社会生活，他们就是"知识工作者"。

　　但这些都是例外。直到最近，知识和工作仍是分离的，很少相互联系。知识因其固有的美而被珍视，因增进智慧而广受赞誉（尽管这一传统观点并没有充分证据）。工作是建立在经验基础上的，这在一两个世纪以前都是事实，甚至连医生的工作也不例外。至于律师，法官先生福尔摩斯说得好，"法律的生命不是逻辑，而是经验"，这个一百多年前的名言今天仍然正确。

　　按照"知识分子"通常的看法，"知识"与"知识经济"或"知识工作"中的"知识"有很大不同。知识是书本上的学问，但是正因为它只是在书本中，如果不只是"数据"也仅能算是一种"信息"。只有当一个人把信息用于某件事时，才成为知识。知识像电或钱，只是一种能量，只有在工作时才存在。知识经济的出现，并不是通常人们所认为的"知识史"的一部分，而是"技术史"的一部分，详细描绘了人类如何使用工具来工作。当知识分子说"知识"时，他多半会想到一些新事物。但"知识经济"中重要的是知识，无论新旧，最关键是应用。例如，牛顿物理学应用于太空计划。最要紧是知识工作者的想象力和技能，而不是信息的复杂性或新颖性。

　　系统获得的知识能够系统地应用于工作，这一观念不超过200～250年历史。首先想到这一点的是18世纪和19世纪早期英国历代的工具制造者和设计者，其中约瑟夫·惠特沃斯（1803—1887）是塔尖的人物。这些人不只是伟大的发明家，如果没有他们的工作，现代工业和现代技术就不会产生，而且他们⊖也把关于机械工作的知识系统组织起来，然后把这些知识应用于

　　⊖　不幸的是，历史学家对他们报以蔑视，因为他们不是所谓的"科学家"；而科技史学家也容易被原动机如蒸汽机弄得眼花缭乱，而忽视那些可能产生新动力和工艺的工具。瓦特的蒸汽机就不会工作，但约翰·威尔金森的新镗床，它提供的气缸和活塞，紧密配合，从而避免了早期蒸汽机如纽科门会出现渗漏的致命缺陷。

工具中。这不仅直接产生了"工程学",即对做特定工作的正确方法进行整理汇编。这改变了工作和劳动力,是工业革命的真正开端。精心设计的工具让刚刚合格的工人能够一次又一次地预见和有效开展符合预定精度和一致性的工作。惠特沃斯在职业生涯开始时设计的著名"通止规"[⊖],让每一个熟练工人知道一个操作工序应该是什么样,需要什么才能达到标准,然后根据标准来衡量结果。这是有史以来设计的第一个"程序",直到今天都是最成功的。他们预示着"知识经济"的到来。在英国工具设计师的工作中,知识成为技能的基础,这让设计师可以容易、快速获取多年来只有天才才能获得的技能。以前要求"大师"的工作,现在只需要"熟练工人"。

接下来的情况完全不同,1862 年美国《莫里尔法案》规定,在每一个州由联邦政府出让土地建立一所大学。这一做法的创新之处,不是关于研究农业,开发新方法、新种子、新品种等的想法,而是将农业完全从实践转变为学科,并让每一个农民成为农业专家和系统技术专家。当时这是一种纯粹凭信仰的行为,并没有先例。事实上,在以往人类的经验中,很少有什么事能使这个想法令人信服。这个做法在最初 50 年并没有取得什么结果,但"一战"期间,这些大学和农业推广服务[⊜]开始对农业工作、农业产出和农业生产力产生预期的影响。从那时起,农业生产力成倍增长,农业的特性也发生了变化。农业曾经是大多数人的生活方式和谋生之计,现在已成为资本密集、机械化和"科学化"的产业。少数受过高度训练的人,借助昂贵的机械和管理工具,就能生产出世界上全新的东西,导致出现农产品剩余。这是文化、社会和经济的巨变,比大多数令人惊叹的技术变革带来的变化还要大。

不过,迈向"知识经济"的最重要步骤是科学管理,也就是对手工操

⊖ 通止规使金属内部和外部的尺寸标准化,尺寸太大或太小都不符合标准。

⊜ 这不是在原来的法案规定,而是 1900 年年初才明确的。这一规定主要归功于一个非农民的远见和努力,这个人就是西尔斯·罗巴克公司的建设者朱利叶斯·罗森沃德(Julius Rosenwald)。

作进行系统化分析和研究。最早是由弗雷德里克·温斯洛·泰勒（1856—1915）在 19 世纪最后几十年提出的。泰勒有史以来第一次认为工作本身值得受过教育的人关注。以前，工作总是被视为理所当然，尤其是受过教育的人更是如此。如果他们认为工作是由上帝或自然赋予的，而增加产量的唯一方法就是延长工时并更加努力地工作。泰勒认为这是不对的。拥有更多产量的关键是"更聪明地工作"，生产力的关键是知识，而不是汗水。

泰勒一开始并没有效率或经济的观念（大多数人都不理解他），更不用说为雇主赚钱了。他从一开始就强烈关注问题——深深困扰他的"劳动"和"资本"之间的自杀式冲突。其最大影响也是社会方面的影响。事实上，科学管理（如今成为"系统化工作"，从而消除许多对这个术语的误解）已被证明是 20 世纪最有效的想法，这是美国唯一一个在世界范围内得到认可、影响广泛的基本理念。无论在哪里应用，科学管理都提高了劳动生产率，增加了体力劳动者的收入，特别是劳工的收入，同时大大减少了劳动付出和工作时间，但使生产力增加近百倍。

但最重要的是，为摆脱 19 世纪的僵局，泰勒的科学管理开辟了"新道路"。通常人们认为：经济总额固定且不能增加，除非投入更多资本，或者越来越努力地工作。泰勒证明，将知识应用到工作中，并没有创造原本天真希望达到的和谐，但替代了一个不可调和的原则性冲突。这种冲突只能造成在资方和劳方之间，只能有一方屈服于另一方，从而在更高生产力成果的分配上产生冲突。"为更多而战"可能是痛苦和持久的，但毕竟是一个妥协之道。

虽然大家常说泰勒剥夺了手工技艺的技能，但其实不然，他只是把科学管理应用到非技术性工作上，也就是体力劳动上。1899 年的铲沙研究是泰勒最知名的研究，他的铲沙工人施密特不够熟练，没有引以为傲的技艺，对工作没有掌控权，也做得不开心。每天铲沙 10 小时维持生计，落得腰酸背痛，不但生产力不高，还相当辛苦。泰勒的研究，让无技能工人几乎能拿到跟有技能者一样丰厚的薪资待遇，还能让自己在职场广受欢迎，劳工突然变得富有生产力。换句话说，泰勒废除了一直支配无技能工人工资的"铁律"，创造了一种前所未有的职业，就是"工业工程师"，这是第一个完全以知识而非经验为主的职业。从事科学管理的工业工程师，就是现代"知识工作者"的雏形，也是到目前为止最富生产力的工人之一。

（3）尽管知识既不消灭工作，也不消灭技能，但知识的引入无论对工作效率还是工人生活确实带来了一场真正意义上的革命。

也许知识的最大影响在于，将一个事先确定职业的社会转变为可选择职业的社会。现在人们能做自己想做的事，而且获得不错的薪资，并运用各类知识，这是太阳底下的新鲜事。

历代以来，大多数人一点选择也没有，都是子承父业的模式。印度的种姓制度只不过在一般人的规范基础上加上一层宗教信仰。当然，总有一些人向上或向下流动，即使印度种姓制度也无法完全杜绝。不过这些变动都是例外，只发生在少数幸运儿、偶尔出现的天才、战争和灾难的受害者以及目光短浅的赌徒或舍家弃业的人身上。而且在大多数人靠土地勉强维持生计的世界里，农民就是大多数人唯一的职业。

一个世纪以前，即使是受过教育的人，也只能在狭隘的"职业"范围内靠知识谋生，包括牧师、医生、律师、教师以及新加入的公务员等职，工程师则是 19 世纪末才出现的。

1930 年，一位相当优秀的年轻人从牛津大学毕业后，获得英国最负盛名的学术机构万灵学院的奖学金专攻数学。不过，他来自一个精明且富裕的中产阶级家庭，家人让他放弃这个机会，转而去城里的银行上班。家人告诉这位年轻人必须自力更生，靠数学家的工作为生，就只能在牛津大学、剑桥大学和伦敦大学担任资深教授，但这类工作机会不多。要等到适当时机，比如，刚好有资深教授过世后出现职位空缺，还要看数学方面的天赋和成就。如果无法获得这种轻松的高收入工作，最多就只能当一名可怜的小学、中学和高中教师，靠给一群笨学生教几何学来领微薄的薪水。

不是那个年轻人的家人胆怯，而是他们的想法是对的。35 年或 40 年前，英国就像世界上大多数国家一样，数学家根本没有什么机会。

如今，情况却大不同，数学家的机会无限多。他不必像牛顿或高斯那样成为知名数学家，就能做自己喜欢的工作，并过着非常不错的生活。其他各分支学科的情况也是如此，每一个行业都有高生产力、高报酬的工作机会，只是找不到这么多能胜任工作的人。

在进步的社会中，受教育逐渐成为人们与生俱来的权利。如果做不到这一点，就意味着仍处于"阶级统治"的社会。发展中国家现在谈到"殖民压迫"或"新殖民主义"时，指的就是无法接受教育。100 年前教育仍然是一种特权，1850 年左右教育才开始变成机会，发达国家的教育制度逐渐让有天分有抱负的穷人受教育，过去 20 年或 30 年内受教育成为一项权利。虽然在《宪法》中没有明文规定，但现在受教育的权利显然跟美国《权利法案》中的任何权利一样重要。事实上，当美国最高法院宣布美国黑人接受"隔离但平等"的教育为非法，并于 1954 年下令学校合并时，才清楚表明受教育的权利跟其他宪法保障的权利一样，正式列入美国《宪法》中。

当然，限制是难免的，即使在富裕国家也如此。不只是在能力方面，财富、地区、种族都可能成为限制受教育权利的因素。但总体来看，我们正从职业和事业大多由出生随机决定的社会，迅速转向视自由选择为理所当然的社会。

如今的问题不是缺乏选择，而是选择太多。拥有太多选择、太多机会、太多方向，反而让年轻人惊慌失措、无所适从。他们刚对某个领域感兴趣，立刻就被鼓励要把这个领域当成毕生事业。不论冶金学家还是东方语言学专家，不论是统计学家还是心理学家，不论是系统工程师还是植物学家，所有专业人士都长期供不应求。面对这么多选择，受过教育的男男女女们不知所措。有时候我认为1930年牛津大学的数学家朋友比他的孩子们更幸运，至少不会被那么多选择困扰。

不过，即使选择过多令人烦恼，人类的视野却因此得以无限拓展。

（4）知识机会主要存在于大型组织中。虽然向知识工作的转变让大型组织成为可能，但是企业、政府、大学、研究实验室和医院这些组织的出现，也相继为知识工作者创造了就业机会。

以往的知识机会主要是独立的专业人士为自己工作，现在的知识机会主要是由大多数组织内的团队成员或独立工作者拥有。即使比知识社会更早出现的组织，如军队、政府、大学和医院也是如此。虽然仍有一些"大学教授"认为，大学是为自己而存在的，依据个人喜好自行工作与教学，最多有几个助理，但现在的大学系统，大部分工作已并非如此，而是由团队、"跨学科小组"和有组织的研究中心完成的。

安东尼·特罗洛普的小说《约翰·卡尔迪盖特》中有一段关于维多利亚时期英国内政部的生动描写。这部小说出版于1879年，当时英国内政部率先推动地方政府大规模改革。特罗洛普本人担任公务员，对当时英国政府运作了如指掌。他描绘的英国内政部实质上只是一个手握重权但不知名的机构，只服务于部长并有一些职员协助。在沙皇时代的俄国，官僚政府的情况也差不多如此。俄国大文豪托尔斯泰的《安娜·卡列尼娜》一书就描绘了安娜那位丈夫作为一名有权有势官员的官场生活。即使到"一战"前，所谓的政府机关基本上也只是一个或几个训练有素的人，大家都各自为政。

没有人会指责奥匈帝国的君主派驻政府机关的人员太少。不过，当我父亲在 1897 年进入奥地利政府时，他跟另外 9 位"绅士"加入一个 10 人小组，每位成员都有自己的工作，直接向原机关主管报告，而这些机关主管就直接向内阁报告。当时知识工作者太少，根本无法为政府机关提供更多人员，而现在奥地利政府各部门约雇用 500 名受过大学教育的知识工作者，虽然只是 1900 年雇用人数的 1/10，但这些人大多以大型团体的方式工作而非单打独斗。

换句话说，当今的知识工作者不是 1750 年或 1900 年"自由专业人士"的后继者，而是昨日技术和非技术手工劳动者的继承人。

这是一个非常大的提升，却在知识工作者的传统与其作为雇员的地位之间引发了一个无法解决的冲突，虽然知识工作者不是"劳工"，但仍是"雇员"。虽然可以告诉知识工作者该做什么，但他不是"下属"。相反，知识工作者运用知识，发挥判断力，履行领导职责以获得报酬。然而，知识工作者需要一个"上司"，事实上知识工作者若要发挥生产力，就必须有上司，而且这位上司通常不是其相同专业者，而是一个"管理者"，主要是规划、组织、整合和评估知识分子的工作，而不论其专长领域为何。

　　知识工作者既是知识社会中真正的"资本家"，又从事具体知识工作。整体看来，当今社会受过教育的中产阶级知识工作者，通过养老基金、投资信托等方式拥有自己的生产资料。这些基金是现代社会真正的"资本家"，就算把克劳斯、罗斯柴尔德和摩根的财富加起来，也无法与这些基金相比。但从个人角度看，知识工作者的收入取决于薪水、相匹配的养老金和健康保险，以及所有工作及相关报酬。即使社会里没有其他"雇主"，就个人而言他仍是"雇员"。

　　不过，知识工作者认为自己只是一个"专业人士"，跟以往的律师、教师、传教士、医生和公务员没有什么不同。然而，与这些人员相比，知识工作者受过同样的教育，但获得收入更高，或许还有更多机会。知识工作者明白自己靠组织提供薪资和机会，如果组织没有进行高额投资，他可能就没有工作做，但也明白组织同样依赖自己。

　　知识工作者将自己视为"专业人士"的观点，与知识工作者作为昨日技术工作者的升级和待遇优厚的后继者这个社会现实之间存在冲突，这让许多受过高等教育的年轻人对工作不再抱有幻想。这也解释了他们为何如此高声抗议企业、政府、军队和大学的"愚蠢"。他们期望成为"知识分子"，却发现自己只是"工作人员"。这并非只有一两个特例，而是无论身在哪个组织都无法规避，就算知识工作者不想待在企业，转而去大学工作，他们也很快会发现，大学一样是一台"机器"，哪怕从大学转到政府单位情况也没什么不同。

　　大多数年轻知识工作者并没有意识到，他们不是在这些令人厌烦的"工作"之间做选择，因为这些工作是一种虚假的自由，而不是在有发展机会且待遇好的工作，或者是每天在马铃薯或棉花田里除草16个小时且只能勉强糊口的工作之间做选择。不过，期望年轻人了解这一点，可能要求过高。当然，每一位年轻知识工作者都可能认为别人这样做没错，但自己例外，因为他有资格成为一名真正的"专业人士"。

随着时间的推移，对知识工作的期望与现实状况之间的冲突将越来越明显，这将使知识工作者的管理逐渐成为知识社会获得成就的关键。不论是为了提高生产力还是增强满足感，也不论是为了成就还是地位，我们都必须学会管理知识工作者。我们必须给知识工作者提供一份富有挑战性的工作，让他成为一名"专业人士"。

然而，不论我们把管理知识工作者这件事做得多好，到目前为止，我们这方面的工作只是刚刚开始。知识工作者在现代社会中的地位、作用和职位，必定是政治和社会上的一个中心问题，也可能是发达国家在 20 世纪甚至 21 世纪遇到的社会问题。

知识工作的出现

人类是如何转向知识社会与知识经济的呢？

一般的解释是：因为工作越来越复杂，要求越来越高。然而，正确的答案是：因为人类的工作年限大幅增加。正是劳动力供给而非劳动力需求，带来了经济社会的重大转变，这也可以解释因知识工作出现而引发的许多经济社会问题。

知识工作者的出现，改变了工作性质。因为现代社会要雇用希望成为知识工作者的人，所以要创造知识性的工作，结果工作性质就改变了。

当然，大部分工作的需求已经改变，但变化不大，至少最近几年是如此。

比如，女售货员的工作，30 年前只要初中毕业就能做好的工作，如今并

无充分理由表明，应征者必须要高中毕业，甚至念几年大学才能做好。现在
18 岁或 20 岁的女售货员，也不一定会比 1935 年 15 岁或 1910 年 20 岁的女
售货员有更好的业绩。

　　1929 年美国大规模制造工厂的工头大多是受过 6 年教育，15 岁时开始
工作。10 年后也就是"二战"爆发前，装配厂的工头都有高中学历，现在这
一职位则理所当然由大学毕业生担任，不过工作内容其实跟 40 年前完全相
同。如果真要说有什么不同，就是工作要求越来越少，大多数变得程序化，
或从工头手中转移给人事主管、品质主管和生产计划人员等专业人士。

　　将美国的做法与其他发达工业国家相比，也可以看出被大肆吹嘘的"当
今工作的复杂性"其实就是个传说。虽然这些发达工业国家往同一方向迈
进，但欧洲和日本在整个人口教育水平提升上仍然滞后。例如，在美国要上
一两年大学才能获得的工作，在德国只相当于美国的初中毕业生就可胜任，
但在对员工要求和生产力等方面，两者并无明显差异。

　　最好的例子是加拿大，那里有两套教育标准。多伦多、安大略工业区跟
美国中西部的教育标准是一样。往东几百英里的蒙特利尔和魁北克工业区直
到现在才出现"教育爆炸"。安大略省的工作都是高中毕业生做，最好是上
过一两年大学。然而，在魁北克，同样的雇主——超市连锁店、商业银行或
工厂却雇用初中毕业生。两个地方的员工工资差别很大，但所做的工作和生
产力方面却无太大差别。

换句话说，工作提升的直接因素是求职者教育水平的提升，求职者受教育时间越长，特定工作或职业要求的受教育程度就越高。

然而，是延长教育年限本身只是一种结果，而非原因。这是一个长期发展的结果，极大地改变了工业发达国家员工的工作年限。

在发达国家，人们的平均寿命大幅延长，已是众所周知的事。不过，很少有人注意到，人们的工作年限增长更快。当今仍活着并在工作的人们都知道，20世纪初期很少有劳动力在45岁或50岁以上时，还能全力以赴地工作。

50年前，欧洲中产阶级妇女常跟孩子说："政府的工作虽然薪水不高，但如果你有病痛，至少不会饿死，而且在你死后，政府还会供养你的妻小。"早期欧洲军方和公务机构的退休制度，希望在工作25～30年后仍活着的人可以退休，即50岁前退休。在日本保留的最古老退休制度也强制规定员工必须55岁退休，除了高层管理者。退休时可以领到2年薪资作为退休金，直到1940年日本还这样做，因为当时日本活到55岁的人很少，就算55岁退休，几年后也就过世了。现在日本人的预期寿命和工作年限跟大多数西方发达国家一样，这些退休规定就变得不合理了。

半个世纪以前，人们的工作年限创下了历史新高。1850年以前，没有哪个国家的平均预期寿命大幅超过 33 岁或 35 岁，因此平均工作年限多不会超过 20 年。到 1914 年，这些数字已经上升，大部分发达国家人们的工作年限增至 30 年，从 15 岁开始工作，到不能工作或过世为止（大多数人活到 45 岁左右）。现在，大多数人工作到 65 岁。如果我们还像"一战"时那样，从 14 岁开始工作，大多数人的工作年限将长达 50 年，比一个世纪前增加了 2.5 倍，比上一辈人多 2/3。即使更晚进入职场，到 18 岁或 20 岁才开始工作，如今发达国家人们工作年限已是一个世纪前的 2 倍，比"一战"时多了 0.5 倍。

这意味着 19 世纪我们的人力资本增加了一倍多，个人收入提高了一倍以上。当然，个人的终生收入就相当于年收入乘以有能力赚钱的年数。这是经济学家们所谓的"资本存量"有史以来最大的增长，也是有史以来在经济财富方面取得的最大进步，远超过经济学家关于商品供应量统计数据中所显示的任何东西（经济学家谈到"生活水平"时就是指这些数据）。

工作年限的延长，改变了工作人口和抚养人口之间的比例。一个社会有多少财产并不完全取决于个人生产力，还取决于每个人需抚养的人数。事实上，一个经济体的生产力可以用个人的生产力除以受抚养人数来表示[⊖]。

过去 100 年发达国家延长了工作年限，彻底改变了生产者和受抚养者之间的传统平衡。不仅如此，那些活着的人在晚年都是自力更生。更重要的是，他们作为生产者的时间更长，即使是在一个大家庭，每一个生产者抚养的人数也大幅减少。

1800 年或 1850 年农民或工匠的工作年限约为 30 年，在这期间必须抚

⊖ 这就是"人口爆炸"对发展中国家的社会和经济福利构成威胁的原因。由于受抚养人数增加，特别是低于工作年龄的孩童增长如此之快，以至于即使人均产值大幅增加，也不会带来人均收入的增加和生活水平的提高。

养四五个人。平均来说，他的小孩只有 2 个或 3 个能长大成为生产者，但为了让 2 个或 3 个小孩长大成人，他的妻子必须生下七八个小孩，因此家里一直有人需要抚养。另外，如果双亲健在，可能到四十几岁就需要有人赡养，儿女们的负担因而沉重，既要抚养长辈，又要养一堆小孩。

现在，工作年限已超过 40 年，而且儿童死亡率大幅下降，婴儿都能长大成人。发达国家的生产者，不论在何时都只要抚养两三个人，而且通常是在职业生涯的前半段。换句话说，延长工作年限就等于把同样的资源，也就是富有生产力的个人的经济能力翻了两番。

社会财富的剧增，让大家享受到以往只有富豪才享有的罕见特权——妻子和母亲不必工作，而是待在家里。因此，在 19 世纪的发达国家，妻子不外出工作是受人尊敬和富裕的象征。现在，英国工人仍然认为，如果被问到老婆是否工作，这是一种侮辱，因为一个自尊心强的男人会让妻子待在家里。

与此同时，富人的妻子却再度回到职场。在发达国家，职场上已婚妇女的数量稳定增加，是过去 20 年最重要也是最普遍的经济现象之一。这是生产力提升的结果，因为劳工阶层的妇女拥有"机器仆人"处理家事，就可以节省更多的时间与精力。这也是生育控制及婴幼儿照护等方面进步的结果，因为发达国家的家庭可以对生几个小孩、隔多久生进行"计划"。已成为母亲的妇女除新婚几年外，就不必待在家里，等到孩子开始上学就可重返职场。这与早先的趋势刚好相反，也再度大幅改变了生产者与被抚养者的比例，发达国家的"资本存量"也大幅增加。

与大家普遍认为的相反，延长工作年限跟医学进步没什么关系。延长工作年限的主要原因之一，无疑是农业人口的大幅减少，现在美国务农人口不到 6%。农耕工作让人快速衰老，尤其是 60 年前还没有电力和现代机械时。此外，从事传统农业发生意外致残的概率，比目前最危险的工业生产还要高。农民特别是其妻子在儿女长到十几岁时，通常身体已经衰老甚至残疾。

然而，工人转变为机械操作员也不是工作年限延长的主要原因。无论是爱尔兰人还是中国人，在美国用镐和铁锹修建铁路的劳工往往工作很难持续 5 年。就是因为意外、酗酒、梅毒或简单的背痛而致残。到 1900 年，纽约、伦敦东部、巴黎和维也纳等地的成衣女裁缝工作年限也不长，不到 10 年这些人就患上两大职业病：失明或肺结核。

因此，科学农业与科学管理才是真正的英雄，是延长工作年限的主要原因。婴儿死亡率大幅下降和公共卫生的进步，延长了人类的预期寿命，但工作年限并未受到太大的影响。为此，必须由少数真正富有生产力的农民养活大量人口，并在工业化工作中消除有害健康的劳动。

增加工作年限已导致各地延长教育年限。

有人认为，教育年限延长反映了大家的共同信念，即教育是人类最崇高的价值之一。人们渴望把一大部分新财富，比如以更长工作年限代表的新财富用在教育上，而不是直接获得金钱收入。

也有人认为，延长教育年限具有经济合理性。当人们不再担心下一顿饭时，就能够随心所欲地接受教育。延后几年开始工作，反而在日后可以获得更好的赚钱能力。毫无疑问，终生收入并不是与受教育程度成正比。如果工作年限增加，延后几年开始工作，先前教育投资的回报将呈指数级增长。换句话，延长教育年限是合理的经济行为，所带来的"利润最大化"效应比最精明的商人所能做到的任何事情都有效得多。

对于教育年限的大幅延长，还有另一个解释。人们无法忍受 50 年的工作年限，这段时间太漫长。因此，部分工作年限靠推迟进入职场来抵消。实际上，上学并非最理想之事，也不是获得更好生活的捷径，不过确实是让孩子们不在街上闲晃、晚几年进入职场的好方法。

　　这个有点讥讽的论调也有很多证据支持。事实上，即使工作年限为 45 年也就是 20 多岁开始工作，还是太漫长了，对知识工作者而言更是如此。

　　不管认同上述哪一种解释，其实三种都有一个共同点，也就是结果都一样。在发达国家，人们把通过科学农业和科学管理增加的很大一部分财富用于延长教育年限。

　　延长教育年限，让我们必须创造更多应用知识的工作机会。毕竟，上学到 18 岁或 20 岁的人，不见得学到了什么东西，却有不同的期望。

　　他们一开始就期望得到一份不同类型的工作，一份"适合"高中毕业生或大学毕业生的工作，工资比较高，发展机会多。只能"维持生计"的工作已经不够，必须提供"职业生涯通道"才行。这类知识分子所做的工作，不再是手工劳动，而是脑力劳动，也就是知识工作。延长教育年限，让人们只适合从事知识工作。人们从学校学到概念、系统和理念，但没有学到经验，因而就不适合当学徒了。因为按传统方式花 5～8 年时间学到技能后，年龄已经太大了。年轻男女在学校上学到 18 岁或 20 多岁，已无法成为以前那种"技能劳工"，不论要学什么，都必须以知识为基础。

　　"二战"后，"教育爆炸"彻底改变了劳动力供给，这个现象首先发生在美国，接着陆续出现在包括苏联在内的其他工业发达国家。因此，传统的工作结构已难以为继，特别是在美国，就业重心必须迅速从体力劳动转变为知识工作。许多传统工作即使本身根本没有改变，工资仍需提高，女售货员就是一个例子。

　　事实上，自"二战"以来的 20 年内，美国经济的基本问题从来不是体力劳动供给问题，这只是由于美国黑人的特殊情况才引起关注。对于 90% 的白人来说，主要问题是知识工作或按知识付费的工作能否供应充足。如果不能满足受教育人口对知识工作的期望，将会出现一个前所未有的无法就业的知识分子无产阶级，这可能带来比我们种族聚居区更危险、更富有争议性的问题。

令人惊讶的是，美国经济竟能满足这些受教育者的期望。更令人惊讶的是，美国企业具有足够的生产力，维持美国产业的全球竞争力和经济的持续增长能力。因为我们以前没有也不太了解，如何管理知识工作者，如何让他们富有成效。况且，很多时候我们必须支付更高的报酬，以满足这些受教育者的期望。即使他们的工作成效跟以往受教育程度较低且期望较少的人并无差别，但雇主仍要支付较高的工资。

由于劳动供给面的变化，无论工作本身是否需要，我们现在都必须创造真正的知识工作。因为真正的知识工作才是让受教育者富有生产力的唯一方式。

因此，通过一条迂回的、完全无计划的路径，我们实现了泰勒75年前的目标：开始将知识应用于工作本身。知识工作者率先出现，知识工作随后产生，这纯属历史的偶然。事实上，还有许多知识工作会陆续出现。从现在起，我们可以期待以知识为基础的工作会越来越受重视，尤其是以知识为基础的技能会更加重要。经济体系中的新工作岗位，将由系统地从一门"课程"获得的理论与概念知识开始。从前的工作不是变成知识工作，就是被知识工作取代。换句话说，我们将发展出一个真正的知识经济，如同我们已经发展出知识工作者一样。许多这类知识工作如计算机程序设计，并不需要纯熟的技术，但仍以学习所获的知识为基础。

在工业发达国家，劳动力面临政治、经济和社会方面的挑战越来越大，主要源于知识工作的动态性和知识工作者的需要。

知识社会的工作和工作者

过去 20 年，我们的经济基础从体力劳动转向知识劳动，社会支出的重心从商品转向知识。然而，到目前为止，美国经济的生产力和盈利能力都没有显示出这种影响。很明显，我们还不知道如何从知识中获得经济效益，也不知道如何满足知识工作者，让其富有成就。我们也不完全理解知识工作者的社会和心理需求。

考虑到转到知识工作是最近的事，我们还不知道如何管理知识工作者并让他们发挥作用，就不令人惊讶了。毕竟，从开始关心如何管理体力劳动者到现在还不到 100 年。当然，罗伯特·欧文早在 1820 年就在苏格兰拉纳克郡的纺织厂管理手工工人，尽管其模范工厂大受关注，甚至成为一流的旅游胜地，但没有人关注他的管理理念和方法。直到美国内战之后，其实是直到 20 年后的泰勒时期，我们才开始关注体力劳动和体力劳动者。1860 年之前，甚至没有人知道如何测量产出。"生产力"一词用在工人身上是最近才出现的。

因此，我们很难期望知道如何定义知识工作的产出，更不用说衡量了。因为衡量知识工作产出需要与衡量手工劳动截然不同的标准。最无用、最浪费的工作，就是工程团队以极快的速度、精度非常优雅地为错误产品绘制图纸。知识工作不容易用定量术语来定义，而且可能确实不能完全量化。比如，计算机不能测量运行计算机的程序员工作，是理所当然的事。

我们也不知道如何管理知识工作者，让他们能积极履职、有所作为。但我们知道，管理知识工作者与管理体力劳动者的方式大不相同。知识工作的动力必须来自员工自身。传统的激励方式，也就是说外部报酬（如工资）无法激励知识工作者。对外部报酬的不满会削弱工作动力，但对工资满意却被视为理所当然。换句话说，不满意有损绩效，但满意却对绩效无益。美国俄亥俄州克利夫兰市的凯斯西储大学教授弗雷德里克·赫茨伯格⊖在这方面做了开创性工作，他把外部报酬称为"保健因素"。

知识工作者需要的正向激励是成就。他需要挑战，需要知道自己的贡献。这与我们所认为的体力劳动者的"良好管理"完全相反。对于管理体力劳动的经验可以总结成一句流行话"干一天活，领一天钱"。然而，我们应该期望知识工作者"做卓越工作，获丰厚报酬"。

知识工作者的需求比体力劳动者的需求大得多，事实上两者完全不同。对体力劳动者而言，工作首先是一种"谋生手段"。体力劳动也应该让人满意，对于很多人来说是一种全新观念。许多工业系统的批评家（包括许多"人际关系"专家）认为，关于工业化之前的工作应令人满意的看法非常幼稚。这个观念过去根本没有进入大众的头脑，当一个人的职业或多或少取决于他父亲的职业，或是他所能找到什么工作就干什么工作时，是否满意又有何意义呢？传统工作观将工作视为加在人类身上的诅咒，而不是恩赐或机

⊖ 见 *The Motivation to Work*（纽约：John Wiley & Sons，1959），*Work and the Nature of Man*（克利夫兰：World Publishing，1966）。另见我的书《卓有成效的管理者》（纽约：Harper & Row，1967），尤其是第 1 章。

会。直到最近，当工业危机造成很多人失业，而工业生产力的提升能够让失业人员维持在最低生活水平之上时，我们才认识到工作不仅仅是获得日常面包的途径，更是人类心理和社会的必需品。

知识工作者不能满足于仅仅以谋生为目的的工作，他们的抱负和对自己的看法与"专业人士"是一样的。总之，如果他们尊重知识，就会要求知识成为成就的基础。

因此，制定一个对知识工作者具有挑战性的目标至关重要。换句话说，不论对知识工作者本身还是社会经济而言，知识工作者的绩效管理都同样重要。

知识工作者希望由知识而不是由老板提出工作任务。也就是说，由目标而不是人来驱动。他们需要一个绩效导向的组织，而不是一个权威导向的组织。

知识工作者仍然需要一个主管。组织结构必须明确最终决策人及其所负责任。组织需建立章程，即在等级结构中界定权力和责任。不过，知识工作本身没有等级，因为没有"更高"和"更低"的知识。知识要么与给定任务相关，要么与之无关。任务决定一切，而名字、年龄、学科的预算和个人层级都不是决定因素。眼科疾病由眼科医生治疗，胆囊切除手术则由腹部外科医生负责。

因此，知识工作必须组建一个团队，按照任务决定团队中的负责人、启动时间、工作目的和工作周期。知识工作的组织结构必须既严谨又灵活，既有明确的权责划分，又以任务为中心，兼顾形势变化和指挥的需要。

两个平庸的知识工作者工作产出不可能是一个一流知识工作者的两倍，甚至不如一个平庸的知识工作者。很可能他们什么也做不出，只是互相妨碍。在所有领域，胜任工作和卓越工作差别非常大，这是熟练工和大师之间的差别，在知识工作中这一点特别明显。

　　这并不意味着每一个知识工作者都要成为一个伟大人物，但这确实意味着他必须努力追求卓越才能完成任何事情。"勉强度日"的知识工作没有成效。这对知识工作者本人的生活和职业生涯具有重大意义，更不用说对于管理者的意义了。

　　让知识工作富有成效将是 20 世纪的重大管理任务，正如让体力劳动者富有成效是 19 世纪的重大管理任务一样。以生产力为目的进行管理的知识工作和没有管理的知识工作之间的差距，可能比引入科学管理前后体力劳动的差异还要大得多。

知识工作者和工作年限

　　然而，无论工作多么令人满意，许多知识工作者都会在进入中年早期就开始厌倦工作。早在退休年龄之前，更不用说在身心残疾之前，他们的工作就已失去了活力，既缺乏挑战，也难以令人兴奋。

　　有充分证据表明，尽管学校教育有所延长，但对大多数人而言，工作年限仍然太长。

　　对于体力劳动者来说，提前退休似乎是一个好办法。尽管这样对于经济发展不利，但在美国汽车、钢铁和橡胶工业却普遍接受提前退休。体力劳动者似乎并没有"闲暇问题"，并不觉得时间难以打发，尽管受过教育的人逼迫他"追求文化"，但似乎兴趣不大。他可以坐在佛罗里达州的一间小屋或活动房屋里，乐此不疲地在一个小花园中钓鱼、打猎和闲聊，也丝毫不想回到工厂。

　　然而，知识工作者却不能轻易退休。如果他这样退休了，很可能会崩溃。知识工作显然容易形成习惯，而体力劳动则不会如此。从事知识工作20 多年的人不能停下来，但绝大多数人也难以继续下去，因为他们没有内部资源。

似乎对于少数登上顶峰的人则不一样，这些人在他们选择的领域拥有了权力和地位，或崭露头角或处于领导地位。他们保持热情，并全身心完全投入到工作中。然而，在 30 岁左右受过教育的中产阶级中，许多人都太容易患上中世纪的职业厌倦症：情绪上的不适和近乎绝望，这是神职人员的典型疾病。他们认识到自己既不能成为圣人，也不能成为寺庙的住持。

同样地，知识工作者虽然在一个特定的职能或专业领域取得成功，但通常到 45 岁左右，就会变得疲倦、沮丧，对自己和工作感到厌烦。例如，企业的市场研究主管或质量控制主管，海军军校的审计长或陆军中校级的训练军官，政府机构的高级经济师或退伍军人医院的高级社会工作者，甚至是大学的"优秀"教授，都会遇到这种瓶颈。

在企业、政府、军队和大学里，有很多关于"翻新""给人充电""休假"和"回到学校"的讨论。不过，需要认识到，这不是个人问题，而是知识工作者对现状犹豫不决而出现的共同问题。这可能是一个不可避免的结果——知识工作者认为自己是一个"专业人士"，而事实上是一个组织内部成员，是昨日的工匠，而非过去"专业人士"的继承者。

然而，我们不能期望通过延长知识工作者的受教育年限来缩短其工作年限。事实上，我们应该采用相反的措施，在年轻人开始从事知识工作之前，缩短他上学的时间。

无论如何，这个问题不可能解决。不过，可以而且必须把这一问题转化为机会。我们必须让中年知识工作者有可能开始第二个知识职业生涯。

对于第二个职业的需要怎么强调也不过分。我在一次接受采访中提到了这种对第二职业的需求，那次采访出现在 1968 年 5 月《今日心理学》(*Psychology Today*，当时发行量有限的杂志）。这引发了来自美国各地的信件和电话——我收到至少 700 封私人信件和数百个来自各种信仰的部长、大学教授、军官、校长、会计师、工程师、中学生、企业管理者、公务员等的电话。几乎他们都讲述了一个成功的人生故事。然而，所有人都问："现在我 47 岁了，我怎么能开始做一些既新颖又富有挑战性的事情？"

　　一个有所成就的知识工作者，在 45 岁或 50 岁时，身体和精神状态都处于鼎盛时期。如果他感到疲倦和无聊，那是因为他在第一个职业生涯中已达到贡献和成长的极限。他自己也心知肚明，如果让他做没有挑战性的事情，他很可能迅速退化，就算找到"爱好"或"文化兴趣"来维持活力也无济于事。对于一个已当惯了专业人士的人来说，当一个业余爱好者并不能令其满足。随着年龄的增长，他可能愿意在工作之外的"兴趣"上多花点时间。但即使他有钱也有闲，从情感上也不想让这样的"兴趣"成为他生活的重心。所有贵族都知道，要成为一个业余爱好者，必须从童年时开始培养。

　　这类中年知识分子通常都想自己有所贡献。因为这个时候孩子们都已经长大了，房子贷款也还清了。他不再真正关心已经做了 20 多年的工作，对这个了如指掌，既没有挑战，也不刺激。就像许多男人说的那样，现在"想要给予"。

　　如今，这样做的机会不多。

　　与此同时，我们已经并将继续在许多知识工作领域出现人才短缺的现象。例如，我们在招聘方面遇到了越来越大的困难，年轻人不愿选择神职人员、教书、医生等职业。过去，年轻人如果想成为知识工作者，就必须进入这些领域。然而，现在年轻人面临更多的选择，这些职业的吸引力就小多了，即使这些职位待遇很好（教学和医学都是如此）。这些行业太早要求年轻人对选择做出承诺，而且选择之后就不能后悔。然而，20 年后，这些职业正是"想要给予"的人希望从事的职业。

在我们现有体制下，如果要为这些职业做准备，年轻人就必须全方位地学习。同时，根本不把机会留给富有经验和知识的成年人。事实上，目前我们正在竭尽所能打消成年人进入这些行业的念头。

罗马天主教的一个修道院惊讶地发现，50 岁左右的寡妇特别愿意加入修道院，以往从来不认为她们会加入。这些妇女中的许多人早年都是教师，而这个修道院刚好负责教学。然而，大约 100 个申请者中只有一个人在试用期结束后留下来，并宣誓入职。当修道院院长问她："为什么其他 99 个人都离开了？"她说："你告诉每个申请者必须开始修缝纫课程，但是我们大多数人都是自己缝衣服，还经常为我们的孩子或侄女侄子缝衣服。如果我们想缝纫的话，我们可以一直待在家里，何必到这里来呢？"

我们的神学院、社会工作学院、教育学院、护理学院、医学院等都是如此。他们还希望申请者，不管年龄大小，都要从"学习缝纫"开始。然而，我们没有理由不教那些已展现出贡献能力、经验丰富、责任心强、严肃认真的成年男女，如何成为优秀的教师、牧师、社会工作者、护士或者是医生。培训这些没有经验的年轻人需要很多时间，而培训这些富有经验的成年人所需时间很少。同样地，这个年龄段的人需要有组织地提供工作机会，让他们从一个机构切换到另一个机构，如果还从事原来的专业领域，也许只需要通过一些培训就可上岗。

我们已经看到，所有组织都有一个共同现象：了解其他组织如何运作的人，成为抢手的人才。政府机关里需要有人知道企业、大学、军队、工会等如何运作，企业需要有其他组织任职过的人才。在不同的组织之间工作本身可能没有很大的不同。在企业、政府机构、医院里做会计的都差不多。政府行政人员可能会像企业管理者或医院管理者那样度过一天。然而，这些组织的环境、价值观、政治现实各不相同，足以为对原有工作深感疲惫和无聊的人提供新的刺激。

在过去 10 年里，我亲自观察过有 50～100 名军官，他们是海军的指挥官、陆军或空军中校，都已退休，年龄在 48～50 岁，无法再获得晋升了。当他们第一次离开军队时，非常害怕生活，常常因无法适应而消沉，同时也意识到自己累得筋疲力尽、失去活力。这些人当中没有一个"伟人"，也没有多少有趣的人。

安置这些人并不容易。但绝大多数人成功过渡到了另一种生活：在一所小型学院当老师，或是在企业做经理，在会计师事务所或地方政府当审计员，在医院当人事经理，或在企业做运输经理，等等。无一例外，这些人每一个都变得年轻了几岁，充满活力，又开始成长并做出贡献。

如今几乎所有的机构都在 65 岁时强制退休。我们确实必须让组织中的

人退休。主要原因不是人们变老了，而是必须为年轻人创造机会，否则他们要么不肯来，要么不能留下。一个组织如果没有年轻的知识工作者，就是一个不能成长的组织，只能停留在昨天⊖。不过，拒绝给特定年龄的人工作机会，不但非常残忍，而且也浪费人力资源。

虽然我们需要让人们退休，但也需要有组织地让他们重新开始第二职业。

我们不需要像军队那样毫不留情。在军队中，无论本人是否愿意，不能升迁就必须退休。尽管这可能是更为仁慈的做法，因为有时如果像企业和大学一样让他留下来，其本人反而可能因为无法跟上组织前进的步伐而在挫折和自怜中毁了自己。然而，我们需要像军队那样面对现实。

人不能按年龄大小来判断是否变老。有些 65 岁的人，比 35 岁的人还年轻。人的衰老也不是一成不变的。一个年龄大的人，也许体力不支，但其判断力可能不受影响，甚至比 20 年前更好。尤其是从事顾问工作的人，需要将知识与感性相结合，通常在年龄较长、比较超脱时，工作表现最好。

然而，最重要的是，对于大多数知识工作者来说，从开始从事第一职业到 65 岁退休，其间实在太长了。他们 20 年前就可以"退休了"，之后，他们只是坐在外面领取退休金，这不仅无益于高层领导，也阻拦年轻人晋升，最终自己也备受挫折。

在财务上为退休做好规划是个好主意，但在心理上却没有为退休做好准备。否则，就不会有那么多人在退休之日被赶出去，他们偷偷溜走，仿佛被判了缓慢、痛苦和挥之不去的死刑，事实上他们经常如此。

一个组织必须摆脱那些因疲惫不堪而无法做出贡献的人。个人需要有机会再次变得富有成效，而且这个新的职业生涯没有一个固定的终点。因此，

⊖ 这一点在英国精神病医生和社会研究人员 Elliott Jaques 博士的研究中得到证明。参见他的 *Measurement of Responsibility*（马萨诸塞州剑桥：Harvard University Press，1956）。

我们需要创造大量的第二职业机会，尤其是不需要固定退休年龄的职业，也就是说没有年轻人拥挤在一起的职业，例如牧师或私人诊所的医生。只有拥有了这些机会，我们才能真正利用延长现代人的工作年限这一巨大社会进步。

这项建议的前提是要完成最困难的转变——态度的转变。开发学习课程不是一个大问题，我们知道如何做到这一点，尤其是如果早一点开始调查各种机会的话。提供有组织、系统安置人员的方法也不是什么大问题，真正的问题是态度问题。

教育工作者认为，任何一个领域的学科都只有一种课程适用。事实上，他们甚至认为一个有能力的经济学家如果不坚持"必修"两年商业经济学课程，这在道德上都说不过去。尽管他在多年的工作中已表现出是内行的经济学家，甚至教过这些必修课程。高管们相信，一个人不再从事挑战性工作时就已"停止成长"。在原有领域，他确实"停止成长"。不过，如果他是一个有能力的人，只要没有生病，也许可以在其他领域"成长"。

最后，知识工作者自己也要改变态度。他必须知道，45岁时重新开始并不丢脸；他必须知道，这是相对容易做到的事；他必须知道，在这个年龄开始第二次职业生涯是一件令人满意的事，其乐趣远胜喝酒、与女孩热恋、找心理分析师谈心，或任何希望掩饰失去令人兴奋、富有挑战工作后的沮丧和厌倦的企图。

过渡时期的问题

知识工作者面临的挑战将在很大程度上决定知识社会的生产力、效率和满意度。但在下一个十年，我们的努力将集中在转变上，即从昨天的体力劳动转向现在的工作。我们在无技能工人、技能工作的手工艺传统，以及美国黑人贫民区等方面面临真正的问题。因为在这三个方面，虽然每个方面都不同，但在转向知识工作时都受到了威胁，产生了问题。在这些领域，我们也可能犯最危险的错误，尤其是试图坚持和捍卫过去的错误。

到目前为止，关于自动化的恐慌已日渐平息。即使是工会，至少在美国工会，尽管不情愿也不得不承认，自动化不会导致失业。1961 年，肯尼迪和约翰逊政府的劳工部部长威拉德·沃茨就"自动化破坏无数工作"发表了演讲。但自 1964 年起，他就开始讲"自动化创造工作"[⊖]。

有充分证据表明，过去 20 年美国的就业变动率和技术进步速度都比有据可查的任何时期都要低。在美国之外，"自动化引发失业"的证据更少，尽管在西欧和日本技术变革和生产力提高的速度都比较高。

许多经济学家提出更加复杂的经济理论，认为制造业存在"长期停滞"，但这一论断缺乏事实支撑。20 世纪 50 年代制造业的就业并没有增加。不过，我们知道，朝鲜战争后几年，美国经历了相当大的衰退。1960～1961 年经济日益复苏时，制造业的就业立刻又开始上升，并回到传统模式。制造业是成长型行业，其就业增速高于其在国民总收入占比的增速（例如电子、制药和计算机）。萎缩行业的就业下降速度高于其在国民总收入中的占比。原因很简单：在萎缩行业，生产能力最低的机构最先关闭。在既不增长也不萎缩的停滞型行业，就业率每年下降不超过 2%～3%。任何企业或行业的生产力只有通过改进日常管理来提升，没有应用新技术，甚至也没有新机器。

汽车和钢铁业的就业状况与此特别相关。这些传统产业使用了大量的新

⊖　他的下属，劳工部最能干的经济学家从未听说过他们上司的恐惧。当沃茨先生谈到"自动化引发失业"时，他们闭口不谈，但一项又一项的研究表明没有这回事。

机器。因此，即使产出大幅增长，就业率也有望大幅下降。然而，这并没有发生，一旦这些行业的产出超过 50 年代的低谷，就业人数就迅速增长。

然而，解除工人对自动化的恐惧是不明智的。因为工人误解了自己的恐惧，认为自动化是一个怪物。实际上，工人害怕一些真实且可能造成威胁的东西。

这就是由于转到知识工作，非技术工人会迅速变得无能为力，社会地位更加无足轻重。

实际上，无技能工人是最早因应用知识而受益的人。科学管理让工人第一次有了提高生产力的机会，也赋予工人头衔，让其在历史上占有一席之地。科学管理让工人具备技能，不论哪一种技能，都跟工作设计有关。工人本身不需要技能，科学管理借此让这类工人比如机械操作员，获得经济生产者的工资，这是以往无技能工人拿不到的。以往无技能工人被认为是经济负债而非资产，有技能劳工则被视为生产者。现在，两者之间的工资差异几乎已经消失。以前，有技能与无技能者的工资差异为 3∶1 或更高。但近 30 年来，这一比例在所有工业国家已逐渐缩小，在"二战"时，美国许多行业这两者的工资差异不到 10%。

更重要的是，工人的社会地位提高了。历史上没有哪一个阶级像 20 世纪前 50 年的无技能工人一样，能在社会地位和权力上有如此快的提升。无技能工人成为"二战"的英雄，当时美国流行歌曲——《铆钉工人罗西》，就表明生产船只、坦克和飞机的生产线工人就是工业社会成就及权力的象征。在"一战"后，逐渐壮大的生产工会，让无技能工人获得政治权力、社会凝聚力、自豪感和领导能力。

　　自相矛盾的是，知识应用到工作的下一个影响，将让无技能工人回到原先较低的社会地位，目前已有证据证明这一点。从经济上看，无技能工人还是能维持生活。实际上，知识应用可能让这类工人更富生产力，因而获得更多工资，工作可能就有保障。因为随着教育的普及，越来越少的人想从事无技术的大规模生产性工作。不过，在发达国家中，美国是个例外，因为无技能的黑人还是很多。

　　然而，无技能的大规模生产工人将被视为一个工程缺陷。这些人之所以有工作，只是因为没有把足够的知识应用到工作中。就像为机器设定"程序"一样，一旦真正了解了机器，就可以由机器代劳，唯一的问题是这样是否符合经济效益。

　　在许多情况下，这样做并不符合经济效益。因为生产单位不足，或因为要为工作写程序实在太复杂。这类工作很简单，找工人来做，只要让他们学习一下或接受一点指导就可以。例如，帮人穿上外套这件事，当然可以用机器代劳，但要设计这种机器必须花几个月时间。这绝非训练有素的工程师和机械设计师能力不及，只不过这样做的确非常荒谬。

　　抛开收入和工作保障不谈，无技能工人的社会地位正迅速下滑，工会的影响力也逐渐减弱。由于工会人数庞大，加上底特律或匹兹堡等主要工业中心的选票权，因此工会还可以在很长一段时间保持强势。但从事大规模生产工人的工会已失去了领导力，不论工人领袖沃尔特·鲁瑟再怎样努力，从事大规模生产的工人，已不是社会进步的动力。对他们而言，任何改变都是威胁，他们只能成为反对者，拒绝任何改变。他们是保守主义者，一心希望回到"昨天"，尽管这曾经看起来像但从来都不可能成为"明天"。

因此，政府承受巨大压力，要保护这些无技能的工人，至于要恢复这些工人之前的社会地位，政府的压力就更大了。政府需要帮助这些工人，只因为这类工人缺乏技能，无法自助。例如，他们迫切需要再培训和再就业，但社会需要的不是防止改变，而是有计划地改变。我们要向瑞典人学习，采用瑞典工会领袖戈斯塔·雷恩的做法来改变目前的处境，让改变成为可能，让改变更容易，让改变少阵痛。

政府无法消除非熟练机械操作人员内心的不安全感。无论政府还是企业管理层，都无法消除困扰其心理不适的根源。让工人和工会参与管理，或获取利润，反正不管做什么，都与解决实际问题无关。然而，公共政策可以确保工人知道政府和企业管理层会采取行动帮助他们应对变革。如果政府或者管理层试图阻止变革，那只会在不久之后带来不可避免的巨大痛苦。

政府政策应加速转变进程，这是控制问题的唯一方式，否则无技能工人将变成一个陷阱。我们必须鼓励这类工人（或他的儿子）转变成知识工作者；必须向无技能工人保证在工作即将过时之际，社会将帮助他找到其他工作，获得所需的知识和技能，让他能胜任新工作。

这不是一个雇主可以单独处理的事，或许可通过附近地区一群雇主合作完成。像俄亥俄州托莱多地区就在工会协助下这样做，或像瑞典一样由政府处理，并与雇主和工会密切合作。不论由哪一个社群组织来安置个人，雇主都必须事先思考和计划。在大多数情况下，雇主可以先确定哪些工作已经过时，也能尽早开始替工人寻找新工作，让他们做好准备。事实证明，这样的人力资源规划让企业受益无穷。

纽约大学开发的新职业生涯计划⊖，可能是个非常有前景的做法。这个计划首先培训"失业者"，主要是贫民区黑人，让他们在医院、学校、社会工作或监狱从事一些传统低技能的服务工作，进而弥补了这些地方人力的不足。然后，这些学生会接受训练，做一些简单工作，如担任护士的助理或社会工作访问员，同时他们一直被鼓励日后能成为合格的专业人士，也就是从护士助理变成训练有素的护士，最后或许成为一名医生。要做到这样，不但要有新的学习方法，也要专业人士和机构愿意修改晋升标准，奖励绩效与成就。

新职业生涯计划虽然是个新生事物，但其成效令人鼓舞，同时也证明一个人只要有所学，且进行系统化的学习，就能轻松抛弃过往、重新学习。葛斯塔·雷恩在瑞典的做法，或英国和美国在"二战"中的经验，应该也让我们有所领悟。不过，新职业生涯计划却能成功激励那些早期传统教育中完全失败、被认为"无法教化"也"无法雇用"的人。

所有雇主（不只是企业主）都必须承认，向知识工作转变赋予他们责任，让他们思考目前无技能工作的未来。否则，政府会迫于舆论，成为昔日工作结构和商品经济的捍卫者，进而成为未来知识经济成功的主要障碍。

目前，技术工作者有一个更棘手的问题。因为技术工作将来不会过时，

⊖ *Up from Poverty* by Frank Riessman and Hermine I. Popper (New York: Harper & Row, 1968).

反而会更普遍，也更重要，所以不久后大多数人将被雇用从事技术工作，只不过这类工作不再是以往的手工艺工作，而是以知识为主的工作。

传统手工艺已经过时，其基本假设也不再适用。手工艺认为人们应该通过学徒制学习，但随着人们受教育的程度越来越高，学徒制的主张已难以立足了。事实上，现在能接受学徒制的人少之又少，抱怨美国工会排斥黑人学徒的说法是有根据的，它可能是美国最保守的、最种族歧视的组织。但与此同时，手工艺工会正因缺乏新的年轻成员而不得不垂死挣扎。目前美国大部分工会成员，平均年龄高达 50 岁，造船业、建筑业、铁路修理厂或印刷业的工会，都很难招到新成员。大家期望年轻人留在学校求学，日后成为知识工作者。若他们的父辈是富裕的手工艺人，如果听到自己的小孩想辍学继承父业，肯定会大发雷霆。

手工艺对工作和工作者的假定则更站不住脚。手工艺假定一个人在学徒时学到东西能运用到整个职业生涯，也假定某类工作有其特性，必须按一定方式来做。手工艺本身就是保守的，一直以来手工艺是长期经验积累而成，被认为是一种神圣的仪式，不容毛头小伙擅自篡改。但就定义来看，知识是追根问底、讲求创新、探究真相的。知识假设我们已知之事都行将废弃，应该或能够知道的事却并非如此，而且知识没有"界限"之分。就知识来说，只因铁锤是木匠的工具，激光是物理学家的工具，日后就不能把激光应用于木匠工作，这根本就不合理。事实上，大多数以知识为主的技能经常改变，也不考虑传统的界限和管辖权限。

学习一门手工艺让人无法再学习任何新事物或不同的东西。以往接受训练是技艺，这是完成某项工作的唯一方法，但没有人告诉学习手工艺的人这种做法可能也适合其他工作。更不用说，**任何**工作都可能有其他做法。

我们已经证明，如果经过"有计划"的指导，没有任何背景的人也能学会最复杂的技能。

美国空军曾经把近乎文盲的黑人训练成电工，因为空军别无选择，符合条件的白人在军队服役时间太短，无法完成电工学徒学习。但这些近乎文盲的人，最后都成为优秀电工。不过，几年后美国空军又将这些人变成导弹维修员，这是两个截然不同的工作。导弹维修需要电子技术而非电工，需要"系统工程学"而非手工艺。况且，导弹维修是在远离基地的地方进行，要独立完成作业，迅速分析诊断并解决错综复杂的机械故障问题。不过，这些工作一旦经过仔细研究，简化为知识和系统，这些不识字的人也能高度负责地以高绩效标准做好导弹维修。

通过有计划地学习知识而获得新技能，让传统手工艺难以为继。不论"协会"还是"工会"都已成为社会的负担和会员的威胁，维持手工艺管辖权限，或许能在几年内保住工会和工会领导人的工作。比如，美国造船厂抱怨现状，却迅速破坏个人会员的工作保障，剥夺其重新学习新技能完成旧工作，或将旧技能用到新工作上的能力。因此，个别会员需要的是知识，而非学徒制，需要全新的工作方法和工作保障，而不是传统手工艺组织提供的东西。

为了推动社会和经济成长，保护从事手工艺的人，必须废除手工艺工会和手工艺的概念，这样做并不是要废除手工艺，而是要解放手工艺，让其真正发挥生产力，这是英语系国家尤其是美国和英国的主要任务，因为这都是手工艺蓬勃发展的国家。

我们可以向自由世界中不了解手工艺工会的先进工业国家学习，尤其是日本和德国。

日本在 1867 年现代化以前，奉行的是闭关锁国政策。手工艺是日本产业的组织原则，所有"传统"老产业，从丝绸纺织、扇子制造或漆器制作，都有工会严格管制。不过，建立在引进西方技术基础上的"新"产业，从未采用过这些原则。这些行业的工人都受过培训，可以在工厂里做任何工作。日本各行各业的工人，包括管理高层，都将继续接受培训，直至退休。所有人都在不断学习新的工作方式和技能。这项持续培训的基础一开始就是系统化的学校教育，而不是手工艺和学徒制。

当然，日本可以这样做，因为日本公司的员工有"终身"工作，除非发生重大灾难或行为不当才可能被解雇。他们的工资主要跟资历有关，而跟技能和工作表现无关。不过，情况正在迅速变化之中。因此，对日本公司的员工来说，新事物就是机会，只要新事物能让公司更富生产力，就能让工作更有保障。因为如果公司倒闭，员工不可能找到别的工作，这当然是强有力的激励。

德国的例子也一样具有启发性。在希特勒执政以前，德国建立了强势的工会，各自小心翼翼地保护自己的管辖范围。不过，"二战"后，这些工会都没有恢复，主要是因为美军的劳工顾问维克多·鲁瑟（一位美国大规模生产工会的领导人，一名汽车工人）反对。相反，德国劳工集中在少数大型工业工会中。每一个企业的工人都属于并且只属于其中一个工会。目前，德国工人依旧接受长期学徒训练，但在工厂很少有技艺上的竞争。因为工人们不管他们的工作是什么，都属于同一个工会。他们的工作不是靠手工艺保障的，而是由其在企业的资历来保障的。虽然将一个人从一种手工艺工作转移到另一种手工艺工作并不容易，但管理层越来越接受这种转移。工会认为，在一个手工艺领域之外获得技能，并可在工厂获得其他发展机会，这符合人们的自身利益。即使是德国汽车厂的高技能工人，也可从一个手工艺工作转移到另一个薪水更高的工作，而不会遇到美国或英国工厂阻止此类转移的司法障碍。在德国，即使不是"终身雇佣"，工作保障程度也很高，尤其是对于那些拥有技能的人。

即使在日本，"终身雇佣"也已不再使用。因为这么做只能保护营运得当的企业或行业的员工。如果企业或行业盈利不大，员工根本不可能转岗。然而，终身雇佣制的基本原则是正确的，雇主有责任提供工作保障。在知识经济中，技能是以知识为基础，技术和经济可能迅速改变，唯一的工作保障就是迅速学习的能力。在经济社会不断变迁之际，唯一的保障就是拥有足够的知识，并随机应变。

我们需要综合日本、德国和瑞典的做法，学习日本重视持续培训，学习德国重视工业、工厂而非手工艺，学习瑞典通过流动性保障工作与收入。要做到这样，就必须在政治和心理上清除工会主义的垄断，因为这样的垄断很可能适得其反。

这种转变可能让美国和英国面临最棘手的产业问题。不过，我担心，除非这两个国家能够解决这一问题，否则将无法保证经济持续增长，难以提升国际竞争力，也无法培养面对知识经济的应变能力。

两类转变，即无技能工人的转变，以及手工艺和手工艺组织的转变，将是美国面临的最严重的问题。因为美国的新知识经济发展最快、最远。最重要的是，两者都与我们最危险、最敏感、最紧急的问题，即种族问题密切相关。

20 世纪初，从事大规模生产的无技能劳工的社会地位高涨，美国黑人是最直接的受益者。黑人在城市的工作机会，因为大规模生产而大幅增加。这些黑人的工资待遇比以往更高，也成为工会这个逐渐掌权的社会组织的会员。这一情况始于"一战"，"二战"期间达到顶峰，朝鲜战争后结束。在这十几年，大批量生产的工作很多，白人根本不够用，黑人要进入就业市场的阻力很小。事实上，20世纪50年代美国最高法院的判决，打破了美国社会黑人获得平等地位的法律障碍。这很大程度上只是黑人在20世纪初前25年内成为大批量生产工人队伍正式成员前争取利益的立法化。

世界大规模生产工业之都底特律是美国唯一一个黑人和白人同住的大城市，也是唯一的美国城市，这绝非巧合。在底特律，没有明确划分的黑人贫民区。1967年夏天，底特律发生了美国最近最严重的骚乱，尽管当时底特律有创纪录的经济表现，这也并非巧合。因为黑人也是大批量生产工人优势逆转的受害者。

黑人作为这个城市最新的移民，是经济条件最差的群体。因为在目前的经济中，来自正规教育的知识是获得技能和机会的基础。黑人进入城市的每一代移民都来自农村文盲地区，必须跨越教育鸿沟。不过，1780年流入曼彻斯特和利物浦，1850年流入波士顿和费城的爱尔兰农村文盲，只要接受过几周学校教育，就能做好当时社会的各项工作。现在却得接受12年学校教育才能胜任。鸿沟已超过一代人所能弥补的范围。

因此，转向知识经济剥夺了黑人的既得利益。这在经济上来说情况已经很糟，但真正伤害的是黑人的社会地位和自尊心、希望和前途。黑人恐怕会群起反抗，因为看到自己原本微薄的利益被剥夺，刚开始享受成果却马上被别人拿走。同时，这个时期美国南部农村大批年轻人本来希望能在北部的底特律大城市找到待遇好且受人尊敬的工作，但突然间希望却幻灭了，在这个城市无法再活下去。

因此，美国必须赶紧协助这些无技能的年轻黑人男性找到工作，但无论政府和企业多么努力，这都不容易做到。我们必须预料到会遭遇在职者（不论黑人还是白人）越来越多的抵制。例如，1966～1967 年，美国纽约州罗彻斯特的伊斯曼柯达公司要雇用一群来自南方农村的无技能年轻黑人时，就被有技能黑人工匠大力阻止，这件事也说明为何柯达公司不知如何处理这事？其实，就业岗位并未减少，但在职者却把这些人视为威胁。由于在职者认为机会似乎越来越少，因此越来越抗拒公司雇用新人。工会和工人一起公开表态，反对给新入职的黑人特殊待遇，如为资深工人（包括白人和黑人）提供工作保障或特殊训练。

尽管所有工会都有种族歧视的传统，但黑人在美国北部的城市比较容易找到工作。因为原本聪明也够资格当学徒的年轻白人在这个年龄大多在学校受教育，想要成为知识工作者。一旦原先对黑人的抵抗消除，黑人就应该能找到工作。

不过，在城市里能够胜任这个工作的年轻黑人并不多。要从事这类工作，无论技能还是教育背景都比刚从农村来的年轻黑人要好得多。不过，最近的尝试表明，许多年轻黑人只要接受密集训练，尤其是课堂上的数学或计划性阅读等知识技能训练，就能达到胜任的标准。我们必须付出更多更长期的努力，才能为黑人学徒提供更多的技艺工作。

然而，从长远来看，为黑人找体力劳动的工作，无论技术还是非技术的，都不是解决办法，甚至还可能造成长期伤害。几年后，无技术大规模生产工作的出现，可能会把黑人关进一个新的贫民区，这才是真正的危险。当白人的小孩上学接受知识工作所需的教育时，大规模生产工作和技术工作可能就成为"黑人的新职业"。美国肉品工业的情况正是如此，底特律汽车厂装配线的工作和纽约服装业的工作也都一样。当黑人在新贫民区中赚钱时，白人的良心可能暂时得到安慰，但面对每一次黑人试图在美国社会获得真正平等的地位，白人总是认为这些黑人"忘恩负义"。

　　更大的危险是，强调为黑人提供技术或非技术体力劳动的政策，可能会使黑人的福利与整个国家利益冲突。为了国家的最大利益，必须加快而不是延缓从体力劳动到知识工作的转变进程。鼓励逐步减少体力劳动，无论是技术还是非技术的，并由基于知识的技术工作替代。一方面，知识工作的效率要高得多；另一方面，知识工作更令人满意，可以得到更高报酬，提供更多机会。无论从经济角度还是个人角度出发，尽管可能存在这样或那样的问题，但毕竟是一个大的进步。不过，如果体力劳动成为黑人维持生计、获得平等和自尊的要求，一项符合国家整体和多数白人利益的政策，将给黑人少数民族带来灾难性的后果，而且是直接的。这是白人和黑人都负担不起的一个危险。

　　无论我们多么迫切地需要立即为黑人提供大量生产和工艺工作，我们都需要付出更大努力来尽早找到、确定、培植和安置黑人，尽可能多让黑人成为知识工作者。这意味着要从小学开始，在男孩和女孩很小的时候就帮助他们规划职业生涯，鼓励他们留在学校学习，为他们创造机会，提供榜样。还要去黑人家庭鼓励支持小孩去学校学习，这在过去几年中一直非常缺乏（尽管与 19 世纪 80 年代的爱尔兰人、20 世纪 20 年代纽约的意大利人、芝加哥的波兰人，或 1910 年维也纳的捷克移民相比差不多）。这意味着要让学习和教学更加符合实际、更加有效，还要利用先前提到的新职业生涯计划的发展方案，为青少年甚至是成年人提供发挥能力的第二次机会。

　　知识工作中受到的阻力，会比体力劳动要少。知识工作的扩张速度越来越快，黑人的竞争威胁也越来越小。此外，白人社会能否接纳黑人，取决于黑人能否被处于领导地位的社会团体接纳。社会接纳从来不是从基层开始，这也能说明大规模生产工会的黑人会员，在争取社会接纳方面为何无法发挥影响力。社会地位是由社会阶层顶端的人决定的，而知识工作者当然是知识社会中的领导团体。

如果黑人无法克服重大变革期最后进入城市的不利条件，美国种族问题就无法解决。社会行动永远解决不了精神层面的问题，而种族问题是美国历史上的精神苦恼，只有靠承受苦痛和自我忏悔才能最终解决。

除非解决这项社会问题，帮助黑人成为知识社会中既高效又富有生产力的成员，否则就根本没希望解决这类种族问题。白人领袖必须资助、鼓励、支持，并带头采取正确的社会行动。不过，把流离失所的农村劳动力培养成知识工作者，最需要的是黑人知识分子的共同承诺。因为他们虽然受到歧视、被排斥、被压制，但已进入了知识社会。虽然在美国黑人靠体力劳动可获得工作和收入，但他们要的是平等地位，不论是黑人世界还是与白人融合的世界，只有在当今占主导地位的知识社会中才能确立起来。

因此，目前美国最有前途的发展是过去数十年黑人知识工作者的迅速增长，虽然按黑人总人口来说，这些知识工作者只占一小部分，或许只有 1/5 左右，但黑人知识工作者增加的速度却是白人的两倍，而且这是黑人知识工作者首次承认自己是黑人社群的一部分，而不是企图逃离社群。

黑人知识工作者迅速出现，可能被黑人社群接纳并成为领导者，也被白人领导团体视为同僚，这是美国有史以来第一次。如果这个希望被立意良善但短视近利的政策破坏，那么黑人将以有技术和无技术的体力劳动为主要职业，引发悲惨的错误与灾难。

早期黑人领袖期望通过两种途径为同胞寻求平等、尊严和自我实现：一是拥有小农场；二是有平等机会从事体力劳动。然而，知识工作成为美国社会的重心，已把这两条路都堵住了。不过，知识工作的出现，也让黑人在美国获得前所未有的大好机会。

这种情况对白人社会和黑人社会提出新的重大要求。最重要的是，知识社会和知识经济的出现，使得对传统知识机构——学校的要求彻底转变。

成功把学校惯坏了吗

20 世纪 60 年代末，尽管美国参与越战，但在教育上的花费仍比国防费用还要多。美国教育年度支出为 700 亿～750 亿美元，其中 500 亿美元用于学校及大学系统（包括公立和私立），其中一半钱花在工业、政府和军队的各类教育培训上，这个经费是美国 20 世纪 50 年代中期年度教育支出的 2 倍，是"二战"后"教育爆炸"刚开始时年度教育支出的 4 倍。

到目前为止，教育已成为美国经济中最大一笔社会性支出，比医疗保健、福利、农业补贴等其他非国防服务总支出还要多。现在，各类教师是美国最庞大的一个职业群体，从业人数超过了钢铁工人、卡车司机和售货员，甚至比农民还多。

这些现象只是价值观发生重大变化在数量上的体现，而且并非美国独有。在现代世界中，教育已经取代出身、财富甚至才能成为机会和升迁的关键，成为现代人的第一价值选择。

这是学校老师一直梦寐以求的成功，但教育能够承受这种成功吗？或者，套用几年前流行的戏剧名称，"成功把学校惯坏了吗？"

许多迹象表明，如今的教育还很不完善。虽然教育支出一直高涨，并将持续上升，但纳税人已经开始变得焦躁不安。过去几年，美国各地社区纷纷投票反对为兴建新学校课税或发行债券，也反对提高教师薪资待遇。这些行动可能都徒劳无功：最终学校税收依旧高涨；兴建新校舍的钱如果不靠政府发行债券，就靠联邦补贴；教师薪资也会因竞争压力进行调整。不过，阻止教育成本增加的声浪越来越强烈，也表明了社会公众越来越关心他们所花的钱让自己得到了什么。

目前，这种矛盾情结无处不在。人们信仰教育，却对教育成本反感。英国工党政府承诺迅速普及教育，却仍反对教师提高薪资，也试图推迟已新建的教师训练学院，尽管这个学院非常急需。日本学生明知教育决定今后的发展机会，却仍然强烈反对学校上涨学费。法国总统戴高乐愿意花钱送教师到加拿大法语区学习，但直到 1968 年 5 月学生群体反抗引发法国社会动荡不安，戴高乐才答应扩大整修巴黎最知名且历史最悠久的索邦大学破旧校舍。我们都热爱教育，也都希望多接受一些教育，但我们显然不相信付出的金钱与获得的回报相符，而且有充分的理由不相信这一点。

如果这只是一个征兆，那么目前学校里青少年叛逆、披头士和嬉皮士造成的疏离就是重点所在。毫无例外，青少年反叛一直以来都是以学校为基地，尤其是大学。比如，20 世纪 30 年代的英国和美国左派激进分子，以及目前效仿这些人的拉丁美洲左翼学生都是以大学为基地，认为大学是自己的机构。不过，现在披头士和嬉皮士对学校的反抗，更胜于对父母亲的叛逆。

要从历史上找到相似的例子，就必须追溯到几百年前的学者流浪诗人，他们是文艺复兴初期的披头士和辍学的大学生。这些人除了制作一些喧闹歌曲外，几乎一事无成。但这不要紧，他们的出现表明源于中世纪的传统大学开始衰老和过时，预示着传统大学的瓦解和"现代"大学的兴起。这两类大学截然不同，有不同的教育目标、不同的价值观、不同的内容和课程。100年后的今天，披头士和嬉皮士可能被认为是20世纪的学者流浪诗人，他们没有什么成就，却预告了传统"人文主义"教育的崩溃。人文主义教育从17世纪兴起，用来训练极少数新进的非神职抄写人员，现在拓展到各地，成为人人都可以接受的教育。

今天教育变得如此重要，因而不能完全托付给教育家。在现代社会中，每一个人都有权认为自己是"教育家"，因为在每一个人的成长岁月里，在学校度过的时光远胜于在其他机构。此外，教育的花费太大，不能毫不犹疑地接受。要问这个花费究竟是富有成效的投资，还是简单的支出，是一个合情合理的问题。教育变得过于强大，不容我们随便放弃。因为学校教育越来越影响事业、机会和晋升。正因为如此，教育成为所有发达国家关心的问题，也许在发展中国家更是如此。教育成本可能成为发展中国家经济和社会发展的主要障碍。

因此，学校及其结构、角色、目标，尤其是所教内容越来越成为重要问题。我们花了那么多钱，学校以什么成果回报呢？我们在学校待了那么多年究竟得到了什么呢？

学校有何用处

众所周知，几个世纪以来技能工匠一直是重要的经济资产。从经济上来说，求学一直是奢侈品，这种看法直到最近才改观。新教徒和正统的犹太教徒一直提倡，只有具备读写能力，才有优异的宗教表现。自18世纪起，教育成为公民身份的基础。1850年左右，大家都认同小学教育对于"提高自身能力"不可或缺，但只有极少数人需要小学以上的教育，也只有极少数人需要在工作中运用知识。

例如，20世纪初殖民地并没有教育的压力，相反，英国人试图在印度
推广普及全民初等教育，却遭到早期印度国会党发动的反殖民运动的抵制。
当时，人们普遍认为，学校把纳税人的钱花在教育上是一种惊人的浪费，对
国家根本没有任何好处。这些贫穷国家需要的是灌溉、兴建道路和低税负，
而且能够提供给受教育人士的就业岗位极少。有钱人自掏腰包，让小孩受教
育，就可以很容易满足这样的岗位人员需求。直到最近，经济学家还严厉批
评日本在1870年大力推动教育扫盲运动，其实是把急需的钱浪费在没有生
产力的"声誉"项目上。

日本在1876年以后明治维新所做的改革，在1967～1968年明治维新百
年庆典上受到高度肯定，认为教育是富有生产力的，应该优先成为现代经济
社会的基础。

过去教育一直被认为在经济不具有生产力，是富人才负担得起的奢侈
品，这在很大程度上解释了延长教育年限的原因。为了增加工作年限，学校
让越来越多的年轻人接受"高级教育"，这种教育过去只针对少数抄写人员。
也就是说，一直以来相当专业的训练，阴差阳错地成为每个人都接受的通识
教育。

这件事情并未经过规划，却已经发生了。美国"初级中学"是经过规划
和审慎思考的最后一个学校单位，招收的是12～15岁的青少年。不过，初

中是一个多世纪前一些欧洲国家设立的，这些国家有经济条件安置已完成小学教育的儿童[⊖]。初级中学被认为是大多数人求学的最后阶段，设立目的是让学生适应即将开始的学徒生活。除此之外，新增学生只是被简单放到以往训练办事员、律师和公务员的学校，比如英国的公立学校、德国的高等学校、美国的高中或法国的大学预科。最近二三十年，当上大学成为普遍现象后，这样的过程又再次上演。

这一过程也许可从教授拉丁文方面就可看出来，虽然教授拉丁文这件事并未改变，但中学教育对拉丁文的态度已改变。在 1700 年或 1750 年，大家都认为教拉丁文就只是讲拉丁文本身，没有人说拉丁文能"塑造心智"，也没有人称赞其为一种"修炼"，更没有人认为懂拉丁文后，更容易学习其他欧洲语言。人们学习拉丁文只因为它是受教育者的"沟通工具"。直到 18 世纪中叶，法国文化帝国主义试图用路易十四的语言取代奥古斯都的语言，但没有成功。当时受教育者所学的书本和重要文献都是用拉丁文书写的。拉丁文是一种实用性很高的工具，没有它抄写员就不能正常工作。但当它失去上述功能时，也就是 19 世纪初，拉丁文的其他优点才突然被发现。过去 50 年或 100 年，人们保护拉丁文，正是因为它毫无用处，也就是说只是一种装饰。有人认为"受教育者"不应学习功利性强的学科，而要学习拉丁文这种"自由"和"通识性"的学科，因为这类学科没有什么用途。

⊖ 奥地利是第一个在广泛基础上发展这类学校的国家（大约 1820 年）。当时的名字叫作布尔格舍尔，也就是"学校公民"，是自由主义教育家设计的政治宣言。受过教育的人称为"公民"，而不是"臣民"。

这不是反对拉丁语的论点，只是说明了我们高等教育的特性，这一特性是基于历史和初衷的。作为一所职业学校，写作能力是"博学"的本意，高等教育重视语言技能是非常恰当的。木匠的学徒生涯强调刨子、锤子和锯子。牧师、律师、教师、公务员的学徒时期，也就是从文艺复兴和改革中产生的高等教育时期，强调阅读、写作和足够的数学能力。因此，学校可以让其他行业的学徒去训练那些非语言技能的东西。不管怎样，生活教会了大多数人免费的非语言技能：经验和表现。

对于抄写员以外的职业，正规教育被认为是障碍而非资产。

40 年前，当我在一家出口公司当学徒时，被认为"受教育过多"，当时我已经中学毕业了。那家公司的学徒，包括老板和他的儿子，没有一个像我这么晚才开始工作。他们 14 岁时就开始工作，都认为自己接受了足够的教育，当时整个社会也这么认为。

然而，如今求学成为每一个人成长的必经过程。不过，为了这样的目的，语言训练已经不够，更不用说富有成效了。我们不能再假定大多数人在学校外能获得足够的非语言经验。大多数人在人格形成阶段，都是在学校获得最重要的学习经验，接受抄写员的教育。不过，这种教育过于片面，有太多限制，太局限于职业训练，根本不是"通才"或"通识教育"，实际上也没有真正的教育意义。目前，学校的最大缺点和年轻人承受的最大痛苦是语言这个紧身衣，当然还有体育课程，而且我们也需要这种课程，但人类绝不只有语言技能和肌肉。

在一个人的成长过程中，最迫切需要的是成就感，唯有有所作为才能获得成就感。然而，学校并不允许成就感，在"学术训练"中学生难以有所作为，只能初露头角。在求学阶段，学生在语言方面能做的只是重复前人做过的事或说过的话。

以前的教育工作者别无选择，只能教授他们仅有仅知的学术领域，学生们要是知道一直视为特权象征的学校竟然是这样，肯定会感到愤慨。在这种情况下，学校会扭曲性格，而不是塑造性格。学校变成无趣、缺乏刺激、缺乏成就，也缺乏满足感的地方。孩子们的闹事我一点也不觉得奇怪，我惊讶的是，在学校大部分时间里，大多数学生是多么无聊，而他们竟然有如此强的忍耐力[⊖]。

学校的问题跟校长们定义的"标准"问题无关，换句话说，这与"更努力地工作"和"做更多的事情"无关。我们在各行各业学到的知识，也能应用在教学工作上。我们需要"更聪明地工作"，需要做与众不同的事，而且用不同的方式去做。

职业教育是以传统方式教导传统工艺技能，只不过是在教室内教导，而不是在商店里。事实证明，没有什么会比传统的"职业教育"更死板的（假定与所有证据相反，职业教育曾经灵活过）。

⊖ John Holt 的 *How Children Fail*（纽约：Pitman Publishing，1965）描绘了受过教育的白人中产阶级和上流社会家庭中聪明的孩子在学校过得非常无聊的可怕画面。

"职业教育"传授的技能已经过时。我们可以预期，等到学生毕业进入职场，在职业学校学到的汽车维修、木工甚至烹饪技术，都已经不再适用。无论如何，这不是教授技能的方法。今天教授一种技能应该注重知识基础，有系统的学习课程，也就是通过"课程计划"来教导。

然而，当前职业教育最糟糕的部分是被视为"二流"训练来管理，那些"不够好"、不能通过"学术"课程学习的年轻人正在被送进"职业教育"。让他们不会在街头晃荡闹事，远离恶作剧，等年纪大一点再离开学校。

现代社会需要的是具备知识基础的人。我们不需要太多只懂得纯理论的人，但需要很多能将理论应用到实际工作中的人。这些人必须是"技术专家"，而非"技能工匠"。最能干的年轻人、最有天分的知识分子和最聪明的人比那些笨蛋更需要具备"技术专家"的能力，通过以知识为基础的技能，把知识应用到工作中。同时，学习上比较迟钝的学生也需要具备知识基础，以获得任何值得拥有的技能。

换句话说，我们必须用技术人员教育来取代今天的"职业培训"。技术人员教育应当是"普通"教育，是真正意义上的"通识"教育，是未来大众教育的基石。

学校对认知与情绪的训练和养成也同样重要。无论我们认为教育的目的是什么，都要做到这一点。受过训练的认知、情绪管理与谋生能力有关，也跟成熟的人格有关。首先，作为人类，本来就有认知和情绪。事实上，孩子的心智主要是由认知尤其是通过手部的触觉感知形成的（正如当代杰出心理学家、日内瓦的让·皮亚杰，经过无数次观察证明的那样）。不管个人能力、意愿或长处如何，只有在有所作为的经历中，也就是在既有客观标准的挑战下，才能训练、开发、管理认知与情绪。

对初学者而言，只有艺术有这类标准存在。小时候，钢琴老师常对我说：你不可能像真正的音乐大师那样弹奏莫扎特的曲子，但你没有理由不效仿他们。即使是最低级的初学者，在所有艺术中也有绝对标准。要表演得好，就需要直接体验，才有成就可言，写诗或写短篇故事也一样需要表现。不过，因为写作比较抽象，所以语言领域的层次较高，初学者的学习情况从表现上比较难看出来。不像有直接体验的表演或平面艺术，比较容易看出初学者的表现。

现在音乐鉴赏是一门受人尊敬的学科（虽然小孩可能觉得非常无趣，因为他们从未有听过那么多音乐，却必须记住那么多名字）。不过，弹奏乐曲或作曲却被认为是业余活动或"职业训练"。即使学校被当成抄写人员进入职场前的训练机构时，这种见解也很不明智。当学校成为大众教育时，这种想法就更失之愚蠢。

我现在谈论的不是新学科，而是在讨论必须以不同的假定来设计教育。以往各级学校都假定自身是一个实体，是大多数学生最后就读的学校，是学生毕生唯一能学习特定学科或职业技能的地方。不过，现在正确的假定是，大多数学生都会从不同阶段的教育往更高阶段发展，当他们长大成人进入社会后，还会再回学校受教育。我们当然需要各类教育，也需要多元化教育。然而，我们不再需要问年轻人在 12 岁、15 岁或 17 岁这辈子求学生涯即将结束时，他们必须知道些什么？我们可以假定年轻人的求学年限至少是 10 年或 12 年，甚至更长。我们现在知道，学习方法而非学科是年轻人最重要的学习选项。换而言之，最重要的不是特定技能，而是运用知识和系统化学习的通用技能，以此作为提高工作绩效、习得其他技能、获得成就的基础。

教育工作者早就知道，这是比较正确的教育目的，过去没机会实现这个目的，现在他们拥有几百年来梦寐以求的机会——长达数年的普及教育。今天的教育家可以利用普及教育，把一直想做的事情做好。但结果将带来与我们现有想象截然不同的学校和教育。

教育工作者再也不能假定别人会替他们做好教育工作。在大家进学校念书，直到成年时期，学校已成为任何人学习做人和发挥作用的地方。

延长教育年限与继续教育之间的冲突迫在眉睫，这将对教育内容和结构提出完全不同的挑战。

过去数十年，人们一直主要依靠经验开展工作，"学校"和"工作"位于不同层面。人们开始"工作"后就"不再上学"了，相反人们在学校所学的东西，却要延续到整个职业生涯。因此，年轻人在步入社会前的求学期间，必须及时接受早期的填鸭式教育，在学校学习通用理论、概念和知识。由于时间总是不够用，结果就是持续不断的压力要求延长教育年限，也就是让年轻人在学校待得更久。

然而，当知识应用到工作中时，我们需要继续教育，也就是说，既有经验又有成就的成年人要不断回学校进行正规学习。既然如此，一开始就试图要求年轻人学会一切变得毫无意义，甚至根本就是非常荒谬。年轻人尚不清楚 10 年或 15 年后自己会需要什么知识，也逐渐了解自己所需知识目前还学不到。现在大家都知道，工程师毕业 10 年或 15 年后，原有知识就已过时，必须回到学校接受"再培训"，这在医生、数学家、会计师和教师身上也是司空见惯。简单说，只要是靠知识工作的人都必须这么做，我们目前应用的是知识，而非经验，这让变革不可避免。因为从定义来看，知识就是创新、探寻、询问与变革。

那么，人们知道得越多，在工作生活中就越频繁回到学校。学习的人越多，就越依赖有组织的学习，就越容易养成上学的习惯。不过，人们知道得越多，就会越觉得自己无知，也就越觉得获得新能力、新知识以及反复磨炼知识的必要性。

"成人教育"已有100多年的历史，不过，以往这是为受教育程度低的成年人提供教育机会，其目的是让聪明但贫穷的成年人可以接受同时代富有年轻人所受的教育。在"二战"以前，受过高等教育者的继续教育一直局限于军方。然而，现在这类教育却是我们教育体系中增长最快的部分，普遍存在于各行各业。学术界对任何一个人过了青春期还想再学东西持怀疑态度。不过，至少没有人在公开反对继续教育。

但是大家并未完全了解继续教育的含义。

其中一项是我们现在可以知道，一个人职业生涯中，哪一段时期学习特定学科最好？我们现在可以决定学生何时该接触哪些学科，而不是坚持让学生在学校压制下学习哪些学科，也就是坚持让学生在早年就学完所有学科。如果某项学科在个人获得经验后再学比较有利，就该推迟到个人获得实践经验后再学习。因为我们现在越来越相信，有实践经验者确实会再回到学校。

经验丰富的成年人，在许多学科的学习上情况较好，管理就是其中之一。在法律、医学、工程、教育、建筑和其他许多领域也一样，而没有经验的年轻人比较难学会和初学者根本不需要的领域也属于上述方面。在任何实践中，最重要的领域通常是经验丰富的人最容易获得，对个人也最有意义。

今天，我们试图让没有经验的年轻人通过"模拟"现实生活经验来理解这些领域。这是"案例研究"的精髓，但是用真正的直接经验作为这些领域工作的基础，岂不是更好，也更容易一些。

也有一些领域，只有高层从业人员需要大量知识。对于一个管理人员来说，了解更多组织规划的知识是必不可少的。不过，这些知识对年轻工程师来说未必有用，在个人等待晋升的时候，我们要确定将努力放在有益之事上。我们企图尽最大努力把这些知识强行灌输给年轻人，后来大多数年轻人不是没有晋升到用得上这些知识的职务，就是等到获得了这个职务时，早已忘记当初所学。

继续教育不必是专业人士的特定学科。对于有经验的成年男子来说，哲学和历史之类得通识学科或许更有意义。年轻人比较需要专长，也能学得快，如同本书第 16 章的讨论，目前所需的"专长"不是生物学，也不是现代史，而是应用领域的知识，如环境控制或远东地区研究，需要结合许多传统专业学科，才能形成有效的知识。

毕竟，人类的自然演进，不是从通才变专才，而是从专才变通才。因为，让人成为通才的是掌握某项专长的能力，以及将专才与其他事物连接在一起的能力。当然，年轻人需要打好基础，也要有远见，但综合概括在很大程度上对他们没有任何意义。

因此，继续教育可能才是真正让人成为通才的教育。在继续教育中，我们注重的是整体，是"大局"；我们可以从"哲学的高度"看待事物，可以问："这一切总体上意味着什么？"

如果让教育工作者思考这个问题，他们会理所当然地认为既需要延长教育年限，也需要继续教育，其实这两者其实是对立的。延长教育年限假定我们为生活和工作做准备，把更多知识塞进年轻学子的脑袋里，继续教育则假定学校与生活融为一体。延长教育年限假定人们只在成年以前学习，继续教育则假定成年人能把某些事情学得最好。最重要的是，延长教育年限假定年轻人远离职场和生活越久就能学到越多；相反，继续教育则假定人们在生活和工作上经验越多，就越渴望学习，也越有能力学习。

等到继续教育成为一般标准，我们就会质疑：年轻人花那么多时间坐在教室里到底有没有必要或有没有用？对于现在的风气——把年轻人留在学校直到中年，我们非常不耐烦。换句话说，我们会重新发现经验，但这是以知识为基础梳理的经验。

经验表明，继续教育的假定比延长教育年限的假定更为有效。教过在职学生的老师都会惊讶于学生的学习热情、学习动机和优异表现，这是各个继续教育项目的共同经验。这些在职学生都在社会上从事正当职业，一年中只有部分时间来学校学习[⊖]。

"二战"后，退伍军人根据《退伍军人权利法案》大批涌入美国校园。这些退伍军人的学习能力和意愿，就是经验影响学习最令人印象深刻的例子。当时每位教育工作者都"认为"，这么多学生的加入必定会"降低"学术标准。事实并非如此，每位教师都发现真正的问题是，这些学生太优秀了，教师们反而无法满足他们的需求。同样地，针对未受过高等教育的成年人开设的继续教育课程也表明，这些学生的学习成绩远超过最优秀的年轻学生，他们或许需要一些时间来适应系统化的学习，但其本身拥有强大的学习动机、领悟教学内容的能力，利用理论概念组织自身经验的能力，这些可以弥补自身的不足。

⊖　例如，俄亥俄州黄泉市安提阿的"教育合作项目"，辛辛那提大学工程系学生的教育项目，佛蒙特州本宁顿学院的"非当地居民教育项目"。

延长教育年限代表的仍是传统教育，而继续教育确实比传统教育前进了一大步。继续教育是向知识为基础的社会转型的必然结果。继续教育让学校成为生活和工作的一部分。当然，如果知识是人们组织经验的基础，那么经验必须不断反映到知识工作中，让我们知道自己所知所行的意义。在知识社会中，学校和生活不再分离，是一个有机连接、相互反馈的过程，继续教育正试图做到这一点。

因此，随着继续教育的发展，可以预期继续教育将与延长教育年限产生冲突。接着，我们必须面临一个政策决定：要继续延长年轻人的教育年限，还是延长人一生的教育年限。也就是说，还没开始工作的年轻人不必接受这么多年的教育，或至少不再延长受教育时间。

这是教育工作者尚未正式面对的问题。事实上，大多数教育工作者并不怀疑这个问题的存在，不过，教育爆炸对社会的影响巨大，教育工作者终将无法逃避。

教育的社会影响

对每个人来说，高等教育都是一项伟大成就。然而，成就越大，付出的代价就越高。因此，高等教育的普及也必然会付出极高的代价。事实上，延长教育年限对社会造成的影响，会带来前所未有的问题，也是我们还没准备好要处理的问题。

（1）让每个人待在学校求学直到 18 岁或 20 岁，反而大幅延长了青春期的时间。青春期不是一个自然"阶段"，而是人为的文化状态。青少年同时生活在两个年龄层，他的"文化年龄"比实际年龄要低。

实际年龄由实际存活的岁数决定，这是生理岁数，也控制生理和心理成熟度，但与整体社会或文化无关。

不过，营养相当重要。现代人营养比较好，所以就算活得更长，还是比我们祖先在**生理**、**心理**上都要更早成熟。有关祖先们性早熟的故事，目前仍并不为人所知，但现在西方国家及日本的男孩女孩，比一两百年前的祖先们提早好几年达到性成熟阶段。

然而，文化年龄是由个人预期寿命决定的，或至少是一个人富有生产力的年限决定的。文化年龄在很大程度上决定了人们对个人的期望行为以及**情绪**成熟程度。因此，我们预期寿命越长，人们的文化年龄就越低。一般认为，目前 25 岁的年轻人，到 65 岁还很健康，而且文化年龄比 100 年前 15 岁的年轻人还低。因为 100 年前人们大多数只能活到 35 岁。但事实上，25 岁的现代人比 100 年前 15 岁的人更年轻，情绪上也更不成熟。不过，就生理上来看，或许甚至心理上，目前 15 岁的男孩可能比 100 年前 15 岁的男孩成熟。因此，今天 15 岁的男孩在身体上（甚至可能在精神上）比那时 15 岁的男孩成熟，现在 25 岁时才开始文化成熟，这一差距就是青春期。

青春期是一项新发明。歌德出版了第一本书《少年维特的烦恼》时才 20 岁，之后青春期这件事才广为人知。这本书出现于 1770 年并非偶然，那正是重大事件出现之时，包括瓦特的蒸汽机、亚当·斯密的《国富论》以及第一批活得比传统预期寿命长的阶级，也就是西方商业革命中的城市中产阶级。

青春期必定是一个人的能力和家人对他的期望及允许做的事之间的冲突期。这是一个模糊不清的时期，成人世界总是告诉青少年要"按年龄行事"，也就是说，要按生理年龄行事。不过，也有人告诉他，不要让大人关心他，也就是说要按照他的文化年龄行事。青少年怎么做都不对，要么按生理年龄行事，要么按文化年龄行事。因此，这无论对青少年本人，还是对社会来说都是不可避免的一个问题。

在传统社会，一直到 18 世纪都没有这个问题，因为根本没有青春期这件事。小孩们通过启蒙仪式成为年轻的成年人，这类仪式包括原始部落的割礼、骑士仪式或离开家去当学徒。从那一刻起，人们期望他把幼稚的方式抛在脑后，成为一个成人世界的年轻人。

延长受教育年限自然而然会延长青春期。实际上，学校已设计成为保存青春期的机构。学校里让年轻人留在最不自然的社会，一个是由同时代人组成的社会。即使学校尽可能把实践和体验加入课程中，整体上还是有限的、确定的、可预期的。一个学生决定主修东方语言，而非数学，他应该知道选择哪些课程？参加哪些考试？先修哪些课程？在学校里，学生根本不太可能成为成年人。

接受过良好训练的年轻医生，就是青春期延长的最佳实例。这群人知识丰富，从病患和同事身上看到生老病死，看到人类的愚蠢、贪婪和怯懦，也看到人类的决心和勇气。然而，他们在 30 多岁时可能仍然是未成年的青少年，也就是说在实践训练 5 年左右都是如此。只要他们还在受训，扩音器或电话会叫醒他们，时间表会告诉他们该做什么，主治医师或主任会做最后决定。他们就是不被允许成为大人。同样地，年复一年待在学校求学的研究生，也出现这种青春期延长的症状，所处环境只强调他们的"前途"，几乎没有强调目前的表现。

不论通过延长教育年限来延长青春期的做法是否明智，都没有关系，反正我们已经做了。如果没有必要，我们当然不想这么做。虽然有迹象表明延长青春期可能成为一种慢性疾病，但大多数人都能康复。不过，对社会来说，这并不是一个健全的状态，对个人而言更是如此。社会上大多数身体健康、受过高等教育、前途无量的年轻人，却生活在被忽视的青春期状态中。他们既没有长成大人，也没有生产力，也不再是孩子。在这样的社会中，青少年的不法行为、草率的婚姻关系和不断攀升的离婚率到处可见。青少年在承担责任时因得不到权力和机会而备感沮丧。况且，社会被年长者统治，尽管表面上是由青少年做主。如果像时下青少年的口号一样，觉得 30 岁以上的人不可信赖，这些年轻人实际上就是主动放弃了权力。他们已承认，自己既不可能成为权力伙伴，也不可能推翻权力。

换句话说，青少年有十分正当的理由忧虑，但我们束手无策。唯一的治疗方法就是让个人尽早摆脱青春期，而不是被一个僵化、缺乏想象力和程序化的教育体系无限期地限制在青春期。青少年需要在求学期间有机会去体验、去表现，他需要的是有机会去做昨天的孩子没有特别努力做的事：作为一个年轻人与成年人一起工作。

在学校里，学生需要获得一些经验、一些成就和一些表现的机会，要解决青春期的问题，必须在成长及求学的过程中，多给一点获得经验和表现的机会（特别是艺术方面），我们必须让年轻人在工作中考验自己，花几年时间做一个成年人的工作，然后根据自身意愿再回到学校进修。

例如，我们迫切需要扭转美国研究生院的办学趋势，严格限制在职学生修读学位的倾向，这些人白天上班，晚上到学校上课，当然会给学校管理带来麻烦。这些在职学生比没有工作的全职学生更容易在硕士或博士课程中辍学，也更不听话。老师不喜欢课堂上有人比他们更了解上课的内容。然而，如果为了教育者管理的方便，就牺牲这些好学不倦的成年学生，根本就是危害社会，也不会为社会所容忍。

几百年来，教育工作者都很恰当哄骗学生延长教育年限。他们看到最聪明的学生，在刚开始学习某些知识时就要离开学校，看到更多聪明的人根本上不了学。几百年来，教育工作者有充分的理由为教育普及而努力，让大家都能够接受教育。

他们已经实现这些目标，到目前为止，只有美国把高等教育视为一个"权利"，但这种情况没过多久在其他发达国家也会成为普遍现象。不过，既然现在我们已拥有人们要求的教育年限，就没必要再延长。现在教育工作者的目标，必须让教育发挥作用，而不是延长教育年限。最重要的是，教育工作者的职责是思考清楚：如何让人在更短时间内获得足够知识，而不是找借口让年轻学子多读几年书，今日的工作是避免青春期不必要的延长。

（2）延长教育年限引发另一个新问题，为数较少的年轻女性在应该接受正式教育的年纪辍学，这些人越来越难以就业。

美国就业统计数据仍然包括 14 岁以上的"从业人口"，但在美国未满 18 岁或 19 岁不能真正就业。因为舆论认为未满 18 岁或 19 岁的人应该在学校求学。如果这些人有工作，也不是"真正的工作"，而是"暑期打工"或"周末兼职"，这类工作跟日后从事的工作，或在成人世界的工作无关。最近，纽约地铁刊登了一则"公共服务广告"，就生动表现出这一点。广告中有一位体格健壮的青少年，外加一行说明：孩子，如果你现在辍学的话，这辈子别人都会这样叫你。

这种情况在美国最为严重。无论何时何地，只要延长教育年限，就会出现这种情况。根据各方面的报道，苏联某些城市已出现这种情况，日本也一样。

目前，日本可以聘用青少年从事某些工作。工业化以前的日本传统产业，如小型商店、漆器工厂或丝织厂，依旧需要中学毕业的 15 岁男孩从事某些工作。不过，除了在北方偏远地区的贫穷的村庄（在文化和经济上有点类似美国南部的偏远地区），中学毕业生不再允许就业。因此，日本传统产业因为人力短缺而逐渐萎缩。这件事表明，在日本，不论哪一个流派的年轻学徒，原本认为自己从事的是既有体面又有保障的工作，立志成为独立工匠（或者被师父选为继承人），突然会觉得流离失所、无依无靠、不知所措。在这种情况下，这些人大多加入创价学会——一个在与信息社会疏远的宗派。

在美国，这种情况对都市年轻黑人造成的威胁最大。仅一代人就从乡下文盲跃升为接受 12 年学校教育的人，这比美国其他群体或任何其他地方的群体要实现的转变都大。以色列的东方犹太人，也面临同样的情况。

不过，如果美国都市里的黑人男孩在 18 岁以前辍学，他就是一个"孩子"，不是一个成年人。像勤杂工、送货员、停车场服务员、园丁等传统体力工作仍然存在，而且工作机会或许也会增加，但工资却很低，又没什么保障。只是这些工作总比传统无技能临时工作的工资要高。年轻黑人无论在经济上还是在心理上都需要这份工作，却难以拥有。因为从文化上看，辍学者是"不可以被雇用的"，即使在自己眼里，也觉得好像不对劲。

辍学是社会的失败，是教育工作者的一大败笔。教育工作者不知如何吸引年轻人，把年轻人留在学校，直到社会愿意让他们工作的年龄。教育工作者没有履行其首要责任，即对学生的责任。我们评价这些学校的标准是吸引和留住潜在辍学者的能力——通过让学校更有意义、更令人兴奋和更有回报来增强吸引力，而不是通过强迫或降低标准的方式留住学生。

辍学是对教育质量的控制。今天很少有学校和教师能通过这次考核。大多数不辍学的人留在学校不是因为他们愿意，而是因为承受了来自父母和社会的压力。在精神上，大多数白人、中产阶级的年轻人也都是辍学者，只是因为父母和社会的压力才继续在学校上学。

青少年和辍学的双重问题表明，我们必须学会设计满足个人需求的学校课程。也就是说，学校课程由标准单元组成，可以满足个人需求和意愿，而且这些课程必须呼应我们真正了解的一个事实：没有两个人的成长过程完全相同。

（3）延长学校教育带来的最严重影响就是有文凭与无文凭之间的"文凭

屏障"。这也带来了威胁——把美国社会一分为二，这在美国历史上是前所未有的。美国正处于险境，只把机会提供给高中毕业，尤其是已大学毕业的人，然而这些人还不到年轻人总数的一半，即使普通工作也越来越多地留给这些至少完成高中学业的人。我们正在否决知识社会中人数众多群体的完全公民权，这些人当中有 15%～20% 的人可能在获得高中文凭之前就已经辍学了。同时，我们正在大幅削减一半人口的机会，只因为他们没有大学文凭。

这种情况不仅是美国历史上的新现象，也是相当愚蠢的事情。从历史上看，美国社会的最大优势就是乐于利用人力资源，愿意将能力、抱负和奉献精神投入到富有生产力的领域。我们从来没有完全做到这一原则，以往我们会把这项原则应用在妇女身上，对黑人的情况则漠然视之，但我们从未像现在这样如此明确地否定这项原则。

不提供机会给没有受过高等教育的人，就等于拒绝了让许多能力卓越、富有智慧、潜力巨大的人做出贡献。除非在学术界工作，否则学术能力跟生活能力、工作能力并没有太大关联，我们没有理由认为文凭能证明个人能力。人类发展的成熟度太不均衡了，以至于不能把对文凭的信任作为对一个年轻人"潜力"以及未来表现和能力的最终检验。即使对有文凭或无文凭的年轻人做出的错误判断只是一小部分（比如说，1/4），我们也不能失去那些被不公正或错误抛弃的人。事实上，这个比例肯定要高得多。因为即使在白人中，高中毕业后上学在很大程度上仍属偶然之事，这与家庭传统、财富、地方习俗或遇到好老师有关。可以肯定的是，美国现在每年有 3/4 或更多大学毕业生的父母没有受过大学教育。相反，在没受过大学教育的父母的子女中，至少有半数以上是因为在有特别激励的情况下才会上大学。

只向有文凭的人提供机会是愚蠢的。这种做法是在否定美国的基本信念，否定一直以来被经验充分证实的信念。或许在文凭控制少数机会的国家，采取这种文凭屏障是有道理的。或许在阶层分明的国家，"精英教育"（这是英国人发明的一个特别难听的词来控制发展机会）可被视为扩大各种机会的渠道。只不过，我预测这种新的僵化制度会像以前的阶级壁垒一样让人窒息和压抑。在美国这个从未实行阶层控制的国家，如果以文凭代替表现作为获得机会和进步的关键，就等于是对个人、社会进行压迫和伤害。

我希望十年内看到，州议会或更高层次的机构提出禁止在求职信中提到任何有关受教育程度的问题。比如，现在许多州已明令禁止求职信中提到种族、宗教、性别和年龄的问题。如果可以的话，我一定投票赞成这项提议。其实，学术能力也具有一定的偶然性，本身并没有太大意义。

当然，禁止求职信中询问这类问题，就跟禁止求职信中询问种族等类似问题一样，对黑人就业机会的帮助其实微乎其微。我们必须打破文凭屏障，让有能力、有抱负的人可以获得机会。即使他们没有在课堂上坐足够长的时间，也无法符合校长的要求，但他们一样有能力。雇主们尤其是大企业必须重视员工以往的绩效和成就意愿，而不是只看文凭这类正式条件。事实上，在招聘大学毕业生上花的钱，如果用来招聘没有文凭但有能力的人是非常划算的。在各企业都要雇用大学毕业生的情况下，无法期望真的能招到非常优秀的人才。事实上，只能找到一些平庸之才，除非高薪招揽。也许在那些没有上过大学者的"池塘"里，"大鱼"更少。不过，在没有人捕鱼的"池塘"里，雇主找到一条"大鱼"的机会反而比在大学毕业生中找到"小鱼"的机会大得多。

一旦我们识别出那些没有正式文凭的能人，我们可以让他们非常容易地获得知识。如今，在美国很多城市的任何一个地方，都可以非常容易接受继续教育。

学校也必须为这些没有正式文凭但成就突出者设计获取文凭的课程，即使他们没有坐在教室上课，也没有获得课程学分，也应该有资格获得文凭。学校必须承认这样一个事实：文凭已成为获得工作机会的通行证。因此，学校有责任设计一条肯定成就的类似途径，也就是不依靠文凭独自闯出一条路的人可以获取文凭的途径。这一途径至少跟循规蹈矩获得正式文凭者的途径一样好，一样值得尊敬，也一样有价值。学校为这些人设计课程，当然是一样的高标准，跟正式上学取得的文凭标准没有任何差别。

如果不消除文凭屏障，知识提供的机会就会变成梦魇，文凭也会变成歧视的象征，这对贫民区贫困黑人来说已是事实，这也会让经济社会更加穷困，剥夺长期累积的巨大人力资源储备。如果不消除文凭屏障，我们的理想将会被消磨，我们的职业会被嘲笑，或许更糟糕的是，头衔的自负将取代成就的骄傲，成为知识社会中支配一切的情绪。

新学习和新教学

像学校这类机构经历快速扩张后，往往会颠覆原有的基础和结构。当这种扩张达到一定程度时，量变就会引起质变。虽然我们不知道程度如何，但目前学校的扩张已远远超了这个程度。这种扩张会扭曲和摧毁任何已有的教育结构、教育观念和教育体系。

教育家们仍在谈论局部的变化、调整和改进，很少有人认为教育必须发生根本性变革。然而，在未来几十年内教育很可能因外部的巨大力量而完全改变。

首先，教育必须改变是因为教育正陷入一场重大的经济危机。我们负担不起的不是教育的高成本，而是教育的低效率。我们必须从巨大的教育投资中取得成效。之所以如此，是因为我们不能无限增加教师规模，而且很少有人知道只花钱并不能增加教师数量。不管我们花多少钱，如果人才的供应耗尽了，花再多的钱也找不到更多的人，只会哄抬价格。我们的教育正处于这样的境地：增加教育支出，只是抬高人才的价格，并没有增加人才的供应。如果想有足够的教师，就必须提高教育效率。

可以不太夸张地说，如果按照当前趋势继续，到 1999 年，美国的一半人口将站在前面教书，另一半人口坐在后面学习。下午 3 点，下课铃一响，两边交换位置，教师变学生，学生变成教师。当然，这种情况不会发生。

今天的教育需要太多人，但实际上做这项工作的人应该不要这么多。今天的教育有点像 1750 年的农业，当时大约需要 20 个人在农场工作来养活城里 1 个非农业人口。我们必须提高教师的工作效率，成倍扩大影响力，提高教师的技能和知识，倡导奉献精神和更努力的工作。否则，即使花光所有教育经费，也找不到更多的教师。

即使是最富裕的国家，教育的效率也太低，给穷国带来的负担更加沉重，并阻碍经济增长，这等于是自讨苦吃，最后却一无所获。

以今天的印度为例，其受教育人口比例远大于美国、日本 100 年前在同样发展阶段的比例，其教育支出占国民总收入的比例超过美国。从统计数字看，这样的成就令人吃惊，上学儿童比英国人 20 年前离开时多了 4 倍，市区的社区大学如雨后春笋般涌现，其数量已接近俄亥俄州、艾奥瓦州 100 年前的私立高级学校数。

不过，这些教育方面的巨大努力，并没有取得明显成效。100 年前美国和日本的学校教育，培养了足够的受教育人群，促进了经济社会的巨大进步。然而，今日印度付出同样的努力，成效却不明显，即便在土耳其、西非、马来西亚或哥伦比亚也是如此。

今日让一个国家迅速发展的教育门槛，显然比 100 年前高得多，然而，教育效率和效益仍与 100 年前差不多。

我们如今走向又一个教育危机，到处都是公开反抗教育机构的大学生。他们都不再考虑课堂"相关"的东西，"毫不相关"成为教育面临的最糟糕的事情。更糟糕的是，如今的小学生都觉得学校非常乏味，小学生当然不能靠占领学校或集体组织来表示反抗，但是他们有一件更有力量的武器——可以停止学习，这显然是各地学龄儿童想做的事。他们已经熟悉了关于效益的一套标准，因此难以忍受教育的极度低效。

仅在一代人以前，各地的学校才开始向学生开放，给学生带来的体验与乡村、家庭的环境相比，可以说是更加丰富多彩。即使是启蒙书中熟悉的词也令人兴奋，有声有色，令人遐想。尽管教学方法很糟，纪律严明，缺乏想象力，不过进入学校仍然像冒险一样有趣。

如今在偏僻原始的地区，上学仍是件有趣的事。例如，在墨西哥的农村或印度尼西亚，虽然校舍简单，设备不好，孩子们仍成群结队进入新成立的学校。他们在学校里充满热情地学习，教科书展现的新世界令他们兴奋不已。

不过，在发达地区，学校已不再是进入新经验的途径，也不再是教育工作者，而是一个相当苦恼和乏味的替代品。即便是在农民家里的学龄前的儿童，也可以通过广播和电视看到新世界，这是一种更为直接有效，更引人注目的方式，最有才能的教师也难以与之匹敌。无论要表达的意见是什么，广播和电视在表达形式和风格上，既熟练巧妙又富有教育意义。

很少有信息能像 30 秒钟的电视广告那样精心设计、表达清晰。在电视广告中，每一秒钟都很重要，每一个动作都是平衡且合拍，每一个字都带有魔力。很少有教师在整个职业生涯，用于思考和准备教材的时间，会像为拍 30 秒钟电视广告那样费心。对于小孩来说，他们并不在乎卖的是啤酒还是牙膏，重要的是广告传递了易懂的消息、清晰的画面和合适的时长，正好是一个小孩注意力能够持续的时间。在方法上，这是无懈可击的学习[○]，实际上也具有理想节目类型的三大关键要素：材料的有效连接、因重复而生效果、学习者乐在其中且不断自我激励。

如今的儿童进入学校时，便有了不同的理解和期望。上一代人在没有比较的情况下能接受的教学水平，却会使电视时代的儿童感到无趣、反感。其实，他们很可能比上一代人更乐于学习，事实上已经受到过多刺激要来学习。忽然间，三四岁的孩子已非常渴望学习，尤其当电视把视觉、触觉和心理体验混合在一起来做教材的情况下更是如此，现在大肆宣传的与电脑相连接的"会说话的打字机"就是一个例子。

○ 电视居然对于儿童有如此大的吸引力，我们应该关心节目内容是否含有性暴力或者强调物质索取。

来自黑人聚居区贫困儿童的问题，可能部分是因为在入学前学了太多东西。研究表明，这些儿童大部分时间都在电视机前度过，在贫民窟里几乎没有其他的体验和刺激。因此，他们在上学时可能期望过高，期望学校与电视有不同的认知形式。他们可能真的生活在麦克卢汉的"后文人"世界里。

当然，孩子们不知道为什么觉得学校无聊而不是令人兴奋？为什么令人窒息而不是信息丰富？不过，孩子们已经熟悉了电视和广播，对于比电视和广播水平低得多的专业能力和教学效果，他们的回应就是根本不学习。

教育的迷思与知识

同样重要的是，我们现在才开始具备改变教育的知识。教学是人类唯一的主要职业，因为我们还没开发出一种让普通人具备能力和绩效的工具。在教学中，我们推崇"天生之才"，也就是那些与生俱来就会教学的人。不过，似乎没有人知道天生的教师能做些什么旁人不会做的事，也没有人知道他们不做哪些我们会做的事。"天生之才"是非常稀缺的资源，没有人能够在求学期间遇到"几位天生的教师"，事实上，许多人在 12 年或 16 年的学校生活中都不曾遇到一位好老师，我们在学校的时间越长，就越少有好的老师，通常来说，学习体验越差。

这种过程似乎是无法预测的，教育也没有衡量标准。统计数字能告诉我们，学校有多少人上学、有多少人毕业，但是没人知道学生是否学到东西，更不必提学了多少。我们在教育方面付出很大努力，花了很多钱，但是具体能得到什么并无定论，只能靠希望和信任。

我们需要的不是"更好的老师"。事实上，我们不能指望"更好的老师"的数量突增。人类不断努力，却使人类作为一个种族而整体得到提升。我们可以获得更好结果，那是因为我们给同样的人适合的工具，并把他们的工作组织起来，我们需要"更聪明的学习"。

有人认为，我们有教师培训机构提供各式各样的教育培训课程。但这是自欺欺人，师范学院所做的是一些急需和有用的事情，但不是教任何人如何教学。这些学院是招聘机构，招募具有潜力的教师，并给他们一个证明，以保证其就业并提供终生教职。这也给了他们自信，当然这不是一件小事。然而，除此以外，很难看出这些学院的毕业生和昨日在中西部农村开始教学的17岁高中毕业女生在所知所行方面有多少不同之处。

教育工作者不知道如何训练未来的教师，这并非他们的错，这就正如不是1700年巴黎大学的医学教授的错一样，法国作家莫里哀笔下毫不留情地（但仍然不够苛刻）批评这些医生，因为他们不知如何教学生看病和治病。病人是需要医治的，渴望知识的人要接受教育，即使一无所知，需要做的就是尝试。

关于学习和教学，我们仍然知之甚少，但我们知道，人人皆知的有关学习和教学的一切多半是错误的。这一点可以说是一个非常大的进步，也许比今日我们所知的新科学和新技术更加重要。

由于近年在学习和教学方面的研究，结果有三个具体发现，也有一部分是从研究学校实际情况中得到的。

（1）有史以来我们就有两类关于学习的基本理论。行为学派认为，学习是一种经过反复练习形成心理习惯的机械化过程。反之，认知学派却认为学习是理解、意图和洞察力。然而，两派都认为它们势不两立：学习要么与行为有关，要么与认知有关。我们现在知道这是错误的，两者互相补充，只是各自处理的事情不同。人既有行为也有理解力，有习惯也有反思，两者共同构成了知识。

用外行的话来说，我们现在所知道的可以用"能学的不能教，能教的不能学"来表达。同时，我们也知道，人只有先接受教导才能开始学习，而且除非学习足够努力，否则光教导是没有用的。

（2）教师一直都知道学生有"聪明"和"愚蠢"之分，他们之间的区别就是白天和晚上的区别。

心理学家已证明，孩子们学习能力差别不大，学校表现的差异应该和他们在最重要最艰难的学习阶段也就是幼儿园时的差异不相上下。不过，我们从皮亚杰的开创性研究可知，幼儿在节奏、注意力和学习速度方面存在巨大差异。如果像所有传统学校教育一样压制小孩，那么"愚蠢"儿童就诞生了。如果循循善诱加以引导，学习能量就会被释放。

（3）我们一直认为教师应花时间在教室里教课，却从来没有对这种看法提出异议。换句话说，我们对于教师工作的看法，也像在科学管理出现之前对于工作的看法一样，只是猜想而已。第一个关于工作时间和动作的系统研究表明，"人人都知道的事完全不足信"。如果我们去看一看教室里的实际情况，就会再次发现这一点。当然，教师是愿意教课的，但大部分时间并不在教课，而是在照看孩子。他们大多数人都把大量时间花在监护学生上，目的是让学生安静下来。一些研究表明，教师工作效率并不低，只是花在教课方面的时间太少。当然，学校改革的主要目的之一必须是让学生学习和教师教学的时间成倍增加。

关于这些发现，每一个都还有些补充。

关于第一点，"学习"是获得信息，这是一种机械化过程，我们不知道学习的机制，却知道这与任何机器如电子计算机的"机制"完全不同。我们不断重复信息，直到可以自动或不经思考就做出回应，也就是创造记忆来获得信息（外行称之为"事实"）。我们就是靠这样的方法学会说话，就是靠这样的方法学会乘法表的。没有人是因为"聪明"或有"数学天赋"而学会乘法表的，都是靠死记硬背、多次反复才记住的。

然而，只有当信息作为一个"程序"呈现时，才能学习信息。这意味着，首先，材料必须在按顺序排列，由一条信息引导下一条信息。其次，这样排列必须有明确目的，必须对学生来说是合理的。最后，前面所学的东西必须一次又一次重复、一次又一次应用，必须反复确认，否则就会被遗忘。

即使是没有数学能力、对数学无兴趣的孩子，也能学会基本四则运算：加减乘除。其中原因并不是这些算法容易，相反，这是数学中相当困难和抽象的部分。即使是高超的数学家也很难解释，但是因为一次又一次重复，而且每天都使用，反复被确认，至于以后的数学题目便不是如此，这些题目使用一次后便不再用，所以很容易忘记。

要确保我们真的学会，背诵是不可缺少的，儿童时期忘记加法和乘法，很快有机会再练习和运用。但学习对数时，通常就只有一次机会，如果老师教对数时，学生当天刚好请假或因做白日梦而分心，就不会知道对数是什么。

　　获得信息的动机、诱因和奖励都必须列入程序，外界奖励并不是激励因素。在每个步骤中，学习者必须从学习行为和正确实践中得到满足。

　　只有学习者自己能完成学习，无法由"教师"代劳，教师只是学习的一项助力或是阻力。

　　连钢琴老师都不知道自己的学生哪一位会成为钢琴家？但每一位钢琴老师几乎都能立刻知道哪位学生甚至连初级水平都达不到，最多只是花几年时间找麻烦，最后忧心忡忡的母亲只好放弃。要让老师督导练习音阶和指法的学生就是这样，因为他们必须有人督促才会学习，要外界逼迫和督促才学习的学生日后就不会学习。督导会引起反抗和疲乏，学习就难以为继，所有的信息，所有的肯定，所有的动机都应该存在于学习本身的过程中。

　　另外，教学必须跟意义和洞察力有关，必须跟信息应用、引申、理解、分享及无法学习的洞察力有关。教学跟认知更相关，跟智力的关系比较薄弱，这可以通过实例来说明。教学需要一个"教师"，可以是一本书，一首曲子，甚至是学生自己，但是最好的教师是年长、善解人意、热心指导又有魅力的人，因为学习纯属个人，教学却要互助互动。

　　监督学习的教师并没有"教授"知识，只是在维持秩序，优秀教师在监督时不会破坏学习，这实际上是我们目前对"好老师"的定义。然而，即使对"好老师"来说，这么做也是浪费时间。教师的时间应用于教导，况且教师监督学生总是弊多于利。

教学不仅不那么困难，而且令人愉快。只是我们让教师去督导学习，结果才适得其反。我们滥用教师来监督学习，因为没有设计出适当"程序"，也没有提供学习所需的工具。我们让学生可以做自己想做之事——学习，结果却不允许老师做应该做的事——教学。

设计适当"程序"并不容易，我们可针对焊接或驾驶喷气式飞机之类可以定义的技能设计出适当程序。不过，要为学习历史的人设计"程序"可不容易，不了解历史而运用历史资料，就跟在没有资料情况下了解历史一样无用，不过我们确实知道一些基础的东西。

对于学生需要学习"事实"还是学习"意义"开展持续讨论，根本毫无意义。为了能够理解，人类必须拥有坚实的信息基础。只有养成学习习惯，才能更好理解。相反，只有通过理解才能学习做任何事情，包括记住所学，不论婴儿或成人，学生需要练习，也就是把资料做成有计划的系统的背诵过程，而且学生需要理解其意义，这不表示任何练习都是适合的。要学习英国国王的年代，还是拉丁文的不规则动词，其实不是重点，但是学习无关紧要的信息还学得很好，依旧比什么信息都不学，更富有教育意义。

教育学院和哲学或心理学系仍然包括行为主义与认知主义两方面，从他们的讨论中似乎我们必须在两者中择其一，似乎各派都自认为包含着"真理，全部的真理，真理之外别无他物"。其实我们应该讨论两者之间的适当平衡、关联和整合，我们需要学习和教导，因为现在我们应知道教与学虽互为相关，却各不相同，应该可以期望对两者都有更多了解。

至于第二个发现，无论我们学习什么，其困难与复杂程度不如婴儿时期最初几年所学的一半，如小时候学说话、走路、观察这个复杂世界和复杂的人际关系，甚至训练上厕所。某个小孩很早就会说话，却可能在运动神经平衡或上厕所习惯的形成比较晚。另一个小孩在 8 个月大时就会自己吃东西，却可能到 3 岁多还不会说话。换句话说，孩童顺着自身的速度发展不过

3岁、4岁时，大多数孩童已发展出各种能力，因此被认为是"正常的"。当孩子忙着学别的东西，却被家长逼着学讲话、走路或养成上厕所的习惯，他们就会闹情绪，可能口吃、尿床或恐惧不安。

这些早期技能中任何一项的学习速度都与天赋无关。晚说话的人可能会成为一个伟大的演说家，早一点学会走路的人日后不一定会成为一名运动员。真正有关的是个人的能力基础，而非具体的领域。这种相关性与学习动力、目标和专注度有关，这些都是个性形成的基础。是先天遗传，还是早期经验的结果，我们都不得而知，但跟我们这里的讨论关系不大。

这些学习模式并不局限于婴儿期，尽管年龄越小，在学习动力、专注度、学习速度等方面的差异就越大。但如果学校强行要求教师对学生实行统一教学，我们不知道有多大比例的学生会出现情绪反弹和疲乏，甚至脑筋迟钝和胆怯畏缩。如果我们让每位学童按照自己的节奏、专注度和速度去学习，最后必会跟其他小孩一样，大家都一样"聪明"，只不过是按自己最擅长的方式。

没有人认为大家在能力上无差异，但在不同成长阶段、不同领域（如音乐、体育、绘画和阅读）的能力似乎可能比整体能力的差异要大。越来越多的证据表明，人类的发展并不均衡，青少年可能在音乐能力上"超前"，但在其他方面暂时"落后"，如同一个婴儿较早学会走路，但在玩游戏和自我进食方面可能比较慢。

与速度和节奏的不同相比，能力的差异也受到社会条件的限制。黑人贫民区的2岁孩童跟郊区白人家庭的2岁孩童一样聪明，但当黑人男孩6岁入学时却变得迟钝，主要是因为缺乏肯定和认可。一个孩子"变笨"，不是因为缺乏天赋才能，而是因为大人预期他会失败。

到目前为止，我们只是大概知道在什么情况下，小孩和大人可以按自己的速度、节奏和专注力进行学习。换句话说，如果有"个人"计划，大家就能学习，学会坐，学走路，学玩游戏，养活自己的时候就是如此。

　　观察到一组孩子的学习计划时，会有惊人的发现。某个孩子研究某一学科，这段时间他的学习速度都没有改变；另一个孩子每一次开始研究学科速度最快，接着减缓，或者每 15 分钟就换一门学科；第 3 个孩子一开始速度很慢，后来加快，研究同一学科每次可以持续 1 小时，但是接下来几分钟就会换别的学科，然后又继续回到原有学科。不过，最后大家在所有领域和学科上的学习成果是一样的，而且大约在相同时间范围内完成。

　　我们还可以用另一种方式满足个人的本性，通过"大合唱"鼓舞人心，尤其可以通过这种方式为年轻人创造一个真正的团队速度、专注度和节奏，但这有赖于个人，尤其是孩子从与大家共同做事中激起兴奋，而且最好是有组织、节奏感强的大合唱。

　　如今的日本，铃木教授可以让成百上千的 3 岁左右小孩一起拉小提琴，即使不会看谱，也演奏得相当好。这些小孩拉出同一个音符、同一种节奏，跟人们大步行军一样兴奋。在一些针对黑人贫困儿童的教育实验中，通过令人振奋的集体体验方式学习字母表、加减法、阅读和写作，让全班学生在同样节奏的唱诵中喊出正确答案，结果相当不错。

让小孩受制于不熟悉的节奏、速度和专注度，强行要求小孩独自学习，而不是"集体合唱"的方式学习，这种情况下他们就不会学习。不过，这却是每所学校一直以来所做的事，不过在缺乏个人学习计划的情况下，学校也必须这么做。

第 3 个发现是，我们最近才听说一些城市贫民区教室里发生的"恐怖故事"。虽然"优秀"学校的教室是育人之地，却没什么效果。老师花太多时间教学，学生花太少时间学习。老师在唤醒、激励和教导班上某位学生时，其他 24 位学生就在做白日梦。老师无法在每位学生身上花很多时间，但因为学生无法自己学习，在老师注意到他之前只好什么也不做。

儿童做白日梦的时间确实比课堂上的时间还多。在这些白日梦时间里，有些是极其高效的时间，但毋庸置疑的是大多数时间浪费掉了。否则，各年龄层次学生大部分时候不会这么无聊，如果允许学生去学习，就可以在很短时间中获得现代学校教育的所有内容，还能让学习体验变成愉悦的经历。

我们所要做的是让教师只负责教学，不必做其他事，那么情况就会与现状大不相同，老师就有时间教个别学生，这当然是导师制度的精髓。这种做法在牛津大学和剑桥大学已实行多年，但是大学生 18～20 岁时才开始这样做实在太晚了。

大多数婴儿在上学前都要接受"教育"。贫民窟的家庭没有提供足够的教育，这是贫民窟孩子贫困的原因。我们的确把这事当作一个例外和耻辱。不过，从孩子在家里掌握基本知识到去牛津大学或剑桥大学这段时间（事实上能进入这些大学就读的少之又少）很重要，在这些年里，我们应该为小孩提供最充分的教育。

要让老师有时间教学，关键在于提高老师的教学效率。目前，我们正在进行实验（如在密歇根奥克兰社区学院），在实验中"导师"带领一个相当大的班级，但大家每周只见 1 次或 2 次。不过在两次会面之间，学生们通过设立的计划，在没有教师指导和督促的情况下努力学习。因此，导师只要负责教学就好，结果个别学生真的比一般"小班"获得更多 1 对 1 的关照。因为采取小班制时，老师大多设法让每一个学生都学到一点东西。事实上，这样做时老师也因为上课时间少，更有时间了解学生，而不是只知道学生的"问题"。

这方面我们才刚刚起步。事实上，我们必须承认对待这个情况太过简化了，不过，我们已达成两个重要结论。

第 1 个结论是"蠢才"乃学校之耻。我们要谨记一个格言：没有愚蠢的孩子，只有"差劲的学校"。为什么会有"差劲的学校"，不是因为老师愚蠢或无能，而是因为缺乏适当的工具和方法。

第 2 个结论是教学和学习方式未来几十年会彻底转变。无论公民和教育家有多大的抵制，经济发展将迫使我们要做好教学和学习这项工作。对教学和学习的全新认识，将让我们更有能力做好这项工作。每当我们将需求与知识结合在一起时，就会带来彻底改变，而且会迅速发生。

史上最早的老师就是古代美索不达米亚的祭司，他们常坐在寺庙外拿着树枝在沙地上画图，通过这样的方式教导身边的儿童。这些人就算进入当今世界大多数的教室里也一样轻松自如。除了黑板不同，教室里用的工具根本没有什么大的改变，教学方法也没有两样。8000 年来唯一的变化就是印刷书的出现，而且真正知道如何使用印刷书的老师寥寥无几，否则老师们就不会再照本宣科了。

古代美索不达米亚的祭司也是史上最早的医生，如果他们到今天医院的现代手术室里，也许没有把握自己是否能跟古时候做得一样好。虽然现在的医生不见得比史上首批医生优秀，当然也比不上"医学之父"希波克拉底。

但现在的医生是以希波克拉底的知识为基础，重要的是，他们知道更多也更清楚现在的医生有不同的方式和工具。

可以肯定的是，史上第一位老师，也就是那位古代美索不达米亚的祭司，见到 1999 年的老师，肯定会认不出那是老师，也不了解老师未来会变成什么样。我们也不知道结果如何，但至少应该懂得，尽一切可能让儿童专心学习，让老师专心教学。

知识的政治学

知识成为我们社会的中心，也成为经济社会实践的基础，这极大改变了知识的地位、意义与结构。在本书讨论的所有不连续性中，这是最明显也最重要的一类。

知识领域处于持续变化之中，现有的学院、科系和学科将难以长期适用。当然，这些学科很少自古就有。

100 年前根本没有生物化学，也没有遗传学，甚至没有生物学，只有动物学和植物学。因此，有机化学和无机化学之间的区别如今也不再有意义，这一点也不令人意外。目前，我们正在将有机化学的知识应用到硅酮这类无机物，设计"无机聚合物"。我们也把无机化学和物理学应用到有机物，设计有机晶体。因此，以往有机化学和无机化学之间的差异迅速成为知识转化成绩效的一个阻碍。

同样地，以往生理学与心理学之间的界线，也跟经济学与政治学、社会学与行为科学之间的界线，以及逻辑、数学、统计学和语言学学科的界线一样，越来越没有意义。

最可能的假定是，以往每一个学科、学院都将过时，学科边界划分也将消失，这必将引发学习和理解的巨大障碍。事实上，强调整体与模式有机配置的新世界观正在迅速取代强调部分与要素的笛卡尔世界观[⊖]，这对学问与知识领域的每一条界线提出了挑战。

正如我们所见，所有机构必须要能摒弃过往，大学也不例外，至少大学要自由引进新学科，并以新方式与传统学科相结合。

美国、英国、日本的大学体系，具有很大灵活性，所以优势明显。欧洲大学采用固定的"讲席"教授、"名誉"教授和"普通"教授等职位，缺乏灵活性。当然这是一个缺点，特别是欧洲一直由教育部管制学术组织，而且政府也视管制为理所当然的责任。他们试图制定这样的规则：禁止做试验，也不准教授新学科，除非本国所有大学都这样做。法国和意大利就采用这种规则，这产生了官僚主义体制，也是当今大学最不需要的东西。

引进新学科、淘汰旧学科的过程对于大学而言并不陌生，但是现在要比

⊖ 关于这一点，请参阅我的《已经发生的未来》(纽约：Harper & Row, 1959)，第 1 章。

以前快得多。真正全新的、与现代大学信念完全不同的是，学科不再是教育和学习的重心。这个转变是必然的，因为应用成了知识的重心。

直到 19 世纪前，知识与行动几乎完全没有联系。知识满足的是"内在精神需求"，行动则以经验和从经验中获得的技能为基础。到 1820 年，在欧洲大陆系统的学校教育已成为某些职业的前提条件，尤其是牧师、法律和医学等行业。但在以往这些行业赋予强势工会法定的独占权，可以限制从业人数，减少同业竞争。直到 19 世纪末，英国、美国大多数的律师和医师仍通过学徒制，而非大学教育来培养。这些学徒制培养的人与欧洲大陆大学毕业的同行相比，无论在从事实践性业务还是开展学术研究方面，都没有太大差别。

直到 19 世纪下半叶，技术才完全从科学中分离出来，并且通过学徒制才能获得。

可以肯定的是，史上第一所现代技术大学是巴黎理工学院，创立于 1794年。从 1800 年起，欧洲大陆各国也群起效仿，并很快跨越大西洋传到美国。18 世纪末，继续实施学徒制的英国却在技术上掌握着领导大权。一直到 19世纪的最后 25 年，尽管化工业和电力工业出现，但技术进步都是靠训练有素的工匠和"发明家"，科学的贡献微乎其微。即使在德国 1910 年以前，工程技术的毕业生在产业界并不普遍。

因此，从传统上看，追求知识与应用无关，教学也与应用分离，知识和教学都是按学科分类，也就是按知识的逻辑来区分，大学的学院、学位、专业，甚至包括整个高等教育的组织，一直以来是以学科为中心的。按组织学专家的用语来说，这种方式是以"产品"为基础，而非以"市场"或"最终用途"为基础。

如今，我们越来越多围绕应用领域而不是按学科开展研究。最近 20 年间，跨学科研究迅速增加，出现许多以区域为对象的研究机构，无论是非洲、苏联或现代都市的研究都是例证。这些机构把各种不同学科的人，包括从经济学到精神病学、从农学到艺术史的人都放在一起。越来越多的跨学科研究，需要大学花费大量精力调整其发展方向。

这种现象表明知识的意义已经转移，从目的变成一种资源，也就是获得结果的手段。以前的知识如今已渐渐成为信息，以前的技术如今已成为知识。知识之所以成为现代社会的中心，完全因为其可以应用到实际工作中。不过，工作是不按学科来定义的，最终结果必然是跨学科的。

因此，我们会看到大学的工作越来越倾向于以结果为导向，而不是以学科为导向。我们会看到越来越多关注"中国的研究"，而不是"政府的研究"。不过，为了研究中国问题，往往需要有关政府的知识和有关政治过程的知识。换句话说，我们需要学科作为工具、资源和特长。

在这种情形下，纯粹的研究将逐渐由某些特殊应用的需要而来，比如，针对特定应用的研究；针对中国的研究，针对健康的研究（不是研究肌肉的功能）变得越来越纯粹，也就是更加注重基本理解、基本方法和通用概念。更重要的是，参与中国问题这个跨学科研究工作组的政府成员，也需要成为中国问题的专业人士。

这一点将提出当今无人了解甚至无法解答的问题。像 19 世纪，德国大学研究学者那样的传统研究人员即将被淘汰吗？我们将以应用提出的问题作为研究基础吗？就像政府和历史的基本问题今天从地理领域的工作中出来一样，物理科学中纯理论的推动力也会随着时间的推移而消失，越来越多地使用新的仪器，如设计用于处理核粒子的加速器。特定领域的专家，如今日的学者或许会成为明天的工具制造者。他原先是工具使用者的师傅，现在却为他们制造工具。一个系或学科明天可能只是一个行政单位或历史学家的人事档案，而不是一个研究学者工作、学习、教学和研究的场所。不过，人们实际研究工作或许存在于某个"学术机构"，也就是由各领域研究人才组成的团队围绕特定领域开展研究的地方。

不过，无论如何定义，学科最后只能是维持人事档案的保管者吗？或者我们是否要把地理、文化、生态等专门领域作为研究重点？现有学科到时可能成为组织理论中所称的"幕僚服务"，是人们想弄清自己不了解的事，或想寻求建议时的对象。我们可以预测，目前被当作学科的知识日后将成为资料库和电脑的存储单元。因此，我们必须处理信息收集、存储和恢复上的许多问题。无论如何，我们必须设计信息系统来解决。

10年前没有人想过这样的状况，大学已开始认真研究这些问题。

知识已成为现代社会的核心资源，这为大学的传统任务增加了第三项新功能，也就是社会服务的教学和研究功能，即将知识转化为行动，并产生社会效果。

现在，我们经常听到大家对研究重点与教学不一致、与学生需求不一致的讨论，这可能是一个误会。真正的困境是大学的工作越来越重视社会服务。大学里最优秀的教职员工最可能参与跨学科的研究，也最有可能当政府、学校、企业、医院、军方及学校其他科系的顾问。顾问表面上传授自己的专长，但关心的是服务客户的效果。顾问是团队里的兼职成员，他注重应用的最终成效，而不是任何单一学科的逻辑。20年前，顾问只局限于某些科系，工程师居多，还有公共行政学、企业管理学、法学和化学，现在几乎所有学科都在开展顾问工作。

大学越来越需要调动其知识的应用能量，并在服务社会方面取得成效，这一事实可能会促使我们进一步按照主要应用领域而不是按照学科逻辑重新构建教学体系。

这就是那些反叛的学生想要的。在伯克利、柏林和东京听到学生激进分子要求成立"批判性大学"，就是希望围绕主要相关成果领域组织学习。学生们看到教授运用自身知识解决大都市的问题、经济发展问题、自然环境保护问题。他们会问：为什么学生要学这些对我们和社会重要需求不适合、无法应用，也毫无关系的无趣信息呢？教育家当然会这样回答：你必须先学会如何使用工具，然后才能应用工具。这听起来似乎有道理，但真的合理吗？如果我们教导学生的学科真是工具，那么最好在应用中学习。事实上，怎么样使用工具，唯一的方式就是把工具应用到特定且有意义的任务上，而且至少要看出一些成效。

1967 年 12 月的美国科学进步协会理事会会议上，一位杰出的生物学家报告说，他已经通过按问题设计课程的方式，引起学生对生物学的热情。他的做法是围绕校园所在的湖泊污染、鱼类生活等问题在课堂上进行讨论。这让学生容易接受最抽象的理论。

不过，我们仍然需要专家，也就是那些能把某个非常小的任务做得极其出色的人。那些专注于有限领域的学者并没有错，只是比较片面而已。

知识组织和大学组织，必然变得越来越复杂，也更富有争议性，简单的组织已经不可能存在了。

我们今后组织教学，必须既考虑主要的应用领域（通常是跨学科的），同时也要规划某些较小领域的专门科目。在主要应用领域方面，我们必须确保学生因分析有深度而获得尊重，即做出专家的贡献。在较小领域的专门科目方面，专家必须先了解由于只应用单一工具，所以成就不会太大。专家不得不学会如何将自己的专长与知识的广阔宇宙连接，如何在应用中将专长与其他专业领域合作，最终取得成果。现在我们连这些工作该如何做都不知道，也难怪今天的学生会如此不安。

同时，我们必须认识到，研究产生的是信息，而非知识，必须应用信息并取得最终成效，因为最终成效才是我们越来越理解的知识。

在大学里，我们需要不只是同一类的人，而是各种各样的人。如今任何工作都要求博士学位，这根本就是故弄玄虚。也就是说，对于一个在专业领域拥有高级学位的人来说，他应该做研究，也就是收集各类信息。当然，我们需要这种人，但任何领域只需要少数博士，我们最需要的是能开发并教授源自不同学科的知识和信息，并加以应用产生最终成效的人。

此外，我们需要更多的人在自己的工作中，把来自多学科的知识和技能整合在一起，并应用到大学之外。如今这些人才还没有被正式承认，但他是今天大学真正里的"明日之星"。

最后，我们需要一些高等教育从未意识到需要的东西——管理者。学院里不同类型的人必须组成一个机构，这些人必须各自发挥不同功能，实现各自目的，并从工作中获得个人满足。

然后，学生的需求和愿望必须与其他大学功能结合，这需要高超的管理能力。如今，大学很可能提供了最具挑战性、最困难、也是最急需的管理任务。

知识基础

由于知识的意义与功能已经改变，也引发社会知识基础的根本性问题。

这个问题首次出现在 1957 年苏联发射斯普尼克人造卫星时。这个事件让美国社会大众突然意识到，建立和维护关于智力、经济、社会和军事绩效的知识基础关系国家的生死存亡。

可以说，即使苏联没有发射斯普尼克人造卫星，美国教育也一样会发生改变。当然，大学生人数迅速成长，会迫使我们提高学术标准，改变某些领域的教学方法，因为这些领域的传统教学法相当不成功。比如，数学和科学就属于这些领域。不过，斯普尼克人造卫星加速了这一进程，更为重要的是教导了美国人，知识不再只与私人有关，而是跟社会大众息息相关。

现在，人才流失和技术差距也让欧洲人获得同样的教训。这种情况首先发生在英国，后来则出现在欧洲大陆。人才外流是严重疾病的征兆，即使国家只有一小部分高级知识分子宁愿选择到他国工作，这也应引起高度关注。同样，知识分子通常不会只为高薪就到其他国家工作。人才外流的主要原因是对现有环境效率不满意，也对知识尊重程度及其对社会的影响感到不满。

在英国，科学家、技术专家和医生的外流只占极少比例，英国在这些领域每年移居美国的人只占有资格移民美国人数的 5%～6%，这可能微不足道。但离开的人是外国需要的人才，也就是说他们是资历丰富的成功人士。即使有些工作可由无经验的新手马上弥补，但这类人才流失确实是一个严重问题。

在美国，军医人才外流情况也非常严重，即使军方可以通过征兵方式弥补医生的数量，却无法留住优秀人才。美国军方跟英国一样，把人才外流归咎于薪资不高，这种想法当然不对。年轻军医抱怨，他们退伍并非因为薪资太低，而是宁可拿同样薪资或者少一点薪资到其他地方开心工作。比如，在教学医院或研究单位工作。军队单位应该检讨的是，它们的组织、结构和气氛都不好，既难以产生当今医生所认为的医学最佳实践，也没有为医生提供最好的发展机会。军事医学的职业机会在于行政管理，而不是主要专业或研究实践。不过，现代医生已经认识到，一个善于管理的外行就能做好行政工作，医生发展职业生涯的正确方法应该是提高专业能力、确立在治疗病人方面的领导地位，或者开展有助于增加医学知识、改善病人护理等方面的研究工作。

关于技术差距的标准说法也大多有误，由于美国比欧洲花更多经费在研发上，因而才获得技术领先地位的说法根本不是事实。美国在国防和太空研究方面确实花费大量资金，但成效甚微，尤其在民生经济方面更是如此。只有在计算机和飞机两个重要领域，美国的技术领先地位才归功于高强度的研发支出。事实上，这是得到了军方的资助。除此之外，欧洲可轻易地保持在技术发明上的领先优势。技术差距主要是由于欧洲未能将科研成果转化为产品，也未能将产品成功推向市场（塞尔旺－施莱伯在《美国的挑战》一书中着重强调了这一点）。技术差距实际上就是管理的失败。

实际上，这是一个比研发经费短缺更严重的弱点，经费短缺可以重新分配，但把科研成果转变成经济效益的能力，也就是营销和管理的能力，确实是金钱无法买到的。

重建现代社会的知识基础，既需要科技人才，也需要人文、政治、经济和行为学科等方面的人才。最重要的是，现代社会需要本身不是科学家或工程师却了解技术的人才，也需要不是人文专家却了解人文、经济和政治学科的人才。现代社会还需要能把知识应用于工作的人才，而不是被学科或方法束缚的人才。

现代社会既需要能创造新知识的"伟人"，也需要能将新知识转化为日常行动的"行家"。

传统上，我们很容易将知识和教育的精英观念，与大众观念对立起来。我们倾向于认为，每个人要么专注于成为少数领导者，要么成为大批追随者中的一员，但现代社会两者都需要。

因此，"精英机构"对于教育而言是难以承受之重，因为它垄断了社会地位、声望和经济社会中的指挥角色。牛津大学、剑桥大学就是英国人才外流的重要原因，巴黎理工学院或巴黎师范学院这些法国高校就是造成技术差距的主要原因。这些精英机构可能开展了伟大的教育工作，但通常只有这些学校的毕业生才能掌权，只有他们的教职员工才"举足轻重"，这种情况会限制整个社会发展，让社会变得贫瘠。

当然，在知识领域，与其他领域一样，人们的能力和兴趣存在差异。在大学，与其他所有机构一样，教育质量也存在差异。不过，拒绝给任何知识工作者提供成为大师的机会，既不符合知识的本质，也不符合现代社会的需要。一个人毕业 5 年后，从哪个学校毕业、在哪里学到知识应该无关紧要。同样，赋予任何知识机构垄断地位，既不符合知识的本质，也不符合社会的需要。我们要大批知识分子来缩短通往成就、机会和进步的通道。

培养大师的方法就是尽可能地培养出符合高要求的熟练工人，在艺术方面可以找到这样的例子。比如，意大利的文艺复兴、日本 16 世纪的桃山时代或低地国家的伦勃朗和鲁本斯时代，都是采用这种方式。我们无法事先确认人们的职业生涯如何发展，工作表现才是唯一正确的考验。历史上很多学识渊博、成就杰出的伟大人物，都在学校期间表现不佳，温斯顿·丘吉尔和歌德就是其中的例子。历史通常不会留下优秀学生悲惨人生的记录，但这种人其实很常见。

　　智力和其他能力一样，也符合概率分布。越多人接触到知识，就会出现越多的知识领袖。大众教育与优质教育并不冲突，因为我们需要很多优质人才，所以必须教育大众，让他们大幅提高素质。我们必须以高标准来教育大众，这样做不仅是为了培养大批能力高超的技术工人和知识工作的追随者，而且还要发现和激励未来更多的大师。

　　美国在斯普尼克人造卫星发射之前（我担心目前的状况也一样）的教育，仅仅满足于培养庸才，而且还有点沾沾自喜，这是美国知识基础的实际弱点之一。相比之下，美国教育的优势之一是反对任何精英垄断。我们拥有（应得或不应得）地位和声望都很高的机构。但幸运的是，我们不会因为毕业学校的不同而相互歧视。从北爱达华州农业学院获得工程学位的工程师不会认为自己是"二流货"，"不是真正的工程师"，尽管他知道麻省理工学院是有史以来拥有更高师资水平的一流学府。不论哪一所大学的学生和教职员工都知道，大家努力要做的事都是一样的，就是提供同样的课程，试图让毕业生具备同样的知识、理解力和专业资格。毕业 5 年或 10 年后，根本没有人在意你从哪个学校毕业，重要的是如何学以致用。虽然麻省理工学院自认为是技术领域的领袖，在物理学方面也确实居于领先地位，但仍以培养能执行任务也能让知识产出绩效、促进生产的人才为首要工作。

　　哈佛法学院可能想与法国高等学府一样，让毕业生享有优先地位，但美国社会从未接受这种要求。肯尼迪总统执政时似乎给哈佛法学院的毕业生提供了优惠待遇，但是这样做只确定了哈佛法学院毕业生们在下一任总统执政时不会占优势，可能成为"局外人"。如果在纽约某家大型法律事务所找到一份好工作，哈佛法学院的学历是"必备"条件的话，那么对那些打算到美国中西部或西部开业的年轻律师来说就很不利。15 年前有人告诉我，亚瑟·伍德是个杰出人物，他后来在 1967 年成为全球最大连锁零售公司西尔斯·罗巴克的总裁，即使伍德是哈佛法学院毕业生，仍被提拔为西尔斯百货总裁，这样的评语可毫无讽刺意味。

　　结果，美国没有一个教育机构会认为自己是二流的。每个机构都知道自己可以更有企图心，只要足够优秀，就会得到认同。在上一世代就出现很多例子，加州大学、斯坦福大学、杜克大学、莱斯理工学院和卡内基理工学院都是如此。同样道理，没有哪一个美国大学毕业生会认为自己低人一等，或是不配担任努力得到的高层职位。

　　美国高等教育的优势就是没有领先学校和追随学校的差别，要向欧洲人说清楚这一点根本是不可能的事。同样地，要向他们说明，从北爱达华州农业与机械大学获得工程学位的工程师是名副其实的工程师而非制图员，也几乎是不可能的事。不过，欧洲要减少人才外流，并缩小技术差距，需要的正是这种灵活性，否则欧洲将继续培养出更多无法将精英见解转为实际成效的人，而难以有所成就。那么知道自己有能力却不是毕业于牛津大学和剑桥大学的人，或者并在政府单位担任财务督察却不是从法国高等学府毕业的人，就会继续移民到一个以能力为判断标准的国家。

　　总而言之，欧洲的落后不在于缺乏接受一流科学与技术教育的人才。欧洲尤其是英国和法国培养出的人才比美国还要多，欧洲缺乏的是非技术人才，特别是中低层次的管理人才。

我们需要夯实社会的知识基础，鼓励每个人变得更加知识渊博。我们的社会不仅拥有各式各样迅速变化的知识，也要运用各式各样的知识。目前，没有哪种方法可以预测谁会在 20 年后担任领导职务，因为我们还不清楚也无从得知，20 年后会需要什么？

在毕业生获得表现机会和社会承认方面，英国的牛津大学、剑桥大学与新成立的大学，法国的高等学府与地方大学必须有同等地位。英国或法国至少可采用德国的制度，赋予大学专属地位，但在提供毕业生机会和职业生涯方面则一视同仁。

美国的教育体系还有一个优势，这是欧洲需要但缺乏的。

当大批科学家和学者因希特勒迫害犹太人而流离失所时，他们中的绝大多数人受到美国大学的热情接纳，这些人让美国 10 年内有能力在科学和技术方面跃升至领导地位。这些人中的大多数尤其是经验丰富的成熟人才更愿意待在欧洲，他们觉得在欧洲比较自在。就经济而言，欧洲应该比较容易接纳这批人，因为当时美国正遭受经济大萧条带来的严重破坏，而且美国的高等教育大多是私立的，预算也有限。然而，欧洲大学缺乏灵活性，如果学校已聘请一位生物化学教授，另一位教授就算是该领域的领军人物，也无法被聘用。美国的教育体系却可以做到，而且会给优秀人才创造岗位。在美国大学，一旦为优秀人才提供工作后，就不再把他视为外国人或者新人了，而是让他马上开始工作。同时，美国的制度很容易接受这些优秀人才创造出来的任何成果，也愿意适应优秀人才的作风、方法和长处。

英国和法国等其他国家认为，当初聘用德国难民教授既出于同情心，也是一种责任，美国却认为这是一个机会。这种差异在很大程度上解释了为何30 年后的今天欧洲国家出现人才外流和技术落后的状况。

知识社会的知识基础必须具有灵活性，能接纳新鲜事物和不同的事物，也乐于接受创新。社会的知识基础需要多样性，这正是欧洲大学普遍缺乏的特质。事实上，在教育方面，欧洲比美国更狭隘，更墨守成规。不过，美国目前越来越强调博士学位的风气，势必将导致美国大学追求无意义的一致性，而变得单调乏味。

美国也必须记住斯普尼克人造卫星的教训：如果不能专心致力于建立领先标准的大众教育制度，就无法产生足够的追随者。"大众教育"也必须是"优质教育"，换句话说，即使教育普及化，也没有理由不把高标准和富有成效当成教育的目标。几百年来，教育家一直警告，受教育人数增多，势必会"降低教育水准"。不过，我们看到事实并非如此。恰恰相反，学生越多，对教育者的要求就越高。在我们的经验中，无法找到任何支持限制教育的依据，不论是遗传、财富、政治可靠性，还是学业测验的限制，都不会造成总人口中能力分布的不同。

即使要求最严格的学校，也只是开发了学生实际能力的一小部分。学校所指的"能力"通常只是"努力工作"的能力，但我必须再三强调，我们需要的是懂得"更聪明工作"的学生，需要的是让每位学生尽可能发挥所长的教育制度。

现代社会的知识基础与高等教育体系不相适应，而且这个问题会在美国和欧洲以不同形式呈现。虽然美国和日本的教育具有多样性，但由于经济原因，这种多样性存在逐渐消失的危险。一般而言，欧洲的教育是有一致性的，是由政府设计并强制实行的。

美国和日本应该为私营和公共机构的多样性提供资金支持。否则，很快就只有一个统一的公立大学系统，最多只能代表少数类型，而且也会由于规模庞大，而无法进行前瞻性的实验。我们必须采用这样一个原则，即每个年轻人的高等教育学费由国家税收支付，但是学生和家长决定去哪所大学就读，国家就支持哪所大学。"二战"后的《退伍军人权利法案》率先采用这种做法，退役军人就读的机构，不论公立或私立，都会收到政府的固定资助，条件是成绩必须符合学术标准。我们必须回归这项原则，才能减轻纳税人的负担。因为学生到私立大学上学，就减轻了州立大学的成本负担，为了维持教育的多样性，我们同样也需要坚持这一原则。

为建立知识基础，欧洲必须营造学校间的竞争氛围，需要在教育方面培养企业家精神，需要开展那些在教育部门严格管控下无法进行的实验。换句话说，欧洲要彻底打破自拿破仑以来盛行的政府管制公立大学的模式，德国的制度便是可能的折中方案。在这种制度下，不同联邦有自己的大学，虽然都是公立大学，但相互竞争。为应对1968年春天发生的学生暴动，戴高乐提议让法国大学有地方自主性，这一做法可能为欧洲急需的教育改革拉开序幕。

我们社会的知识基础，既需要大学内部产生重大的新思维和变革，也需要摒弃旧习惯、旧传统和自负，并采用新的公共政策。

知识政治学

由于知识逐渐成为社会基础，因此多样性、灵活性和竞争性将更为重要，这一点也将引发更多与知识相关的重要政治决策，也更需制定知识政策的多种方案。

过去知识只需要很少的钱，如今需要的钱越来越多。实际上，资金需求如此庞大，只有政府才有能力提供。不过，这马上会引发政府命令和思想控制的问题。目前，美国 2/3 的研发活动是由政府资助的。在自由世界的其他国家，虽然政府支持研发经费的总额比美国少，但资助比例并不比美国低很多。在自由社会中政府控制知识的方式能被接受吗？这样真的对知识最有利吗？

大家一直在讨论，我们是否有措施可预防政府管控。比如，成立学者委员会管理政府提供给大学的资助，但当需要限量分配资助经费并筛选申请者时，这种做法是否有效就值得商榷。坦率地说，这也不是完全可取，毕竟公共资金还是必须由政府控制，否则便不是通过程序或通过资助建立的官僚控制体系，这两种方式在美国、法国或英国的大学拨款委员会都有采用。

目前，政府提供的资金不再局限于国防研究或太空研究。政府资助各式各样的研究，包括医学、生物学以及越来越多的社会科学研究。不过，一个自由社会需要政府对社会科学研究进行管理吗？或者这样做势必误导社会科学向政治控制个人及社会的方向发展。

学术界人士跟之前的其他团体一样，非常渴望得到政府资助，而无暇担心这些问题。他们对自己的优势充满信心，也没有人认为拿到政府补助就该当仆人。他们一直太自信，认为只有自己才有能力决定让公共资金投入研发活动。事实上，即使他们比一般人在关系个人利益的方面表现好一点，也不该允许他们做决定。更何况，他们根本没有能力做这些决定。

我们面临着一个前所未有的形势，必须在寻找新知识方面有所选择，确定优先顺序，必须决定知识的方向及其后果。

这是全新的情况，不仅仅对知识分子而言是如此，我们甚至从未想过追求知识还需要方向，更不用说需要优先权和限制了。

现在越来越清楚，知识本身并不比其他任何东西绝对的好。知识可能是中立的，但关于知识的决策不是中立的。我们应该鼓励追求能用于控制和操纵心智的知识吗？也就是说，行为科学方面的许多研究应该受到鼓励吗？或者这样做等于是打开了潘多拉盒子，只会产生邪恶的结果？那么研究细菌战如何？我们还能不能用以前的老套借口：假如我们不做，别人也会做？

我们无法避免也更为棘手的是设定优先顺序的问题。我们碰到追求知识的实际限制，必须合理分配资源，这样做不是因为资金匮乏。毕竟，做研究的不是资金而是人，而且在所有发达国家，能创造新知识的人已迅速耗尽，自然科学、医学、社会科学和人文科学领域因为大多数人力资源的边际效用被用尽，所以研究成果日渐减少。

过去 20 年，制药业的研究人员增长了 20 倍，1950 年拥有 50 位专业研究人员的制药公司，现在可能拥有 1000 位，但研究成果并未增加 20 倍，反而有所减少。部分原因在于增长过快以及组织缺乏效率，同样也是规模庞大而难以管理的结果。不过，最主要的原因是，公司可以雇用学位和人，却无法轻易雇用人力，人力必须培养，必须训练和测试，这需要时间，而时间是金钱无法买到的。

行为科学、政治科学、经济学、政治学、心理学和社会学等领域可能最需要设定优先顺序。与自然科学领域相比，这些领域能做出高效研究的人才显然比较少，而且培养人才也需要较长的时间。目前，我们在自然科学某些领域拥有的知识已超过可应用范围，但对政府和社会的想法、知识和新构想存在巨大需求。非人类创造的自然环境目前并没有太大改变，但是社区、社会和政府这些人类创造的环境却变化迅速。

寻求知识的优先顺序是什么？应该在哪些工作上部署训练有素、经验丰富和经过考验的人才稀缺资源呢？该由谁做这些决策？这些决策造成的结果将相当惊人，与我们以往把资源分配到经济方面的预期目标大不相同。设定寻求知识的优先顺序面临的风险比任何时候都大，但我们对这些方面的了解，却比对经济风险和经济决策的了解要少得多。

目前，我们还找不到方法理性决定不同的调查和研究领域的分类，即使我们可以确定这项工作在努力与结果之间存在明确关系，却无法在不同的结果间做出合理选择。

哪些研究应该优先？是治疗婴儿罕见疾病的研究，还是提高人类预期寿命和改善老年人健康状况的研究？还需要哪些研究方法？是快速、轻松学会外语的方法，还是加速经济社会发展的更好方法？应该把稀缺资源用于提高可能决定胜败的国防能力，还是把同样资源用于改善城市交通呢？

很明显，这一决策既不以"科学"为依据，也不以"事实"为依据，而是根据不同价值观做出的选择，是基于对未来的高度主观评价。换句话说，这根本不是一个科学决策，而是一个政治决策。

同时，我们必须清楚新知识带来的后果。

比如，我们或许能控制明天的天气，把干旱沙漠变成可灌溉的农田，这么做可能非常有益，但同时也可能会造成几千里外的地区不降雨，变成干旱的沙漠。到哪一个阶段应该决定是继续开展气候研究，还是把资源投入其他研究？这个研究应由单一国家进行资助，还是从一开始就采取国际合作模式呢？又应该由谁掌控？由谁出资呢？

这些问题是假设我们对研究和知识搜索有足够的了解，可以预测研究资源分配的效果。不过，到目前为止，这样的假设根本不成立。

现在，我们听说纯粹研究有庞大的需求，也听说这类研究有极大的生产力，但没有证据支持这种说法。知识分子更喜欢纯粹的研究，这是出于审美的原因，我个人也有这样的偏好。但这不该与纯粹研究的效用混为一谈，我们没有任何这方面的证据。事实上，仅有少数证据表明，尽管非常成功的纯粹研究具有很大影响，但大多数纯粹研究根本没有影响或效用，就像一个在下一版本的书出版时就要删除的脚注。同样，正如激光发明人、诺贝尔奖获得者查尔斯·汤斯在一个相当精彩的案例研究中表明⊖，即使是最有经验的研究主管，也无法预测哪一条纯粹研究路线将导致实际应用，哪一种研究是出于纯粹的学术好奇心。

相反，证据表明，在知识工作中，我们需要在纯理论研究和应用开发工作之间保持平衡，因为两者相互支持。不过，并没有证据表明，这两者究竟哪一个更加重要。有时是纯研究更重要，有时候是开发工作更重要。这个说

⊖ *Science*, February 16, 1968.

法显然适用于所有学科，也包括自然科学、医学、社会科学和政治学。况且，即使为了少数纯粹研究，要开展规模庞大的开发工作，现有证据也未说明两者之间需要保持什么样的比例，以及什么时候需要。我们不仅在依据意见和判断分配最终成效方面面临困难，在任何特定研究领域的资源分配上也有遇到同样的问题。

尤其在自然科学方面，我们在"系统"明确表达知识需求方面有很大进步，从而可以把具备必要技能的人培养成一个团队，把拥有最丰富知识的人聚在一起。"二战"期间，研究原子弹的团队就是这方面的第一个例子。发明预防小儿麻痹症的沙克疫苗研究又是另一个例子。不过，我们还无法证明，这种系统性做法在社会政治领域也能有效。即便如此，我们还面临不确定性、选择和偏好的考虑，这些因素不是经济方面，也不在决策者个人范围内。

决定优先顺序，不仅出现在国际和国家层次，也出现在各大学、各科系以及各个研究实验室中。不过，知识分子特别是大学的学者和科学家，很少察觉自己有必要做这项决定。他们中的大多数人仍然认为，政府或大学有责任资助由知名学者提出的任何研究提案。他们没有意识到这实际上是不可能的，更别提财政预算方面的问题了。

几年前，我参加了一个研究小组，成员大多数是自然科学和社会科学领域经验丰富的科学家。这个研究小组主要讨论科学和技术的变革对国家政策的影响。很长一段时间，这些参与小组讨论的杰出人士抱怨政客们没有为他们最感兴趣的领域提供足够资金，更经常抱怨政治家对科学一无所知。但这些讨论却很少提及科学家有责任让政治家发挥作用，即预测和判断新科学或技术发展可能需要的政治决策。注意到这一点的少数人已从研究人员或科学家的身份转变成科学方面的管理者和政策制定者，但他们的团队成员，也就是那些纯理论科学家，却认为他们出卖了灵魂。

　　从任何优先顺序的决策来看，个别学者和研究人员的能力与偏好应该是一个重要因素。首先，如果研究人员和科学家能研究他们想做的，而不是奉命去做，就应该能把工作做得更好。然而，决策的不确定性相当大，以至于最重要的工作应该交给一个已证明最有能力且经验丰富的人负责。同时，如果大多数学者和研究人员的工作目标清晰、组织得当，那么他们的工作成就应该最好，不过少数优秀人才不需要这类方向引导就能做得很好。定向研究的成效可从原子弹的研制过程中得到证实，尽管当时大多数参与者并不知道自己在研究什么，只知道把交办的具体任务完成好，但最终大家都有很好的工作表现。在这方面，苏联人的实践一次又一次地证明这种方式确实很有效。

　　如果有必要，我们可以在没有科学家的知情和自愿参与的情况下直接做决策。虽然这样做有一定的风险，可能做出许多错误的决策。不过，科学家不可能独自做出这些决策，这是政治性决策，也就是说，在非科学价值观和非实际价值观之间的选择。政治决策必须由政治家来做⊖。因此，这就需要知识分子与决策者之间建立一种新型关系，迄今为止，知识分子和决策者都没有考虑过这一点。

　　总的来说，需要想清楚如何为知识设定优先顺序、发展方向及承担的风险，这个必要性也让知识及其方向、目标和成效越来越成为政治应该考虑的

　　⊖　这一点在《科学政策决策的一个"内部故事"》中明确提到，这本书还未出版，C. P. 斯诺
　　　　1960 年的戈德金演讲：*Science and Government*（纽约：New American Library，1961）。斯
　　　　诺除了作为一名小说家，还是一位著名科学家，多年来一直是英国政府科学人员的负责人。

因素。我们已无法再维持"肮脏政治"和"纯粹知识"之间的传统界线。

　　工作和绩效的基础从技能转变为知识，这意味着知识将越来越"受到公众利益的影响"，知识社会的中心决策就是有关知识的决策，在这样的社会中知识一直就是核心议题。

　　我们必须为知识和寻找知识付出的努力确定优先顺序，这可能会促使大家针对知识的目的、方向和意义进行辩论。这方面的努力和新的知识是我们必要和需要的吗？或者有其他知识更加必要和需要呢？这个问题必然会引出下一个问题，整体来看，知识一定是我们必要的还是需要的？

　　即使社会中的大多数人反对科技，例如新左派的浪漫主义者，不过在未来很长一段时间内，科技仍将被认为是必要的和需要的。不管我们喜欢与否，我们都将继续努力。和平时期经济的竞争压力，以及贫穷国家经济快速发展的需要将迫使我们继续高速开展技术研发，而且各国之间的国防竞争恐怕也是如此。

　　但是，知识的情况如何呢？我们可能开始注意自己的一言一行，一旦试图把不同类别的知识区分为"好的""中立的"或"危险的"时，或许就开始怀疑更多的知识是否必要或需要。当我们发现某个群体的专家认为绝对必要的知识，却被其他群体的专家认为毫无用处时，就可能开始怀疑。一旦被迫设定优先顺序，并争论哪一个知识努力的方向更可取时，这种情况必然会一再发生。比如，在高能粒子物理学方面就已出现这种情况，而这方面的研究经费非常庞大。

　　如果我们开始质疑知识的价值，那将是自 2400 年前苏格拉底确立知识作为西方思想及世界观源泉以来的头一回。从那时起，知识一直被西方人视为理所当然，不同正统教派信仰的神学家，都一度试图控制什么是"真正的"知识。不过，西方世界从希腊人之后便很少否定知识或知识的价值与德行。在历史上，知识曾遭遇过一次攻击，这是在 13 世纪由方济会神秘主义者发动的，后来被伟大的圣托马斯·阿奎那的知识综合论扭转形势。然后，同时代的圣博纳文图尔也是一个方济会信徒，确立了我们现在的立场：**所有**知识都会导致对真理的终极认识，所有知识都是神圣的。我们真的打算放弃这个立场，放弃这个建立现代西方世界的基础吗？

正因为知识成功，我们才质疑知识的价值。知识正逐渐遭受质疑，因为知识已成为行动的基础，成为现代社会的重要经济资源。苏格拉底把知识当作美德，借此对抗诡辩学家。他认为知识并非自用，知识应用于实践就是对知识的滥用，知识的目的就是知识及其经得起考验的智慧。然而，现在不论说什么，我们的行动已清楚表明，应用就是知识的目的，或至少是对知识的考验，苏格拉底的立场已经不再完全适用。

结果，很可能日后出现的伟大的跟知识有关的意识形态，日后的知识哲学和政治哲学中知识可能居主导地位，正如财产在资本主义哲学中占据重要地位一样。

但这些纯属臆测，我们目前可以确定的是，应用已成为知识本身、知识相关的努力以及有组织地追求知识的重心。事实上，知识已成为现代经济和现代社会的基础，也成为社会行动的原则，这是巨大的变化，势必对知识本身产生重大影响，也将成为知识社会中一项重要的哲学和政治议题。

知识有未来吗

知识社会的主要**道德**问题，是有识之士的责任，也就是知识分子的责任。

从历史上看，知识分子从未掌权，只是装饰品而已，至少在欧美国家如此。如果说知识分子对统治者有何用处，那就是扮演宫廷小丑。历史上所谓的"笔比刀剑更有力"并非事实，这只是"知识分子的鸦片"。知识是美好的，对受苦的人而言知识可以带来安慰，对富人来说知识是一种享受。然而，以往知识并非权力，给知识准备的唯一位置是当权者的奴仆。牛津、剑桥这些欧洲大学直到19世纪中叶还在培训牧师、公务员。成立不到100年的美国商学院一直在培养高素质的职业经理人，而非企业家。

现在知识有了权力。知识控制着机会和升迁的通道。科学家和学者不再只是"随时"供使唤的奴仆，而是"跻身社会上层"。政策制定者必须倾听他们的意见，这些人在很大程度上决定了哪些政策将用于国防或经济等重要领域。他们负责决定年轻人要接受什么样的教育（电视机对年轻人的影响如此巨大，更不用说书籍、杂志和漫画了。不管电视节目或漫画多么不真实，我都认为是一种恩赐。对孩子来说，最好不要只依赖单一刺激和信息来源。歌德曾说过，"人格是在世界的波涛汹涌之中形成的"。）

知识分子不再贫穷，而是成为知识社会中真正的"资本家"。学校的工资增长很快，无论是小学、中学还是大学，如果现在教师收入很低，那么这个社会就是一个教育落后的社会。这样的社会就会面临人才流失或技术落后的困境，越来越多的知识分子也将会通过研究资助或担任顾问来获得额外收入。

然而，权力和财富也带来了责任。

有学识的人可能比其他人拥有更多知识，但有知识未必就有智慧。因此，知识分子尚未意识到必须快速承担责任也就不足为奇了。他们和以前任何一个掌权的团体没有什么不同，也相信其地位取决于美德，也就是除了他们"目的单纯"外，无须其他理由。他们认为，任何一个质疑其动机的人不是傻瓜就是坏人，或者是"反动知识分子"或"麦卡锡主义者"。知识分子也将发现，只有通过承担责任才能证明其权力的正当性。

知识分子很难接受的一个事实是，关于知识的基本决策是政治决策而非知识决策，因此决策权并不掌握在他们手中。更难忍受的是，尽管他们不掌握决策权，也要对这些决策负责。除非接受这一事实，否则他们不会有太多发言权。然而，决策总要有人做的，知识分子的唯一选择是，负责任地主动参与或被迫参与。

我们也要求知识分子拥有高尚的道德标准，这一要求让其非常吃惊。他们一直对自身的客观性和科学道德引以为豪，认为自己是美德的化身。然而，在知识没有权力的情况下，个人具有道德就足够了，但若知识分子处于权力中心，情况则完全不同。

事实上，今天的知识分子跟 19 世纪的商人一样，都认为道德是一己之"私事"。对于一个权力集团来说，轻描淡写假定道德正义，即认为只有心地纯洁且理由正当就是道德，这是非常不道德的。

最好的例子就是"卡米洛特项目"，这曾经是一个轰动一时的丑闻。卡米洛特项目是由一群美国人类学家在 20 世纪 60 年代初构想出来的世界性秘密研究项目，这个项目的大多数参加者来自"自由左派"，因此其中"不太可能有越战中的一个支持者"[⊖]。该项目想达到的效果有以下两方面：①系统识别一个社会崩溃的症状，以及②识别可能预言这种崩溃的行动。

1963 年美国军队接受了卡米洛特项目的建议，并提供了 600 万美元的预算。这比以往任何单一社会科学研究项目的预算都要多，这足以资助数千名研究者——世界上公认的有资格的人类学家和社会学家加在一起也没这么多，更不用说只是在美国了。该项目将在全世界范围内进行，包括拉丁美洲、中东、远东、欧洲和非洲（事实上，该项目覆盖世界每个地方，除了美国黑人聚居区，但黑人聚居区的问题迫切需要研究解决）。

卡米洛特项目尚未启动就胎死腹中。团队中的一位年轻成员不小心向智利的一位社会科学家透露了此事，于是一家智利左翼报纸知道了消息。正如大家所预料的一样，这事立刻闹得满城风雨。智利众议院进行了正式调查，智利政府和其他许多拉丁美洲国家的政府正式向华盛顿提出抗议，反对如此明显干涉独立国家的内政。

最后，约翰逊总统于 1965 年下令终止该项目，并发布命令：今后所有政府资助的境外研究项目要经国务卿批准，同时符合美国外交政策。两年后，也就是 1967 年，中央情报局资助各类学术机构的事情被揭露，一些表面自给自足实则是由政府秘密资助的学术研究被迫中止，此后开展的研究必须对外公开。于是，像卡米洛特之类的研究项目就只能胎死腹中了。

卡米洛特项目完全是一个金额达 600 万美元的欺诈行为，不可能产生研

⊖ 杰出社会科学家、加利福尼亚大学教授 Robert A. Nisbit 在 *The Public Interest* 1966 年秋季期刊 Project Camelot: An Autopsy 揭露了此事。

究成果，因为根本没有研究能回答"是什么造成了社会瓦解"，更不用说"如何避免"了。对于这一点项目发起人一定心知肚明，世界上每一位社会学家也了然于胸。当然，发起人也知道这个项目的目标很全面，涵盖了每一个可以想出来、许多人也希望开展的社会科学研究和调查。毕竟，每件事都可能成为"社会瓦解的原因"，比如，从婚外情、性行为习惯到青少年购买汽水的方式都可能成为诱因。计划发起人声称，反正了解这些事情也是"好事"，"如果说谎是让政府资助社会科学研究的唯一方式，那么说谎又有什么关系呢？"卡米洛特项目被取消时，根据尼斯贝特教授的研究，大多数社会科学家做出的唯一评价是，"这又是一次政府对行为科学的歧视"。

既然知识拥有权力，也能获得收入，我们还能允许双重标准吗？

如果学者们凭诚实正直获得研发经费，这项计划真的就正当合理吗？或者这类研究是否会侵犯隐私，干涉公民私生活？在追求知识时难道没有任何限制和约束吗？

最后，军方是否适合赞助这类项目，军方会把这个项目研究成果拿来做什么用呢？为什么应该由军方赞助研究呢？卡米洛特项目的倡导者（这些人很显然在美国社会科学家中占相当大比例）如此回答：我们的确知道，军方用不到这个项目的任何成果。然而，即使社会科学家知道该项目会产生对军方有用的成果，他们仍会不顾一切开展项目研究。他们真正关心的是经费，根本不在乎研究成果落入军方手中会引发什么让自由派人士无法接受的后果。这些社会科学家甚至不了解，为什么拉丁美洲国家在卡米洛特项目曝光后反应会如此强烈。

同样地，1967年，一些纽约医生被举报在未经患者知情或同意的情况下，给癌症晚期患者注射未经测试的危险药物。虽然这些医生违反医学道德准则和国家法律，却为自己的行为受质疑而深感委屈和震惊。这些医生认为，他们并未从这些实验中获得任何利益，只是想获得对治疗疾病有用的知识。因此，批评他们才是最恶劣的罪行，这是外行人在干预医学研究。因为在这方面只有同行才有资格发表意见，而且必须针对研究成果的科学性、有效性发表意见。

知识的道德问题确实应该由同行来决定和控制，就像任何行业一样，必须自我约束。不过，如果知识分子拒绝解决问题，也不承认问题确实存在（目前大多数知识分子就是如此），这时知识界就不得不出来处理，就像其惩罚上述提到的纽约医生而不是任凭医疗行业处理一样。因为权力总会引发道德问题，无论动机如何，欺诈就是欺诈。卡米洛特项目绝非政府和基金会拨款申请中严重欺瞒或谎报的唯一例子。只要涉及巨额资金，就必须警惕那些精明的操作者，如果知识界自身不严格处理，就必须接受来自外部的管制。同样，不道德不能仅仅因为没有人从中获利而被原谅。

这只是我们必须彻底思考知识力量道德性的一个例子和一个领域。知识界尤其是教育界，用以维护自身垄断地位的各种限制究竟是否合乎道德？博士学位的要求是否合理（或许物理科学例外）？有没有证据显示，博士学位能让人成为更优秀的老师，甚至是更优秀的学者吗？或者提出这一要求的主要原因是让那些已经在学术收费站付出时间和金钱的人能够得到职位和报酬？

终身教职是否合理呢？我们的确需要确保教职员工不会遭受政治压力和行政管制，但保留终身制或许比受到政治和行政压力的威胁更糟？我们能否设计一种方法，让教职员工不用承受这些压力，又能帮助社区、学校、学生对抗怠惰和无能？为什么不让访问学者成立顾问委员会，每隔3～5年审查各位教职员工的表现和成绩呢？目前，美国有2000多所大专院校，还有约8万所地方学校。毫无疑问，一个真正有能力的老师如果无正当理由被解雇，也不难找到另外一份好工作。我们的教职工中，很多人一当上副教授或正教授并拿到终身教职后，就不求上进。在工业研究实验室，虽然没有终身工作保障，也很少有人抱怨压力和困扰过大。

只要知识分子没有权力，这样的问题就无关紧要。这些问题当然存在，却只跟团体成员有关。可是当知识分子进入权力中心，这些问题就不再是"私事"，一个掌权团体必须对自己的道德品质负责，否则就会一再腐化。

跟道德同样重要的是，知识分子也必须为教育的内容、标准、品质、绩效和影响负责。

文凭并不值得引以为傲，知识分子必须让文凭在社会上发挥作用，否则就根本不需要文凭。教育的低效能对知识分子的责任构成挑战，只是一味要更多钱，一旦钱无法立刻到手时就发牢骚是不够的。

最重要的是，知识分子必须为教育的效果负责，不能再怪学生没有好好学习，学生没有学到知识是学校的失败，学生不求上进是学校的耻辱，这些同样也反映了学校和老师的无能。

希望知识分子自愿接受这些责任，是太过天真的想法。若真能如此，他们将是历史上第一个如此行动的群体。然而，就如之前其他团体一样，知识分子很快就会面临挑战，被迫负起责任。下一波发生在美国的民众批评、怒气和反抗，很可能就是知识分子的傲慢所造成。事实上，年轻人已经在进行全面反抗。

不过，年轻人、学生们也面临责任问题，而且更没准备好。大学生享有高度特权，几乎就是知识社会的机会独占者，比以往任何群体获得的资助都多。学生也是个既庞大又成长迅速的群体，不管他们有多讨厌成规，今日的学生却是"成规"的一部分。

各地学生开始反叛，要求在大学和政府里享有权力。然而，很少人明白，享有权力，就要负起责任。很少学生会问：我亏欠社会什么？目前盛行以"理想主义"称呼当下的学生，学生自己也用这个词，但理想主义跟"真诚"一样，是无法让权力正当化的，不过是把谋杀说成自卫，权力唯有负责任地使用，才能使之正常化。如果持有权力者不负责任地使用，就可能被煽动群众的政客利用，实现毫无理想的特殊目的。

当今的学生和新左派人士通常会问：社会亏欠我什么？这个问题没有错，事实上这是个该提出的问题，只不过这不是该提的第一个问题，而是第二个。大家应该先问：我亏欠社会什么？事实上，特权、权力和机会的持有人，你有此地位，要归功于其他人，如家长、纳税人等。

如果期望学生感激，就必定会失望。如果期望他们遵守并接纳年长者创造的社会和学校，就剥夺了年轻人特有的优势，以及他们的愿景、精力、勇气和想象力。然而，我们当然也将要求年轻人负起责任——随着其人数、特权和权力而来的强烈道德义务感。

学生将非常震惊，很少学生会预料到，他们的抗争会如此受重视。然而，如果能让时下年轻人的真正优势发挥作用，这种震惊将是有益的。

我们周围出现的最大不连续性，就是知识在地位和权力上的变化。

7000 年前或更久以前，人类发现了技能。此前，伟大的艺术家已然存在。几千年来，人类社会没有任何画家比得上那些在法国和西班牙的洞穴或撒哈拉沙漠岩石留下艺术作品的史前人类。但在那个年代，还没有技术纯熟的能工巧匠。正是技能让人类获得了工具，让那些并无特殊天赋的普通人也能胜任各类工作，并通过有组织的系统化学徒制训练，一代一代传下去。技能可以创造分工，因而产生经济效益。到了公元前 2000 年左右，东地中海地区的灌溉文明，发展出人类社会的基本社会制度、政治制度和经济制度，也催生了人类沿用至 200 年前的职业和大部分工具。总之，技能的发现创造了文明。

现在我们即将采取又一个重大行动，开始把知识应用于工作中。我承认，与那些把打猎变成拥有独特工具的专门工作、并经长期艰苦的学徒制学习技能的人类远古祖先相比，我们并没有进步多少。然而，我们蹒跚迈出的最初几步，已表明把知识应用到工作上是一个伟大的构想，也是令人兴奋的进步。知识的潜力可能跟第一次发现技能的潜力一样巨大。这个进步可能要耗费很长时间，但已产生重大影响，其中隐含的改变也相当惊人。

知识受到的影响就跟知识产生的影响一样重大且深远。最重要的是，知识成为工作和绩效的基础，这让知识分子必须负担起责任。知识分子如何接受并履行这一责任将决定知识的未来，甚至可能决定知识是否有未来。

结束语

本书尽管篇幅冗长，却只阐述了人类生活经验的一个方面——社会层面。书中重点探讨了技术、经济、社会、政治和教育方面出现的不连续性，最多只关注科学和艺术，而实际上对人类的情感和精神生活并不涉及。

因此，这是一本肤浅的书，其实社会就是人类生活的表象，也就是外层的皮肤。

本书关注已发生之事及其对今后工作和机会的意义。书中试图把握未来前沿趋势，找出已日渐清晰却尚未被察觉的动向。作者自认为，书中许多内容与其说是源于预言的力量，不如说是来自严肃的观察。

正因为书中所说都是既定事实，不可能消失，因此我们必须继续观察，而且这项工作越来越紧迫。虽然书中描述的不连续性无法预测未来即将发生什么，但确实可能指明我们日后必须关注什么，什么不可能发生。如果这个报告对巨变的社会来说有实质意义的话，就是过去60年的趋势不可能继续主导20世纪后续几十年，如同对2000年的大多数预测所假定的一样。我们反而应期望出现不同的新趋势，以及引起我们注意的新关注点。

如果这个报告是对的，新左派的期望就不可信。我们不会看到技术和经济变得无意义或次要，不会看到关注生产变成过时的事，反而应该预见到一个迅速迭代的技术，并对生产和生产力有新的关注。我们也不可能看到一个拒绝组织的机会，而是会更加关注如何让组织充分发挥效益，成为个人的重要工具，也成为人类社会的重要机构。

由于自己局限于社会方面，而且只报道虽然未经察觉却已发生的事，因此本书所提到的时间和范围都受到限制。其实，与社会事物相比，艺术才是名副其实的先锋。无论记者多么敏锐，无论其分析已发生的事多么精明，并不能比别人更会预测将来发生的大事是福还是祸，或者出现的大人物是忠还是奸。

然而，艺术家所预测的未来，我们要等其成为事实、成为过往后才能看得出来。100年前有谁能预料到，法国印象派画家比英国前拉斐尔派画家更胜一筹呢？谁能看出苏利文在芝加哥造的第一批房子，会比维多利亚式建筑——伦敦的圣潘克利火车站更能预示未来呢？即使了解这是一个正确的艺术趋势，又如何能预言未来社会和环境的改变呢？就像所有先知一样，艺术家的远见只能在事后才有所了解。

同样地，大事件和大人物也要在发生后才能预测。几千年来人们一直争论不休，究竟历史是否有逻辑与法则？但按我们的经验，这两者都是无法预测的，只是在事后才引起注意。历史的逻辑与法则只是预期可能性，所有事情都可能发生，也可能不发生。

正因为不连续性是表象且已经发生，所以是确定之事。

毋庸置疑，我们都知道身处一个极其危险的时代。我们都知道攸关人类未来的主要问题不是未来会如何，而是我们是否有未来。如果我们不能幸存，本书关心的一切将随之消失。如果我们仍活着，这便成了我们的责任。

这些单调乏味的工作，是为人类文明的旧衣裳进行修补，而非为新亚当设计新罗衫。这是我们今天要做的工作，而不是留到 2000 年。我们必须先把这些工作做好，才值得拥有未来。

译后记

16年前，我在清华大学图书馆第一次看到德鲁克的书，细读其中几章，便被他的思想和洞察力深深折服。自此，我的房间里就专门为德鲁克留下了一行书架。只要一有德鲁克的新书出版，就会买回来慢慢品读。德鲁克的书完全不同于通常意义上的管理学著作，而是有着极其宽广的视野和深刻的洞见，处处洋溢着浓郁的人文主义情怀，有一种读了令人难以放下的魔力。他是一个现实的理想主义者，不仅为个人和商业组织走出困境指引方向，更是在为人类社会的前途和命运贡献思想与智慧。我的许多研究、写作甚至思考问题的方式都受到了德鲁克的启发和影响。

两年前，机械工业出版社华章公司给了我一个深度理解德鲁克的机会——翻译《不连续的时代》。这本书写于1968年，至今有50多年的历史，可惜一直未能在大陆翻译出版。我最早了解这本书是来自德鲁克传记《大师的轨迹》，其中专门有一章介绍了《不连续的时代》。这是一本思考和洞察未来的巅峰之作，展望了人类从工业社会迈向知识社会的宏伟图景。本书并不是简单预测趋势，而是讨论不连续性——潜藏在社会和文化现实中的重大改变，既包括技术、经济、社会的变化，也涉及政治和教育的变革。这种不连续性在当时并不是非常明显的趋势，却更可能定向我们的未来。其中，最重要的变化来自四个方面：一是信息、新材料、海洋、超级都市等领域可能产生一系列新技术，以及基于这些技术的新产业；二是一体化的世界经济将取代以贸易为纽带的国际经济，成为经济的基本形态；三是新多元主义兴起，组织型社会即将来临；四是知识成为重要资本，知识工作者成为新的重要职业。书中不仅指出了这些未来的变化，也回应了我们要如何行动才能更好开创未来，比如，倡导终身学习，创造第二个职业机会，建立创新型组织，履行决策的责任，建设一个富有治理能力的政府，等等。

本书写于工业时代，彼时高歌猛进的企业界还没有做好迎接变革的准备，很多观点在当时可能不被企业界所认同，也不被学术界所理解，所以该书出版时并没有引起太多的重视。然而，书中的许多论述却有着超越时空的强大穿透力。书中关于知识社会的种种预言后来几乎都被一一证实，再一次证明了德鲁克的远见卓识。如今，我们又站在新的十字路口，人类社会正在孕育新的巨大不连续性。新科技革命加速发展、全球化浪潮深入推进、个体力量大崛起，这三股变革性力量相互激荡、相互交融，正在催生新的价值理念，创造新的生产生活方式，甚至可能引发世界政治经济秩序的再分化与再调整，塑造人类全新的未来。德鲁克这本跨越时代的作品有助于我们更加理性地面对当下，更加前瞻地思考未来，特别是对于每个人的职业选择、每一个组织的转型发展乃至政府的治理都有着非常重要的参考价值！

当然，作者在本书中的部分章节也对拥有不同制度和信仰的国家所采取的政策进行了点评甚至是批评，有些观点和事例可能有失偏颇。不过，为了全面传达作者想要表达的意图，在翻译中还是坚持尽量忠于原著。我们相信，在全球化背景下，我们需要有更加开放包容的胸怀，需要广泛了解和汲取各方智慧，也有雅量听得进各种不同的声音。

翻译本书之前，我有过一些翻译经验，自以为能够比较轻松地完成任务。记得当时我跟华章的竞余老师夸下海口：半年多就可翻译完。然而，没想到，我远远低估了翻译本书的难度。当真正用心翻译这本书时，才发现由于涉及的知识领域太广，自己的学识和能力根本难以胜任。整个翻译过程就像爬过一座又一座的山峰，几经曲折才迎来峰回路转、柳暗花明；又像聆听一个智者的教导，每翻译一段，就停下来思考一会儿，或找一些资料印证一下，细细斟酌是不是作者要表达的意思，也顺便回味一下书中闪烁着智慧的观点。

　　本书的翻译完全利用了工作之外的闲暇时间，在此期间得到了很多人的支持和帮助。感谢中国科学技术信息研究所的封颖女士，书中许多艰涩难懂的句段得到了她的倾力帮助。感谢华章公司的王磊副总经理、张竞余先生和宋学文女士，他们对我的翻译工作提供了全力支持，表现出了极大的耐心和包容。感谢中国台湾的张心漪、陈琇玲、许晋福，他们在几十年前就翻译了这本书，我在部分内容表述上也参考了他们的译法。感谢家人，他们无私的奉献和温暖的支持，一直是我前行的动力。尽管译者水平有限，但仍不揣冒昧，竭尽所能，终于把现在的译本呈现在读者面前。译稿中难免有遗漏和失误之处，敬祈广大读者专家批评指正！

吴家喜

2019 年 11 月

彼得·德鲁克全集

序号	中文版书名	序号	中文版书名
1	工业人的未来The Future of Industrial Man	21	迈向经济新纪元 Toward the Next Economics and Other Essays
2	公司的概念Concept of the Corporation	22	时代变局中的管理者 The Changing World of the Executive
3	新社会 The New Society：The Anatomy of Industrial Order	23	最后的完美世界 The Last of All Possible Worlds
4	管理的实践 The Practice of Management	24	行善的诱惑 The Temptation to Do Good
5	已经发生的未来Landmarks of Tomorrow：A Report on the New "Post-Modern" World	25	创新与企业家精神Innovation and Entrepreneurship:Practice and Principles
6	为成果而管理 Managing for Results	26	管理前沿The Frontiers of Management: Where Tomorrow's Decisions Are Being Shaped Today
7	卓有成效的管理者The Effective Executive	27	管理新现实The New Realities
8	不连续的时代The Age of Discontinuity	28	非营利组织的管理 Managing the Non-Profit Organization：Principles and Practices
9	面向未来的管理者 Preparing Tomorrow's Business Leaders Today	29	管理未来 Managing for the Future:The 1990s and Beyond
10	技术与管理Technology，Management and Society	30	生态愿景The Ecological Vision：Reflections on the American Condition
11	人与商业Men，Ideas，and Politics	31	卓有成效管理者的实践（纪念版）The Effective Executive in Action: A Journal for Getting the Right Things Done
12	管理：使命、责任、实践（实践篇）	32	巨变时代的管理 Managing in a Time of Great Change
13	管理：使命、责任、实践（使命篇）	33	德鲁克看中国与日本：德鲁克对话"日本商业圣手"中内功 Drucker on Asia: A Dialogue between Peter Drucker and Isao Nakauchi
14	管理：使命、责任、实践（责任篇）Management: Tasks,Responsibilities,Practices	34	德鲁克论管理 Peter Drucker on the Profession of Management
15	养老金革命 The Pension Fund Revolution"	35	21世纪的管理挑战Management Challenges for the 21st Century
16	人与绩效：德鲁克论管理精华People and Performance	36	德鲁克管理思想精要The Essential Drucker
17	认识管理An Introductory View of Management	37	下一个社会的管理 Managing in the Next Society
18	德鲁克经典管理案例解析（纪念版）Management Cases(Revised Edition)	38	功能社会：德鲁克自选集A Functioning society
19	旁观者：管理大师德鲁克回忆录 Adventures of a Bystander	39	德鲁克演讲实录The Drucker Lectures
20	动荡时代的管理Managing in Turbulent Times	40	管理(原书修订版） Management(Revised Edition)